"十四五"时期国家重点出版物出版专项规划项目

中国建筑能效提升适宜技术丛书
总主编 罗继杰　执行总主编 刘东

国家出版基金项目
NATIONAL PUBLICATION FOUNDATION

地铁能效提升适宜技术

● 蔡崇庆　主编

Sustainable Energy Efficiency Improving Technologies for Metro

同济大学出版社
TONGJI UNIVERSITY PRESS
·上海·

图书在版编目(CIP)数据

地铁能效提升适宜技术 / 蔡崇庆主编. —上海：同济大学出版社，2023.5

(中国建筑能效提升适宜技术丛书 / 罗继杰总主编)

"十四五"时期国家重点出版物出版专项规划项目

ISBN 978-7-5765-0677-8

Ⅰ. ①地… Ⅱ. ①蔡… Ⅲ. ①地下铁道车站-建筑能耗-节能 Ⅳ. ①U231.4

中国国家版本馆 CIP 数据核字(2023)第 018334 号

"十四五"时期国家重点出版物出版专项规划项目
中国建筑能效提升适宜技术丛书

地铁能效提升适宜技术

Sustainable Energy Efficiency Improving Technologies for Metro

蔡崇庆　主编

出 品 人：金英伟
策划编辑：吕　炜
责任编辑：胡晗欣
助理编辑：邢宜君
责任校对：徐春莲
封面设计：唐思雯

出版发行	同济大学出版社　www.tongjipress.com.cn	
	(地址：上海市四平路 1239 号　邮编：200092　电话：021-65985622)	
经　　销	全国各地新华书店、建筑书店、网络书店	
排版制作	南京文脉图文设计制作有限公司	
印　　刷	上海安枫印务有限公司	
开　　本	787mm×1092mm　1/16	
印　　张	15	
字　　数	374 000	
版　　次	2023 年 5 月第 1 版	
印　　次	2023 年 5 月第 1 次印刷	
书　　号	ISBN 978-7-5765-0677-8	
定　　价	98.00 元	

版权所有　侵权必究　印装问题　负责调换

内容提要

INTRODUCTION

习近平总书记在2019年9月25日视察北京市轨道交通建设发展情况时强调：要继续大力发展轨道交通，构建综合、绿色、安全、智能的立体化现代化城市交通系统。随着我国城市基础设施建设的加快，截至2022年12月31日，国内累计有55个城市投运城轨交通线路超过10 000 km，已经运营的地铁车站数量近6 000座。以北京市为例，在北京市总能源消耗中，轨道交通运营能耗占比在1%左右，并且随着建设的持续、客流的增加、设备的老化，该数字还在不断增长。

轨道交通作为城市耗能大户，面对"碳达峰""碳中和"这个新目标、新挑战，压力巨大。如何实现目标是每个轨道交通参与者需要研究的。由于地铁车站有别于普通的地上公共建筑，为了促进地铁车站能效提升，"中国建筑能效提升适宜技术丛书"之《地铁能效提升适宜技术》问世。

本书编写团队成员均为具有多年丰富实践经验的技术人员，参与过多地、多线的轨道交通建设，同时本书内容也结合中铁第四勘察设计院这些年来和高校联合的科研成果，重点从通风空调系统、照明系统、自动扶梯等几个能耗大户，分析能耗的组成和特点，结合新设备、新技术及机电系统智慧运维提出能效提升的解决方案。轨道交通在我国发展起步较晚，对于车站能耗大户通风空调系统的专业技术标准，业内一直存在争议，本书给出一些实际的测试结果、科研成果，抛砖引玉，供大家共同探讨。相信本书的内容能够给相关从业人员带来一定的参考价值。

中国建筑能效提升适宜技术丛书

顾问委员会

主　　任：周　琪
委　　员：（以姓氏笔画为序）
　　　　　丁力行　吕　京　刘　强　刘传聚　寿炜炜
　　　　　李著萱　张　旭　罗　英　赵赤鸿　赵国通
　　　　　胡稚鸿　秦学礼　屠利德

编写委员会

总　主　编：罗继杰
执行总主编：刘　东
副总主编：张晓卯　苗　青
编委会委员：（以姓氏笔画为序）
　　　　　王　健　王少为　左　鑫　乐照林　邢云梁
　　　　　任兆成　刘　军　许　鹰　苏　夺　吴蔚兰
　　　　　何　焰　宋　静　张　兢　林春艳　周　谨
　　　　　周林光　郑　兵　赵　炬　赵小虎　秦建英
　　　　　徐稳龙　高乃平　黄　贇　蔡崇庆

本书编委会

主　编：蔡崇庆

副主编：李森生　王德发　郑　燕　张立琦

参　编：篮　杰　陈玉远　罗小华　蔡亚桥
　　　　　余伟之　王　鑫　梅方晨　武志松
　　　　　赵　伟　甘　甜　卢春方　柴继光

总 序

FOREWORD

党的十八大以来,习近平总书记多次在各种重大场合阐释中国的可持续发展主张。2020年9月22日,习近平总书记向世界宣示,"中国将采取更加有力的政策和措施,二氧化碳排放力争于2030年前达到峰值,努力争取2060年前实现碳中和",彰显中国作为大国的责任担当。习近平总书记指出:坚持绿色发展,就是要坚持节约资源和保护环境的基本国策;坚持可持续发展,形成人与自然和谐发展的现代化建设新格局,为全球生态安全作出新贡献。当下,通过节能减排应对能源、环境、气候变化等制约人类社会可持续发展的重大问题和挑战,已经成为世界各国的基本共识。

中国正处于经济高速发展阶段,能源和环境问题正在逐渐成为影响我国未来经济、社会可持续发展的最重要因素。直面严峻的能源和环境形势,回应国际社会对中国日益强大的全球影响力所承担责任的期待,我国越来越重视节能环保工作,为全力推进能效提升事业的发展,正在逐步通过法律法规的完善、技术的进步和管理水平的提高等综合措施来提高能源利用效率,减少污染物的排放;以创新的技术和思想实现绿色可持续发展,引领人民创造美好生活,构建人与自然和谐共处的美丽家园。

目前我国建筑用能的总量及占比在稳步上升,其中公共建筑的用能增量尤为明显。全国公共建筑的环境营造和能源应用水平参差不齐;公共建筑的总体能效水平与发达国家水平相比,差距仍然明显,存在可观的节能潜力。《中共中央 国务院关于完整准确全面贯彻新发展理念做好碳达峰碳中和工作的意见》明确要求:"大力推进城镇既有建筑和市政基础设施节能改造,提升建筑节能低碳水平。"国务院印发的《2030年前碳达峰行动方案》明确要求:"加快提升建筑能效水平。加快更新建筑节能、市政基础设施等标准,提高节能降碳要求……逐步开展公共建筑能耗限额管理。""工欲善其事,必先利其器"。我们须对公共建筑的能效水平提升予以充分重视,通过技术进步管控公共建筑使用过程中的能耗,不断提高建筑类技术人员在能源应用方面的专业化素质。对建筑能效提升的专业知识学习是促进从业人员水平不断提高的有效手段。为了在公共建筑能源系统中有效、持续地实施节能措施，建筑能源管理人员需要学习和掌握与能效提升相关的专业知识、方法和思想，并通过积极的应用来提高能源利用效率和降低能源成本。

建筑能效提升也是可持续建筑研究的重要方向之一，作为公共建筑耗能权重最大的暖通专业需要有责任意识和担当。我们发起编著的这套"中国建筑能效提升适宜技术丛书"拟通过梳理基本的专业概念，分析设备性能、系统优化、运维管理等因素对能效的影响，构建各类公共建筑能效提升适宜技术体系。这套丛书共讨论了四个方面的问题：一是我国各类公共建筑的发展及能源消耗现状、建筑节能工作成效等；二是国内外先进的建筑节能技术对我国建筑能效提升工作的借鉴作用；三是探讨针对不同的公共建筑适宜的能效提升技术路线和工作方法；四是参照国内外先进的案例，分析研究这些能效提升技术在公共建筑中的适宜性。相信这套基本覆盖主要公共建筑领域的系列丛书能够为我国的建筑节能减排和双碳工作提供强有力的技术支撑。

丛书共5本，涉及的领域包括室内环境的营造、能源系统能效的提升以及环境和能源系统的检测与评估等方面，每本都具有独立性，同时也具有相互关联性，有前沿的理论和一定深度的实践，对业界具有很高的参考价值。读者不必为参阅某一问题而通读全套，可以有的放矢、触类旁通。疑义相与析，我们热忱欢迎读者朋友们提出宝贵的改进意见与建议。

2022年10月8日

前 言

PREFACE

2020年9月22日,国家主席习近平在第75届联合国大会上发表重要讲话,我国二氧化碳排放力争于2030年前达到峰值,努力争取2060年前实现碳中和。2021年2月,《国家综合立体交通网规划纲要》明确提出,要加快推进绿色低碳发展,交通领域二氧化碳排放尽早达峰,降低碳排放。2021年9月22日,《中共中央 国务院关于完整准确全面贯彻新发展理念做好碳达峰碳中和工作的意见》印发。2022年8月,中国城市轨道交通协会印发《中国城市轨道交通绿色城轨发展行动方案》,该文件聚焦国家双碳目标,明确提出城市轨道交通在全产业链各个环节和全生命周期各个阶段,须最大限度地降低能耗,减少二氧化碳排放;最大幅度地提升能效和资源利用率,提高运输效率效益;最大可能地采用清洁能源,推动用能结构转换,并且具体到相关各个专业。

本人从参加工作就一直从事轨道交通的工作,至今已有二十余年,参与过全国多个城市轨道交通的设计或审查工作,见证了我国轨道交通建设一路走来,从低谷到高峰,在技术和设备方面,从跟随到创新的蜕变。科研单位、设计院、厂家在节能、创新的道路上也一直没有停止。轨道交通是解决一线城市交通拥堵的利器。可以看见,各个城市轨道交通的客流呈直线上升,不断创造历史新高。随着线路的增加,轨道交通的能耗也越来越大,节能已成为各个城市轨道交通运营单位关注的焦点。

设计研究院是给出具体技术方案的重要一方,起到巨大的和不可替代的技术引领作用。轨道交通低碳节能技术的推广应用是设计研究人员义不容辞的责任。通风空调、低压配电、自动扶梯如何节能运行也是设计环节重点关注的问题。

这些年,中铁第四勘察设计院集团有限公司针对隧道通风系统、车站公共区负荷特性、车站设备区负荷特性以及水系统的节能控制、智慧照明控制、直流照明配电、智慧电扶梯、智慧运维及设备集成等方面,围绕轨道交通节能做了一系列研究,并在此基础上开发了智能能源管理平台,充分融合物联网、云计算、微服务、大数据、人工智能等先进技术，对轨道交通中的主要用能系统——牵引供电、通风空调、照明配电进行节能评价及控制，实现能源的实时、动态管理和自动用能优化。本书很多章节内容都是结合我们科研的成果和实际的工程案例进行论述的，我们提出的观念，对相关的设备厂家会起到方向指引的作用；对设计院同行而言，希望会起到借鉴作用，从而产生更优的方案；对于业主，希望本书能在制订设计技术要求、运营方案时提供帮助。

轨道交通与市民的日常出行息息相关，其能耗有特殊性。在全国所有行业都在制定双碳目标的情况下，如何做好地铁安全与节能的协调是需要我们认真思考的。本书的参编者均为从事轨道交通多年的工程设计人员。本书结合我们的经验进行编纂，水平有限，难免存在缺点和疏漏，热忱欢迎读者朋友们提出意见或建议。

在本书的编写过程中，我们查阅了大量的国内同行公开发表的各类文章，有些加以应用。其中，输配系统章节也得到了西安建筑科技大学的李安桂老师、华中科技大学胡平放老师和中铁第四勘察设计院集团有限公司副总工程师李文胜的大力支持。借本书抛砖引玉，希望通过我们共同的努力，能让更多的同行站出来，为打造出轨道交通高效节能的设备系统，为国家轨道交通低碳目标贡献自己的一份力量。

2022 年 11 月 3 日

目 录
CONTENTS

总序
前言

1 绪论 ··········· 001
  1.1 城市轨道交通发展的历史与现状 ··········· 001
  1.2 城市地铁能耗主要组成 ··········· 004
    1.2.1 通风空调系统能耗 ··········· 005
    1.2.2 照明系统能耗 ··········· 007
    1.2.3 自动扶梯能耗 ··········· 008

2 车站通风空调系统节能技术 ··········· 010
  2.1 车站通风空调负荷特性 ··········· 010
    2.1.1 公共区负荷特性 ··········· 010
    2.1.2 设备区负荷特性 ··········· 031
    2.1.3 地铁车站夏季动态负荷测试 ··········· 032
    2.1.4 地铁车站冬季动态负荷测试 ··········· 047
    2.1.5 结论 ··········· 058
  2.2 空调系统节能技术 ··········· 059
    2.2.1 常规空调系统 ··········· 059
    2.2.2 温湿度独立控制空调系统 ··········· 060
    2.2.3 定风量空调系统 ··········· 064
    2.2.4 变风量空调系统 ··········· 064
    2.2.5 动态平衡自适应性空调系统 ··········· 065
    2.2.6 空气-水系统 ··········· 067
  2.3 气流组织节能技术 ··········· 071
    2.3.1 气流组织形式 ··········· 071

  2.3.2　地铁车站通风空调气流组织的选择 …………………… 073
 2.4　输配系统节能技术 ……………………………………………… 080
  2.4.1　输配系统能耗指标 ………………………………………… 080
  2.4.2　管路系统布置 ……………………………………………… 080
  2.4.3　节能构件 …………………………………………………… 081

3　隧道通风系统节能技术 …………………………………………… 086
 3.1　隧道通风系统的能耗现状 ……………………………………… 086
  3.1.1　隧道通风系统常见做法 …………………………………… 086
  3.1.2　隧道通风系统能耗分析 …………………………………… 093
 3.2　浅埋区间自然通风排烟 ………………………………………… 096
  3.2.1　浅埋区间隧道自然通风的优点 …………………………… 096
  3.2.2　浅埋区间隧道自然通风的缺点 …………………………… 097
  3.2.3　浅埋区间隧道自然通风与机械通风的经济性比较 ……… 097
 3.3　车站隧道通风系统节能技术 …………………………………… 099
  3.3.1　取消轨底风道的研究 ……………………………………… 100
  3.3.2　排热风机的运行频率设定 ………………………………… 103
 3.4　区间隧道通风系统节能设计 …………………………………… 104
  3.4.1　早晚隧道通风 ……………………………………………… 104
  3.4.2　区间隧道通风系统节能设计优化 ………………………… 108

4　控制系统节能技术 ………………………………………………… 110
 4.1　风水一体化控制系统 …………………………………………… 110
  4.1.1　概述 ………………………………………………………… 110
  4.1.2　冷冻水节能控制策略 ……………………………………… 111
  4.1.3　冷却水节能控制策略 ……………………………………… 120
 4.2　变风量控制技术 ………………………………………………… 130
  4.2.1　概述 ………………………………………………………… 130
  4.2.2　变风量空调系统的分类 …………………………………… 131
  4.2.3　变风量空调系统的特点 …………………………………… 133
  4.2.4　变风量空调系统的构成 …………………………………… 134
  4.2.5　地铁车站大系统空调节能控制策略 ……………………… 135
  4.2.6　地铁车站小系统空调节能控制策略 ……………………… 141

5 照明系统节能技术 … 145

5.1 照度计算 … 145
5.1.1 利用系数法 … 145
5.1.2 逐点计算法 … 146
5.1.3 单位容量法 … 147
5.1.4 软件模拟计算 … 147

5.2 照明功率密度 … 147

5.3 照明节能措施 … 148
5.3.1 设备节能 … 149
5.3.2 控制节能 … 149
5.3.3 精细化设计节能 … 152

6 自动扶梯节能技术 … 153

6.1 公共交通型自动扶梯节能部件的研究 … 153
6.1.1 自动扶梯的节能因素 … 153
6.1.2 电机的选型 … 153
6.1.3 减速器的选型 … 163
6.1.4 变频器的选型 … 166

6.2 变频技术在自动扶梯中的应用 … 168
6.2.1 变频技术的节能效果 … 168
6.2.2 对样机的节能测试 … 168
6.2.3 运营中实际节能情况测试 … 169
6.2.4 全变频自动扶梯分时段运行技术 … 169
6.2.5 变频自动扶梯入口处节能对策 … 172

6.3 自动扶梯节能新技术及应用 … 174
6.3.1 永磁同步电动机 … 174
6.3.2 全齿轮减速器 … 177
6.3.3 能量回馈制动装置 … 178
6.3.4 能量回馈制动装置在变频调速系统中的应用 … 179
6.3.5 交流变频调速和能量回馈制动装置在自动扶梯中的应用研究 … 180
6.3.6 带能量回馈制动装置的自动扶梯实际节能效果和电能质量的测量 … 184

7 地铁节能新设备与新技术 ·········· 187

7.1 集成制冷站技术 ·········· 187
7.1.1 集成制冷站的设备构成及工作原理 ·········· 188
7.1.2 设备最优选型匹配及空调水系统二次深化设计 ·········· 188
7.1.3 集成制冷站的整体结构设计 ·········· 188
7.1.4 集成制冷站工厂预制生产 ·········· 189
7.1.5 集成制冷站节能控制系统设计 ·········· 189
7.1.6 集成制冷站的优势 ·········· 190

7.2 磁悬浮冷水机组技术 ·········· 191
7.2.1 磁悬浮冷水机组工作原理 ·········· 191
7.2.2 磁悬浮冷水机组的应用 ·········· 192

7.3 直接蒸发式制冷机组技术 ·········· 194
7.3.1 蒸发冷却技术的适用性分析 ·········· 195
7.3.2 不同蒸发冷却形式的应用 ·········· 196
7.3.3 关键性问题分析 ·········· 197

7.4 蒸发冷凝式冷水机组技术 ·········· 199
7.4.1 蒸发冷凝工作原理 ·········· 199
7.4.2 蒸发式冷凝机组与传统水冷式冷水机组的比较 ·········· 200
7.4.3 蒸发式冷凝机组在地铁工程建设中的应用 ·········· 202

7.5 水冷多联空调系统 ·········· 203

7.6 能量阀 ·········· 204
7.6.1 能量阀的定义及优势 ·········· 204
7.6.2 能量阀的本地控制 ·········· 205

7.7 集成式节能空调机组 ·········· 205

8 通风空调系统的监测与控制 ·········· 207

8.1 各通风空调系统的监测 ·········· 207
8.1.1 各通风空调系统监测的主要参数 ·········· 207
8.1.2 传感器的选用与设置 ·········· 208

8.2 各通风空调系统的控制 ·········· 210
8.2.1 各通风空调系统控制的分级 ·········· 210
8.2.2 各通风空调系统控制策略 ·········· 211

9 机电系统智慧运维 …… 216

9.1 智慧运维发展的时代要求 …… 216
9.1.1 智慧运维的必要性 …… 216
9.1.2 当下城市地铁运维的困境 …… 216

9.2 机电智慧运维平台 …… 217
9.2.1 设备监控 …… 217
9.2.2 远程诊断、预警、故障维护 …… 218
9.2.3 智慧能源管理 …… 218
9.2.4 智慧办公 …… 220

参考文献 …… 222

1 绪 论

1.1 城市轨道交通发展的历史与现状

自1863年1月英国伦敦开通第一条全长6 km的城市地铁以来,至今已有近50个国家的330余个城市修建了城市轨道交通,线路总长度达数万千米。各大城市的地铁、轻轨、市域铁路、有轨电车等新型城市轨道交通均得到了很好的发展,为城市的客运交通和经济发展作出了重要贡献。

从全世界范围来看,世界城市轨道交通的发展经历了一个曲折的过程,大致分为初步发展阶段(1863—1924年)、停滞萎缩阶段(1925—1949年)、再发展阶段(1950—1969年)和高速发展阶段(1970年至今)。新中国刚刚成立时,北京尽管人口数量尚不足300万,但已开始筹划地铁。1969年10月1日,北京地下铁道一期工程建成通车试运行,正式接受参观;1971年1月15日,北京地下铁道一期工程线路开始试运营;1981年9月15日,北京地下铁道一期工程验收并正式交付使用,这是我国第一条地铁线路。

随着我国城市和经济的发展,中心城市和城市群成为经济发展的核心引擎,这带来了我国轨道交通的蓬勃发展。截至2022年12月,中国(除港、澳、台地区)共有48个城市开通运营城市轨道交通线路266条,运营线路总里程9 289.85 km,车站5 894座。其中南通、金华、台州3个城市为2022年新增开通运营城市。从运营线网规模来看,共计26个城市的线网规模达到100 km或以上。其中,上海821.23 km,北京765.49 km,这2个城市运营线网规模在全国遥遥领先,已逐步形成超大线网规模。表1-1是2022年中国城市轨道交通运营线路统计情况。

表1-1　　　　　　　　2022年中国城市轨道交通运营线路统计

序号	城市	线路数量/条	线路里程/km	运营车站/座
1	上海	20	821.23	521
2	北京	24	765.49	452
3	广州	16	582.86	284
4	深圳	16	550.28	372
5	成都	12	518.51	337
6	杭州	12	507.17	292

续表

序号	城市	线路数量/条	线路里程/km	运营车站/座
7	重庆	11	462.79	263
8	武汉	11	459.94	291
9	南京	12	431.67	203
10	青岛	7	315.26	163
11	天津	8	285.98	209
12	西安	8	277.42	193
13	郑州	8	232.38	164
14	大连	5	212.64	88
15	苏州	5	210.11	168
16	长沙	6	190.52	145
17	宁波	6	185.19	127
18	合肥	5	169.36	144
19	昆明	6	165.82	116
20	南昌	4	128.45	103
21	南宁	5	128.20	104
22	沈阳	4	114.07	92
23	无锡	4	112.83	88
24	福州	4	112.11	80
25	长春	5	110.05	100
26	佛山	4	106.37	61
27	厦门	3	98.40	77
28	金华	1	85.20	28
29	济南	3	84.07	43
30	哈尔滨	3	79.61	66
31	石家庄	3	76.49	63
32	贵阳	2	75.70	57
33	徐州	3	64.25	54
34	常州	2	54.03	44
35	温州	1	53.50	18
36	台州	1	52.40	15
37	呼和浩特	2	49.04	44

续表

序号	城市	线路数量/条	线路里程/km	运营车站/座
38	绍兴	2	47.10	28
39	海宁	1	46.38	12
40	芜湖	2	46.25	36
41	洛阳	2	43.56	34
42	南通	1	39.18	28
43	东莞	1	37.79	15
44	乌鲁木齐	1	27.62	21
45	兰州	1	25.91	20
46	太原	1	23.65	23
47	句容	1	17.33	5
48	昆山	1	5.69	3
合计		266	9 289.85	5 894

注：数据来源于轨道交通网。

相较于发达国家，我国城市轨道交通建设起步较晚。进入21世纪以来，轨道交通在优化城市空间结构、缓解城市交通拥挤、保护环境、节约土地等方面发挥出积极的促进作用，日益成为中国走新型城镇化道路的重要战略举措。伴随着城镇化进程的加快，中国城市交通需求剧增，中国城市轨道交通也进入高速发展期。

中国城市轨道交通的发展经历了以下四个阶段：

第一个阶段是探索期，大致时间在2000年前。当时我国对轨道交通还处于摸索阶段，强调实现轨道交通各项功能，但没有投资、运营节能等实际概念，更多的是参考国外理念。这个时期以北京、上海、广州轨道交通建设为代表。

第二个阶段是控制期，大致时间在2000—2010年。在第一阶段对轨道交通各项功能有了解后，国内几大轨道交通设计院（高）校开始根据国内轨道交通的实际情况展开科研工作，调整轨道交通系统的设置模式，同时在保证基本功能的情况下尽量控制投资，这大大促进了设备国产化的飞速发展，一线城市陆续开始轨道交通规划建设。

第三个阶段是扩张期，大致时间在2010—2017年。随着城市化跨越式发展，前期轨道交通建设的基本功能遇到了严峻挑战，已经无法完全适应社会发展。由于原来建设规模小、乘客体验差，乘客更多的需求促使轨道交通向大规模、高规格发展。这个时期，一线城市扩展多条线路的建设，二线城市也陆续开始第一条线路的建设。

第四个阶段是合控期，经过了扩张期的强行提升，投资增加使城市财政的压力加大，特别是各城市在运营一段时间后发现效益不符合预期，这些都促使决策者和建设者们进行反思。在这期间也出现了一些新的技术、新的国家政策，如物联网、装配式及碳中和等。

从 2018 年开始，理性思考的氛围出现了，比如如何既能有效满足群众要求、利用新科技发展，同时又能适当控制投资、降低运营费用。此外，人性化、智能化、绿色地铁越来越多地被大家所重视，而这三个方面均和设备专业息息相关。

人性化从 20 世纪 80 年代开始被提出，发展至今。随着社会资源不断丰富，地铁系统对人性化的要求越来越高。人性化体现在两个方面，一个是对外服务乘客，另一个是对内运营维护。对外服务乘客人性化，一是通过越来越新的科技手段和设备，让乘客可从更多方面增加体验；二是新的地铁设施更多地考虑乘客的身体感知细度，但目前广范围和精细度发展还没有一套定性定量评估的体系。对内运营维护人性化就是让运营管理、日常维护更便捷，除了更多地考虑具体的维护场景和工作方式，目前更需要将运营维护的需求前置，从初期研究开始对运营维护需求加以全方面考虑，减少后期难度。

智能化包括智能建造、智能装备、智能运营和智能服务。智能建造，除了应用于结构本身的建造措施外，还要考虑在不同时段、不同时期，乘客对建筑空间规模的需求，以及不同建造手段的应用。智能装备，指地铁设备从原先的机械智能、电子智能，进化到了现在的人工智能阶段，智能装备为改善乘客体验提供了基础，也要求地铁建筑加以适应。智能运营，是利用提高的智能技术，更多地采用全自动运行模式，以实现提高地铁运行效率、减少人工成本的目标。对于地铁建筑而言，在现场更多地是以设备服务乘客为主，无人值守的形式越来越普遍。智能服务，就是要方便乘客更快捷出行，包括购票环节采用电子客票、进站环节采用刷脸进站、行程规划自动生成等。这些新的出行方式，都对地铁建设提出了新的要求。

绿色地铁包括绿色建造、绿色材料、绿色能耗、绿色环境和绿色保护。绿色建造是指采用更先进的手段，在建造模式上进行绿色、节能的考虑，如标准化、模块化和装配化等。绿色材料是指开发新的特殊材料，以应对新的建造方法。绿色能耗包括绿色外部能耗和绿色内部能耗。绿色外部能耗是指地铁建筑采用相应的设计手段，节约土地资源、节约工程费用，常规地铁车站风道、机房面积约占设备用房面积的三分之一，采用绿色外部能耗设计能减少机房用地面积。绿色内部能耗是指地铁建筑采用合理空间规模、先进节能设备，实现能耗的节约。绿色环境是指地铁建筑的外部环境和内部环境更加安全耐久、出行便利、体验舒适。绿色保护是指在生态环保方面，尽量减少对周边自然环境、人居环境的影响，使地铁建筑更好地融入周边环境。

近年来，随着我国经济的快速发展及社会对公共交通需求的增加，我国大型城市尤其是特大型及一线城市对轨道交通建设的投资力度不断加大，轨道交通的建设方兴未艾。新时期的轨道交通建设需要坚持"以人为本"，不仅要满足乘客的舒适性，还应体现出地铁运行管理的经济性。

1.2 城市地铁能耗主要组成

据推测，未来轨道交通年总耗电将达 400×10^8 kW·h，约占未来全国总电耗的 5‰

以上,而地铁能耗又是轨道交通总能耗的最大组成部分。城市地铁节能潜力较大,对于降低地铁运营成本、助力我国推行"碳中和"重大国策具有非凡意义。

地铁能耗由通风空调系统、自动扶梯、屏蔽门、闸机等动力设备能耗及照明、广告灯箱能耗等组成,其中以通风空调系统、照明系统和自动扶梯能耗为主。

1.2.1 通风空调系统能耗

地铁通风空调系统包括三个风系统和一个水系统(图1-1)。风系统包括隧道通风系统、车站公共区通风空调系统、车站管理及设备管理用房通风空调系统;水系统则为空调制冷循环水系统。

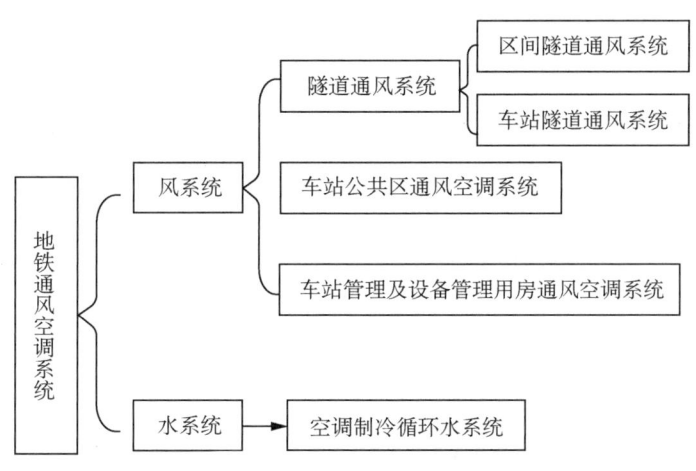

图1-1 地铁通风空调系统组成

(1)隧道通风系统。

隧道通风系统分为区间隧道通风系统和车站隧道通风系统。采用屏蔽门系统后,隧道通风系统与车站公共区的通风空调系统和车站管理及设备管理用房通风空调系统基本独立,只在屏蔽门开启时,站台与隧道之间存在少量渗风。

(2)车站公共区通风空调系统。

车站公共区通风空调系统简称为车站大系统,主要负责区域为地铁公共区域,即站台与站厅区域。由于车站狭长,为避免送、回风管距离过远,系统的空调风柜应布置在车站两端,分别负担车站公共区总负荷的一半,对公共区进行均匀送风。

(3)车站管理及设备管理用房通风空调系统。

车站管理及设备管理用房通风空调系统简称为车站小系统,主要负责区域为车站设备及管理用房,如车站办公用房、配电室和控制室等。小系统内的空调负荷以设备负荷为主,室内显热负荷指标较高。

（4）空调制冷循环水系统。

空调制冷循环水系统主要负责制取并输送冷水，以满足各空调设备的供冷要求。

上述系统中，与空调制冷系统相关的为车站大系统、车站小系统与空调制冷循环水系统，隧道区域一般只设置通风而不采用空调制冷的方式。

目前，地铁车站通风空调系统的设备通常都是按照地铁运行远期最大负荷时的需求进行选择的。在设备实际运行过程中，车站的通风空调负荷往往达不到设计的最大负荷，甚至会小很多。现有空调水系统很多是采用定流量控制方式运行，而车站通风系统虽然采用了变频技术手段，但在实际运行中基本采用固定频率的方式运行，无法随负荷变化进行自动调节。同时，运行过程中，还普遍存在冷冻水流量分配不均衡、区域之间空调效果差异大、空调设备的控制和监视不能满足控制管理工作要求等问题。

通风空调系统是现代地铁车站的重要设施，在给地铁车站带来良好的内部环境的同时，也给地铁车站的运营带来巨大的能源消耗，极大地增加了地铁车站的运营成本。因此，通风空调系统的节能是地铁车站环控系统必须考虑的问题。

同时，车站小系统空调负荷的计算也是设计过程中的一个难点，负荷计算的结果直接影响空调系统各设备的选型及管网尺寸的选择。过大的空调负荷计算结果会导致系统设备选型及风管尺寸设计偏大，增大初投资，也使得运行能耗增大。偏大的风管尺寸还会占用过大的室内空间，甚至会导致土建投资费用增加。空调系统送风如果达不到设计要求，当送风不均匀导致不能满足室内温度要求时，严重情况下会影响设备机房的设备的正常运行，危及行车安全，不容小觑。

目前相关人员在处理设备发热量时，有的直接以设备铭牌标示的发热量计算空调冷负荷，有的设备没有标明发热量（比如配电柜），则直接采用估计的方法进行确定。这种计算方法使得所计算的空调冷负荷偏大，从而导致设备用房区送风量偏大，风管尺寸偏大，不仅增加了设备能耗，也占用了更大空间。因此，精确计算地铁车站小系统空调冷负荷及合理设计空调系统，对系统能耗的降低具有很大的实用价值。

另外，一些设备用房的设备发热量与行车密度有关，导致初、近、远期设备负载不一样，进而造成空调冷负荷特性的差异。空调小系统如果采用设计工况运行，也会造成很大的能源浪费，因此，根据设备区周期性的动态负荷特性设计小系统的运行策略将实现系统的节能效果。

根据上海轨道交通运营线路的能耗统计数据分析，地下车站通风空调系统能耗占车站总能耗的50%~60%，占整个轨道交通总能耗的25%~30%，通风空调系统用电成本约占运营成本的30%，可见通风空调系统对轨道交通运营经济性影响较大。冬冷夏热地区大部分情况和这个差不多。

在设计过程中，城市轨道交通为提高通风空调系统能效，一般会有如下基本要求：

（1）采用的冷水机组、水泵、风机、多联空调等设备，其能效等级均需达到相应规范标准规定的节能评价值标准。

（2）车站公共区设置 CO_2 浓度传感器，空调季节、非空调季节可采用新风需求控制，根据公共区 CO_2 浓度检测值增加或减少送风量，使 CO_2 浓度始终维持在卫生标准规定的限值内。

（3）全空气系统采用焓值控制，过渡季可充分利用室外新风冷量，以减少运行能耗。公共区空调系统采用变频控制，在保证公共区卫生条件和室内设计参数的前提下，根据近、远期负荷与风量的计算确定变频调速设计。

（4）车站隧道排热风机设置变频器，在初、近期根据运营需要，通过变频调节实现风机低风量节能运行。

（5）车站设备管理用房根据环境设计标准、空调负荷特性、使用时间（全天运行、运营时段运行）的不同来划分通风空调系统，进行设计。使用时间、温湿度等要求不同的空气调节区不划分在同一个空气调节风系统中。建筑房间布局时尽量按照同类型、同系统的房间集中布置。

众多中央空调系统的运行实践证明，如果空调系统的运行控制方式不能根据负荷的变化进行动态调节，将会造成巨大的能源浪费。地铁车站通风空调系统的能源消耗与外界环境气候条件、列车运行模式、客流量、系统控制方式、风机运行模式等诸多因素有关。

1.2.2 照明系统能耗

地铁车站多采用地下建筑形式，其光环境较为特殊，主要表现在自然光线难以照射，主要依靠人工照明来保障地铁的顺利运营，照明时间长、能耗大。因此，在照明设计中，地下照明需经过细致的设计，以保证环境的明亮和乘客的舒适。同时，车站照明应能够辅助乘客更好地完成乘车活动，并保证其在特殊、危险时刻能安全疏散。另外，乘坐地铁日益已成为人们日常生活的一部分，地铁车站的功能不再单纯是为了输送乘客，很多时候它还需要具备一定的艺术感染力和文化性。

地铁照明系统较为复杂，按区域可以分为站厅站台公共区照明、设备区照明、出入口照明、区间照明、车辆段/停车场/控制中心照明等；按照明的类型可以分为正常照明、局部加强照明、疏散照明和疏散指示、备用照明、安全照明、值班照明、安全特低电压照明、广告照明、导向照明等类型。不同区域、不同类型的照明，其照度要求和功率密度限值也各不相同。

照明设施能耗主要包括车站及区间照明能耗以及广告灯箱能耗。车站照明能耗主要与场所照度标准、车站建筑规模、装修风格、设备布置、灯具布置、光源类型、附件能耗、灯具效率及照明控制方式等有关。区间照明能耗主要受照度标准、敷设方式、区间长度、灯具布置、光源类型及附件能耗、灯具效率及照明控制方式等影响。

据多个城市的地铁数据统计,在国内地铁整体能耗(含牵引能耗)中,照明能耗占比为10%~16%,照明能耗在车站设备能耗(不含牵引能耗)中的占比在30%左右。因此,如何减少照明能耗对于整个地铁工程的节能是至关重要的。通常切实有效的照明节能措施包括合理设计各区域的照度、选用高效灯具和节能光源、设置灵活智能的照明控制系统。

1.2.3 自动扶梯能耗

自动扶梯作为一种方便的运输工具,已经越来越多地出现在公共建筑中,如轨道交通、铁路站房和机场等。自动扶梯已成为提高地铁运营服务质量、方便乘客,同时满足车站交通系统功能要求及流量集散要求所必须配备的设备。平均每个车站的自动扶梯数量10余台,例如,武汉地铁2号线一期工程21个车站,自动扶梯数量有230台左右。

自动扶梯能耗主要受扶梯设置标准、车站客流、车站类型、建筑规模及出入口数量、行车组织、自动扶梯设备参数影响。自动扶梯设置标准越高,车站出入口配置的扶梯越多,扶梯能耗越高。车站客流是影响扶梯能耗的主要因素,客流越大,能耗越大。自动扶梯按平均一台扶梯用电量15 kW、每天运行20 h计算,平均每台自动扶梯的耗电量为每天240 kW·h。

地铁车站自动扶梯按远期客流进行配置,配置标准全线统一。车站客流的不均衡性对扶梯的耗能影响是巨大的。

(1)不同地铁车站客流的不均衡性如图1-2所示。

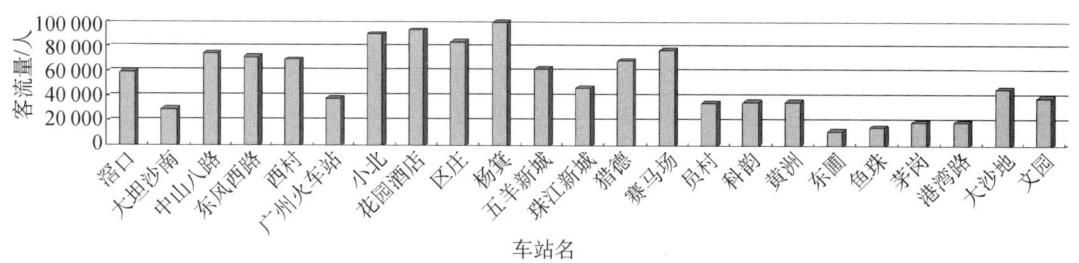

图1-2 广州地铁5号线客流

(2)地铁车站早晚高峰客流的不均衡性如图1-3所示。

(a) 8:00地铁客流　　　　(b) 12:00地铁客流

(c) 15:00地铁客流　　　　(d) 21:00地铁客流

图 1-3　某城市地铁不同时间、同一位置客流情况

由图 1-3 可知,在客流不同的情况下,每台扶梯空载/轻载和满载情况下的工况不同。若没有节能措施,自动扶梯在空载或轻载情况下仍保持额定运行速度,势必会造成能源的浪费。自动扶梯的节能措施显得尤为必要。

2 车站通风空调系统节能技术

2.1 车站通风空调负荷特性

2.1.1 公共区负荷特性

对于轨道交通地下车站(本书主要指地铁车站)来说,其总负荷主要由内部设备(如照明设施、广告灯箱、通信设备、自动扶梯等)发热所产生的负荷、乘客身体散热所产生的人员负荷和室外空气流入所产生的新风负荷等构成。

对于一个已建成运营的地铁车站来说,设备数量和设备种类基本都已固定,设备负荷可认为是一个定值;而新风负荷主要与室外的环境温度、新风量大小及车站出入口的倒灌风量有关,是一个变值;人员负荷在同一天的不同时段也是一个变化的值。因此,对于一个地铁车站来说,车站内的总负荷不是固定的,而是实时变化的。

本小节将针对夏热冬冷地区,选取典型城市——武汉的一个标准地铁车站作为研究对象,采用 DeST 逐时动态能耗模拟计算软件对该地铁车站全年逐时空调冷负荷进行模拟计算,为车站大系统的精准设计提供基础数据。DeST 是以江亿院士为首、以清华大学热能系供热、通风与空气调节教研组为主要研究成员的研究小组在建筑能耗分析领域进行了十余年研究的成果结晶,被国内外众多研究者广泛使用并经受了数百项实际工程的验证。

该地铁车站为地下两层标准岛式站台车站,地下一层为站厅层,地下二层为站台层。车站外包长度为 189.9 m,宽度为 18.7 m,采用明挖法施工。车站总面积为 12 499.1 m^2,候车类空调房间分为地下一层站厅和地下二层站台。地下一层站厅净高 4.50 m,地下二层站台净高 4.25 m。车站标准段部分总高 13.66 m,车站标准段顶板覆土 3.09 m。车站运行时间段为每天 5:00—23:00。

在对武汉该地铁车站全年逐时负荷进行模拟时,根据实际情况和经验,在保证计算准确性的前提下,对建筑原模型进行如下简化处理:夏季空调季为 5 月 15 日至 10 月 15 日,冬季不采暖,其余时间为过渡季,过渡季节建筑的空调冷负荷不计入全年累计负荷中,但仍以空调季室内设计参数进行计算,提供参考依据。研究对象为空调系统,可对房间进行合并简化;站厅层中,站厅与出入口通道连通且属于同一空调系统,也可对二者进行合并。

1. 室外气象参数

室外气象参数在全天、全年中都是动态变化的。图 2-1 为采用动态方法计算的动态气象参数。

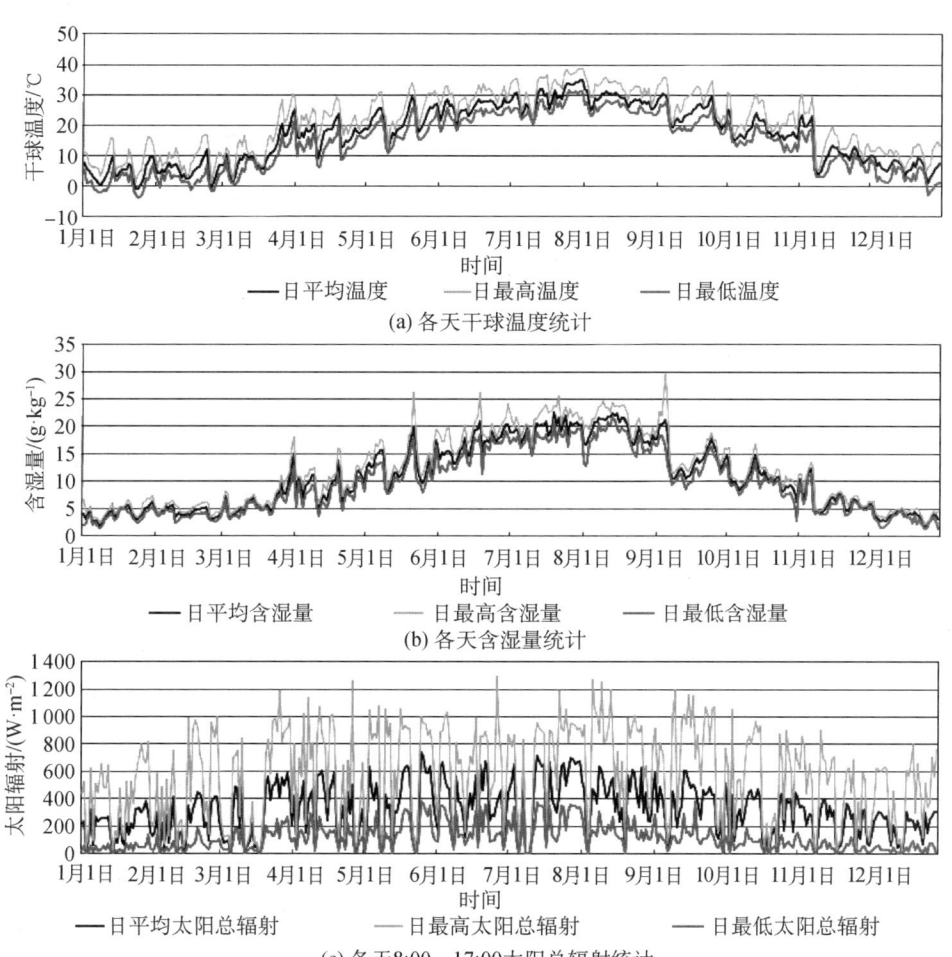

图 2-1 模拟地铁车站所在地全年室外气象参数

2. 室内设计参数

夏热冬冷地区的地铁车站公共区冬季一般不进行采暖，室内设计参数主要包括室内夏季空调设计温度、室内人员密度、照明负荷、设备负荷和新风负荷。该地铁站的站厅与站台空调设计参数如表 2-1 所示。

表 2-1　　　　　　　　　　　站厅与站台空调相关设计参数

空调房间	空调设计温度/℃	相对湿度/%	人员全热负荷/W	人员新风量/(m³·人⁻¹)	设备功率/kW	照明功率/(W·m⁻²)	广告指示牌功率/kW
站厅	30	55～65	182	12.6	55.5	20	50
站台	28	55～65	182	12.6	9.5	20	40

注：人员新风量值按照《地铁设计规范》(GB 50157—2013)选取。

采用DeST软件进行模拟时,需对人员密度、人员总量、照明功率密度、设备功率密度、内扰作息和空调系统作息等进行设置。相关名词的定义如下:

人员密度及人员总量:人员密度指人员在室率为100%时室内单位面积的人数,即室内最大人数与建筑面积的比例;人员总量指人员在室率为100%时的室内总人数。

照明和设备功率密度:指使用率为100%时的功率密度,即室内最大照明和设备功率密度。

作息:主要用于全年逐时负荷模拟计算,指一天24 h人员在室率、灯光和设备的逐时使用率,以及空调的启停情况。作息的逐时数值在0~1范围内变化:0表示没人,灯光设备全关;1表示人员达到最大值,灯光设备全部投入使用,达到最大功率密度;0.5表示此时人员密度为最大人员密度的50%,灯光设备有50%投入使用,功率密度为最大值的50%;空调作息只有0和1两挡,0表示空调关闭,1表示空调运行。

运行时间按照5:00—23:00考虑。空调、设备及照明作息时间如表2-2所示。站厅和站台由于客流量的不确定性,人员负荷详细数据见本节第4点(客流分析)。

表2-2　　　　　　　　　　空调、设备及照明作息时间

时间	0:00	1:00	2:00	3:00	4:00	5:00	6:00	7:00	8:00	9:00	10:00	11:00
作息	0	0	0	0	0	1	1	1	1	1	1	1
时间	12:00	13:00	14:00	15:00	16:00	17:00	18:00	19:00	20:00	21:00	22:00	23:00
作息	1	1	1	1	1	1	1	1	1	1	1	0

考虑到站台屏蔽门向隧道渗风,在站台门处添加通风(当作渗风量考虑,为室外新风状态),通风量为6.1 m³/s,模拟过程添加通风。站厅层出入口渗透负荷(包括全部出入口)为9.15 kW,模拟过程添加通风。

3. 建筑热工取值

地铁车站影响空调冷负荷的主要构件包括轨顶风道顶壁、轨顶风道侧壁、轨底风道顶壁和屏蔽门等。

轨顶排热风道顶板(站厅层)包括混凝土结构板(400 mm)和装修层(150 mm),总厚为550 mm,相关热特性参数如表2-3所示。

表2-3　　　　　　　　轨顶排热风道顶板(站厅层)相关热特性参数

项目	厚度/mm	导热系数/[W·(m·K)$^{-1}$]	导热系数修正系数	修正后导热系数/[W·(m·K)$^{-1}$]	热阻值/[(m²·K)·W^{-1}]
外表面换热系数					0.05
大理石	20	2.91	1	2.91	0.006 9

续表

项目	厚度/mm	导热系数/[W·(m·K)$^{-1}$]	导热系数修正系数	修正后导热系数/[W·(m·K)$^{-1}$]	热阻值/[(m^2·K)·W^{-1}]
150 mm 厚 1:2 水泥砂浆	130	0.93	1.2	1.116	0.116 5
钢筋混凝土结构板	400	1.74	1	1.74	0.229 9
内表面换热系数					0.110 0
合计	550				0.513 2
墙主体传热系数	1.95 W·(m^2·K)$^{-1}$				

轨顶排热风道侧壁(站台层)为钢筋混凝土结构,总厚为 250 mm,相关热特性参数如表 2-4 所示。

表 2-4　　轨顶排热风道侧壁(站台层)相关热特性参数

项目	厚度/mm	导热系数/[W·(m·K)$^{-1}$]	导热系数修正系数	修正后导热系数/[W·(m·K)$^{-1}$]	热阻值/[(m^2·K)·W^{-1}]
外表面换热系数					0.05
钢筋混凝土结构板	250	1.74	1	1.74	0.143 7
内表面换热系数					0.110 0
合计	250				0.303 7
墙主体传热系数	3.29 W·(m^2·K)$^{-1}$				

轨底排热风道顶板(站台)包括混凝土结构板(200 mm)和装修层(100 mm),总厚为 300 mm,相关热特性参数如表 2-5 所示。

表 2-5　　轨底排热风道顶板(站台)相关热特性参数

项目	厚度/mm	导热系数/[W·(m·K)$^{-1}$]	导热系数修正系数	修正后导热系数/[W·(m·K)$^{-1}$]	热阻值/[(m^2·K)·W^{-1}]
外表面换热系数					0.05
大理石	20	2.91	1	2.91	0.006 9
150 mm 厚 1:2 水泥砂浆	80	0.93	1.2	1.116	0.071 7
钢筋混凝土结构板	200	1.74	1	1.74	0.114 9
内表面换热系数					0.110 0
合计	300				0.353 5
墙主体传热系数	2.83 W·(m^2·K)$^{-1}$				

屏蔽门为玻璃门,在模型建立中用玻璃幕墙代替站台门,其热特性参数如表2-6所示。

表2-6　　　　　　　　　　站台门相关热特性参数

材料名称	类型	厚度/mm	玻璃层数	传热系数/[W·(m²·℃)⁻¹]
钢化玻璃	6+12A+6	12	2	2.900

4. 客流分析

地铁车站客流量分别按照全线初期、近期、远期全日分时进行客流预测。

表2-7为初期全天客流最高峰(即早高峰)客流量预测表。初期地铁车站人员在早上7:00—8:00达到最大值。初期地铁车站全天人员密度系数如表2-8所示。初期站台与站厅逐时人员密度分布如图2-2所示。

表2-7　　　　　　　初期全天客流最高峰(即早高峰)客流量预测

项目	预测数据	项目	预测数据
上行上车人数/人	2 596	上行下车人数/人	1 318
下行上车人数/人	558	下行下车人数/人	1 713
上车人数/人	3 154	下车人数/人	3 031
站厅停留时间/min	2	站厅停留时间/min	1.82
站台停留时间/min	1.5	站台停留时间/min	1.5
站厅同时在站人数/(人·s⁻¹)	235	站台同时在站人数/(人·s⁻¹)	222

注:超高峰系数为1.3。

表2-8　　　　　　　　　初期地铁车站全天人员密度系数

时间	0:00	1:00	2:00	3:00	4:00	5:00	6:00	7:00
系数	0	0	0	0	0	0.056	0.396	1
时间	8:00	9:00	10:00	11:00	12:00	13:00	14:00	15:00
系数	0.943	0.717	0.66	0.556	0.5	0.566	0.49	0.509
时间	16:00	17:00	18:00	19:00	20:00	21:00	22:00	23:00
系数	0.707	0.792	0.632	0.443	0.33	0.123	0.01	0

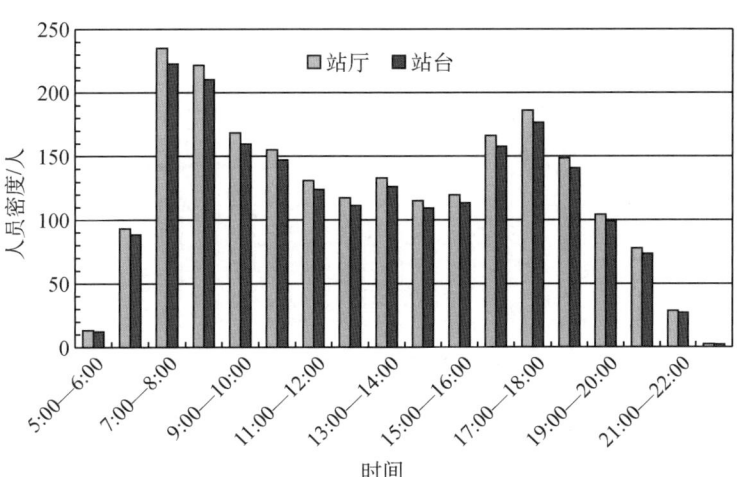

图 2-2 初期站台与站厅逐时人员密度分布

表 2-9 为近期全天客流最高峰(即早高峰)客流量预测表。近期的客流量明显比初期的客流量有很大的增加。站厅及站台的客流量要比初期分别增加 52% 与 53%。同样地，地铁车站人员在早上 7:00—8:00 达到最大值，不同时刻的人员密度系数如表 2-10 所示，相应的逐时人员密度如图 2-3 所示。

表 2-9 近期全天客流最高峰(即早高峰)客流量预测

项目	预测数据	项目	预测数据
上行上车人数/人	2 521	上行下车人数/人	2 115
下行上车人数/人	2 067	下行下车人数/人	2 754
上车人数/人	4 588	下车人数/人	4 869
站厅停留时间/min	2	站厅停留时间/min	1.82
站台停留时间/min	1.5	站台停留时间/min	1.5
站厅同时在站人数/(人·s^{-1})	357	站台同时在站人数/(人·s^{-1})	339

注：超高峰系数为 1.3。

表 2-10 近期地铁车站全天人员密度系数

时间	0:00	1:00	2:00	3:00	4:00	5:00	6:00	7:00
系数	0	0	0	0	0	0.055 6	0.389	1
时间	8:00	9:00	10:00	11:00	12:00	13:00	14:00	15:00
系数	0.926	0.704	0.66	0.556	0.49	0.556	0.48	0.49
时间	16:00	17:00	18:00	19:00	20:00	21:00	22:00	23:00
系数	0.694	0.787	0.611	0.416	0.324	0.120	0.01	0

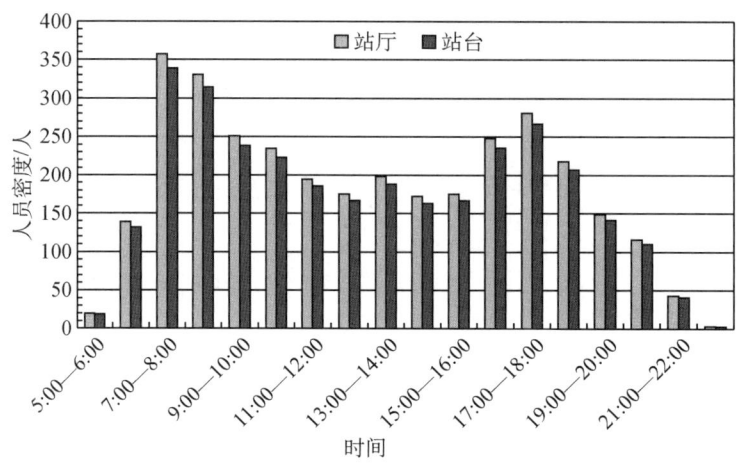

图 2-3 近期站台与站厅逐时人员密度分布

表 2-11 为远期全天客流最高峰(即早高峰)客流量预测表。远期的客流量比近期略有下降,但依然比初期的客流量大。站厅及站台的客流量均比初期增加 35%。同样地,地铁车站人员在早上 7:00—8:00 达到最大值,不同时刻的人员密度系数如表 2-12 所示,相应的逐时人员密度如图 2-4 所示。

表 2-11　　　　　　远期全天客流最高峰(即早高峰)客流量预测

项目	预测数据	项目	预测数据
上行上车人数/人	2 032	上行下车人数/人	2 015
下行上车人数/人	2 229	下行下车人数/人	2 059
上车人数/人	4 261	下车人数/人	4 074
站厅停留时间/min	2	站厅停留时间/min	1.82
站台停留时间/min	1.5	站台停留时间/min	1.5
站厅同时在站人数	317	站台同时在站人数	300

注:超高峰系数为 1.3。

表 2-12　　　　　　远期地铁车站全天人员密度系数

时间	0:00	1:00	2:00	3:00	4:00	5:00	6:00	7:00
系数	0	0	0	0	0	0.050 4	0.361	1
时间	8:00	9:00	10:00	11:00	12:00	13:00	14:00	15:00
系数	0.84	0.638	0.588	0.495	0.445	0.504	0.428	0.445
时间	16:00	17:00	18:00	19:00	20:00	21:00	22:00	23:00
系数	0.613	0.756	0.521	0.353	0.269	0.084	0.01	0

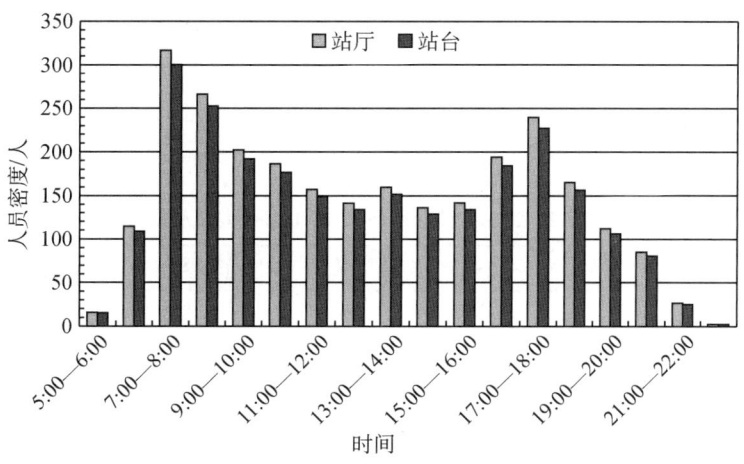

图 2-4　远期站台与站厅逐时人员密度分布

5. 初期负荷计算分析

根据 DeST 建模,输入设备负荷、照明负荷、人员负荷及渗风负荷,可对该地铁车站公共区域(即大系统)进行初期、近期及远期三种工况的全年负荷模拟,得出全年空调最大负荷(即总负荷)。地铁车站服务人员等管理用房只考虑设备、照明、人员、新风等,其空调负荷认为基本不变,用房面积为 1 056 m²,总冷负荷为 364 kW,新风量为 5 381 m³/h。

地铁车站建筑处于地下,且其设备照明功率高,客流量大,人员负荷大。武汉位于夏热冬冷地区,根据经验,该地区地铁车站冬季一般不需要设置冬季供暖,只需设置夏季空调。夏季空调季取 5 月 15 日至 10 月 15 日,其余时间为过渡季(除冬季),过渡季节建筑冷负荷不计入空调累计负荷中。

为避免考虑极端情况造成的设备选型过大的问题,《民用建筑供暖通风与空气调节设计规范》(GB 50736—2012)对空调不保证率作出了相应的要求。一般的地上建筑的室内空调负荷(通过围护结构及新风)受室外气候影响大,考虑到室外气象参数的多变性及不确定性,故按照 50 h 不保证的计算负荷用于系统设备选型。但是地铁车站位于地下,其冷负荷主要由人员、设备、照明构成,在不考虑受室外气象参数影响的围护结构的传热情况下,车站冷负荷受室外气候影响的唯一因素是新风或者室外渗透风。因此,如何选取设备的不保证小时数的最大负荷值得进一步探讨。该值应考虑逐时负荷的特性进行选取。

表 2-13、表 2-14 为初期地铁车站公共区域全年逐时负荷中最大 50 h 负荷列表。新风负荷按人员新风计算时(表 2-13),公共区域全年最大 50 h 负荷中,前 2 h 负荷与紧后的 9 h 的负荷差别较大,而其他时间段的负荷变化较小。新风负荷按渗透风计算时(表 2-14),公共区域全年最大 50 h 负荷中,前 3 h 负荷与其他负荷差别较大,而其余时间段的负荷变化较为平缓。该站位于地下,设备照明负荷以及围护结构传热比较稳定,受室外气候条件一定影响,但影响较小。根据全年最大 50 h 负荷的分布特点及地下建筑的特殊性,

考虑不保证小时数的负荷时可不按照《民用建筑供暖通风与空气调节设计规范》(GB 50736—2012)规定的"一般采用全年不保证50 h的方法选取负荷设计值"。在该案例下，建议考虑人员新风时采用全年不保证2 h最大负荷方法选取负荷设计值，考虑渗透风时采用全年不保证3 h最大负荷方法选取负荷设计值。

表2-13　　　初期地铁车站公共区域全年最大50 h负荷（按人员新风算）　　　单位：kW

次序	初期全年最大50 h负荷									
1～10	445.39	442.70	435.49	435.36	433.75	432.69	432.26	432.17	431.19	430.54
11～20	430.35	429.02	428.46	428.27	428.24	427.29	427.11	426.77	426.57	426.39
21～30	426.33	426.17	426.16	426.08	425.95	425.41	425.24	424.85	424.85	424.67
31～40	424.43	424.35	424.20	424.01	423.66	423.65	423.46	423.44	423.42	422.60
41～50	422.47	422.46	422.30	422.14	422.13	422.13	422.06	421.27	421.05	421.02

表2-14　　　初期地铁车站公共区域全年最大50 h负荷（按渗透风算）　　　单位：kW

次序	初期全年最大50 h负荷									
1～10	608.06	587.03	551.57	530.60	526.86	525.85	524.88	523.60	518.07	513.92
11～20	513.47	512.09	511.88	511.01	510.03	508.46	507.14	506.09	505.86	505.61
21～30	504.74	504.34	504.05	503.39	502.73	501.64	500.51	499.39	497.60	497.58
31～40	497.31	496.33	494.90	494.85	494.78	494.55	493.37	492.27	492.06	492.04
41～50	490.93	490.38	489.97	489.37	488.87	488.80	488.72	488.22	487.98	487.79

负荷由人员负荷、新风负荷、照明负荷、设备负荷、围护结构负荷及除湿负荷构成。考虑人员新风全年不保证2 h最大负荷和考虑渗透风全年不保证3 h最大负荷时各负荷构成比例如表2-15所示。

表2-15　　　　　　　　　　　负荷比例分析

初期负荷类别	不保证2 h（按人员新风算）		不保证3 h（按渗透风算）	
	负荷/kW	百分比/%	负荷/kW	百分比/%
最大负荷	442.70	—	551.57	—
人员负荷	46.41	10.48	47.13	8.54
新风负荷	59.20	13.37	176.96	32.08
照明负荷	164.48	37.15	164.48	29.82
设备负荷	65.02	14.69	65.02	11.79
围护结构负荷	107.59	24.30	97.98	17.76
除湿负荷	85.84	19.39	189.63	34.38

由表2-15可以看出，当按人员新风计算最大负荷时，照明负荷占比最大，约为37%，其次为围护结构的传热负荷，约为24%，此时除湿负荷约占19%。当按渗透风计算最大

负荷时,占比最大的是新风负荷,约为32%,其次为照明负荷,约为30%,次之为围护结构的传热负荷,约为18%,此时除湿负荷约占34%。考虑渗透风的最大负荷比考虑人员新风的最大负荷约多25%,而除湿负荷却增大了约1倍,这主要是因为渗透风量大于人员新风量,造成室内除湿负荷增大。

通过对初期模拟计算数据进行整理分析,得出车站空调系统初期负荷及相关指标。表2-16和表2-17分别为新风量按人数算和新风量按渗透风算时全年空调负荷统计及相关指标。图2-5、图2-6、图2-7分别是新风按渗透风算时站厅层全年逐时空调负荷图、站台层公共区域全年逐时空调负荷图以及车站公共区域全年逐时空调总负荷图,图2-8为新风量按渗透风计算时供冷期(5月15日至10月15日)车站公共区域冷负荷小时数分布图。

表2-16　　　　　空调系统初期负荷及相关指标(新风量按人数算)

空调系统位置	指标	单位	统计值
站厅	全年最大冷负荷	kW	224.58
	全年最大不保证2h冷负荷	kW	223.07
	新风量	m³/h	2 923.28
	空调面积	m²	2 051
站台	全年最大冷负荷	kW	224.59
	全年最大不保证2h冷负荷	kW	223.30
	新风量	m³/h	2 808.29
	空调面积	m²	1 307
大系统总计	全年最大冷负荷	kW	445.39
	全年最大不保证2h冷负荷	kW	442.70
	空调房间总面积	m²	3 358
	总新风量	m³/h	5771
	空调季累计冷负荷	kW·h	964 486.71
	站厅层全年最大冷负荷	W/m²	109.50
	站台层全年最大冷负荷	W/m²	171.84
	大系统(站厅+站台)全年最大冷负荷	W/m²	132.64

表2-17　　　　　空调系统初期负荷及相关指标(新风量按渗透风算)

空调系统位置	指标	单位	统计值
站厅	全年最大冷负荷	kW	325.5
	全年最大不保证3h冷负荷	kW	296.65
	新风量	m³/h	10 629
	空调面积	m²	2 051

续表

空调系统位置	指标	单位	统计值
站台	全年最大冷负荷	kW	282.51
	全年最大不保证3 h冷负荷	kW	254.92
	新风量	m³/h	11 331
	空调面积	m²	1 307
大系统总计	全年最大冷负荷	kW	608.06
	全年最大不保证3 h冷负荷	kW	551.57
	空调房间总面积	m²	3 358
	总新风量	m³/h	21 960
	空调季累计冷负荷	kW·h	827 052.19
	站厅层全年最大冷负荷	W/m²	158.73
	站台层全年最大冷负荷	W/m²	216.15
	大系统（站厅＋站台）全年最大冷负荷	W/m²	181.08

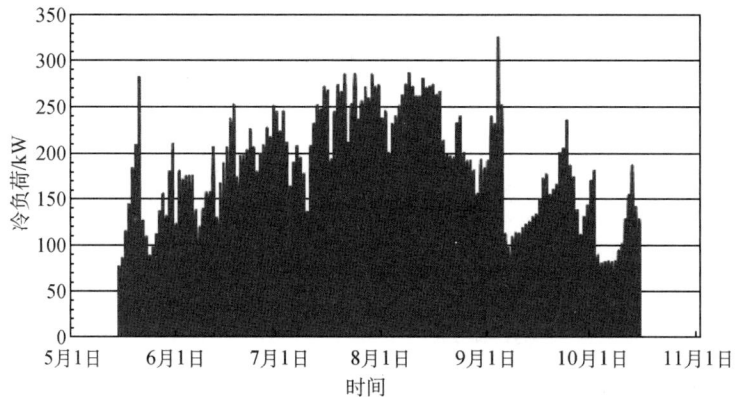

图 2-5　初期站厅全年逐时冷负荷（考虑渗透风）

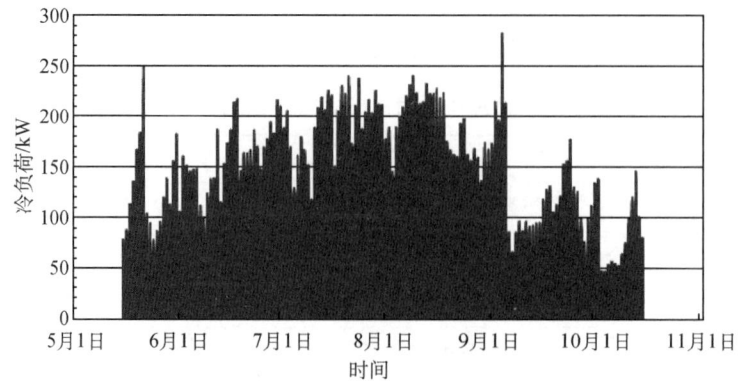

图 2-6　初期站台全年逐时冷负荷（考虑渗透风）

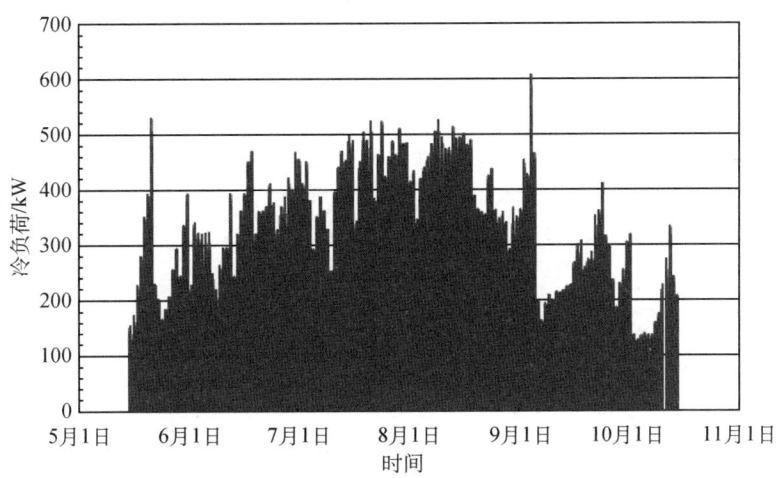

图 2-7 初期站厅和站台全年逐时总冷负荷(考虑渗透风)

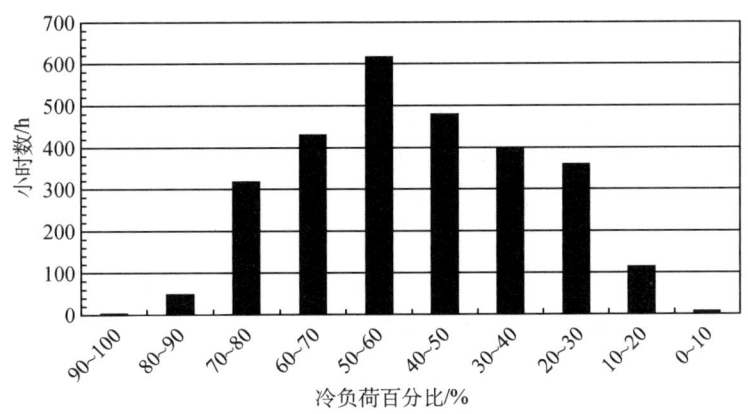

图 2-8 初期冷负荷小时数分布

由图 2-8 可以看出,50%~60%冷负荷的小时数最大,为 616 h,60%~70%冷负荷的小时数为 430 h,70%~80%冷负荷的小时数为 318 h,80%~90%冷负荷的小时数为 49 h,冷负荷大于 90%的小时数只有 3 h,冷负荷小于 50%的小时数共计 1 356 h。如果系统按照 2 台制冷机设置,2 台制冷机运行的时间约占总运行时间的 1/2,单台制冷机运行的时间约占总运行时间的 1/2。

6. 近期负荷计算分析

表 2-18、表 2-19 为近期地铁车站公共区域全年逐时负荷中最大 50 h 负荷列表。新风负荷按人员新风计算时(表 2-18),公共区域全年最大 50 h 负荷中,前 2 h 负荷与其他小时的负荷差别较大,而其他时间段的负荷变化较小。新风负荷按渗透风计算时(表 2-19),公共区域全年最大 50 h 负荷的前 3 h 负荷与其他负荷差别较大,而其余时间段的

负荷变化较为平缓。与初期最大负荷选取的分析方法一样,建议考虑人员新风时采用全年不保证 2 h 最大负荷方法选取负荷设计值,考虑渗透风时采用全年不保证 3 h 最大负荷方法选取负荷设计值。

表 2-18　　近期地铁车站公共区域全年最大 50 h 负荷(按人员新风算)　　单位:kW

次序	近期全年最大 50 h 负荷									
1～10	521.17	518.04	499.09	498.74	498.56	497.63	496.92	494.64	493.73	493.55
11～20	492.57	491.80	491.77	490.79	490.52	490.43	489.90	489.62	489.53	489.31
21～30	489.22	488.73	488.55	488.36	488.34	487.52	487.13	486.87	486.77	486.73
31～40	486.41	486.17	486.16	485.80	485.76	485.61	484.51	484.31	484.25	484.00
41～50	484.00	483.84	483.45	483.13	483.09	483.05	482.42	482.33	482.32	482.03

表 2-19　　近期地铁车站公共区域全年最大 50 h 负荷(按渗透风算)　　单位:kW

次序	近期全年最大 50 h 负荷									
1～10	629.44	611.06	571.07	556.12	551.84	549.58	549.01	545.87	540.22	536.35
11～20	535.62	535.26	533.17	531.59	530.33	530.28	530.07	529.76	529.38	528.93
21～30	528.30	527.63	526.65	525.38	525.26	524.89	523.57	523.15	522.93	521.98
31～40	520.03	519.47	518.45	518.05	516.37	515.89	515.71	515.54	515.53	514.70
41～50	513.97	513.95	512.13	511.73	511.31	510.95	510.41	510.38	510.06	510.03

表 2-20 为近期最大负荷时的负荷比例。当按人员新风计算最大负荷时,照明负荷占比最大,约为 32%,其次为围护结构的传热负荷,约为 21%,新风负荷约为 21%,此时除湿负荷占比约 28%。当按渗透风计算最大负荷时,占比最大的是新风负荷,约为 31%,其次为照明负荷,约为 29%,围护结构的传热负荷约为 16%,此时除湿负荷约占 37%。考虑渗透风的最大负荷比考虑人员新风的最大负荷约多 11%,除湿负荷增大约 42%。与初期相比,由于近期客流量增大,人员负荷增大,占总负荷比例提高。其中,按人员新风算时,新风负荷随客流量增大明显增大,由初期的约 13% 增至约 21%。

表 2-20　　负荷比例分析

近期负荷类别	不保证 2 h(按人员新风算)		不保证 3 h(按渗透风算)	
	负荷/kW	百分比/%	负荷/kW	百分比/%
最大负荷	518.04	—	571.07	—
人员负荷	69.16	13.35	70.25	12.30
新风负荷	109.39	21.12	177.95	31.16
照明负荷	164.48	31.75	164.48	28.80

续表

近期负荷类别	不保证2 h(按人员新风算)		不保证3 h(按渗透风算)	
	负荷/kW	百分比/%	负荷/kW	百分比/%
设备负荷	65.02	12.55	65.02	11.39
围护结构负荷	109.99	21.23	93.37	16.35
除湿负荷	145.71	28.13	208.47	36.51

通过对近期模拟计算数据进行整理分析,得出车站近期空调系统负荷及相关指标。表2-21和表2-22分别为新风量按人数算和按渗透风算时全年空调负荷统计及相关指标。图2-9、图2-10、图2-11分别是新风按渗透风算时站厅层全年逐时空调负荷图、站台层公共区域全年逐时空调负荷图以及车站公共区域全年逐时空调总负荷图,图2-12为新风按渗透风计算时供冷期(5月15日至10月15日)车站公共区域冷负荷小时数分布图。

由图2-12可以看出,50%~60%冷负荷的小时数最大,为630 h,60%~70%冷负荷的小时数为463 h,70%~80%冷负荷的小时数为331 h,80%~90%冷负荷的小时数为66 h,冷负荷大于90%的小时数只有3 h,冷负荷小于50%的小时数为1 279 h。近期与初期供冷期冷负荷小时数分布特性相似,如果系统按照2台制冷机设置,2台制冷机运行的时间约占总运行时间的1/2,单台制冷机运行的时间约占总运行时间的1/2。

表2-21　　　　空调系统近期负荷及相关指标(新风量按人数算)

空调系统位置	指标	单位	统计值
站厅	全年最大冷负荷	kW	258.58
	全年最大不保证2 h冷负荷	kW	256.94
	新风量	m³/h	4 499
	空调面积	m²	2 051
站台	全年最大冷负荷	kW	262.59
	全年最大不保证2 h冷负荷	kW	261.10
	新风量	m³/h	4 273
	空调面积	m²	1 307
大系统	全年最大冷负荷	kW	521.17
	全年最大不保证2 h冷负荷	kW	518.04
	空调房间总面积	m²	3 358
	总新风量	m/h	8 772
	空调季累计冷负荷	kW·h	1 059 685.14

续表

空调系统位置	指标	单位	统计值
大系统	站厅层全年最大冷负荷	W/m²	124.34
	站台层全年最大冷负荷	W/m²	198.69
	大系统(站厅+站台)全年最大冷负荷	W/m²	153.28

表 2-22　　空调系统近期负荷及相关指标(新风量按渗透风算)

空调系统位置	指标	单位	统计值
站厅	全年最大冷负荷	kW	326.01
	全年最大不保证 3 h 冷负荷	kW	297.78
	新风量	m³/h	10 629
	空调面积	m²	2 051
站台	全年最大冷负荷	kW	303.43
	全年最大不保证 3 h 冷负荷	kW	273.29
	新风量	m³/h	11 331
	空调面积	m²	1 307
大系统	全年最大冷负荷	kW	629.44
	全年最大不保证 3 h 冷负荷	kW	571.07
	空调房间总面积	m²	3 358
	总新风量	m/h	21 960
	空调季累计冷负荷	kW·h	879 575.94
	站厅层全年最大冷负荷	W/m²	158.95
	站台层全年最大冷负荷	W/m²	232.15
	大系统(站厅+站台)全年最大冷负荷	W/m²	187.44

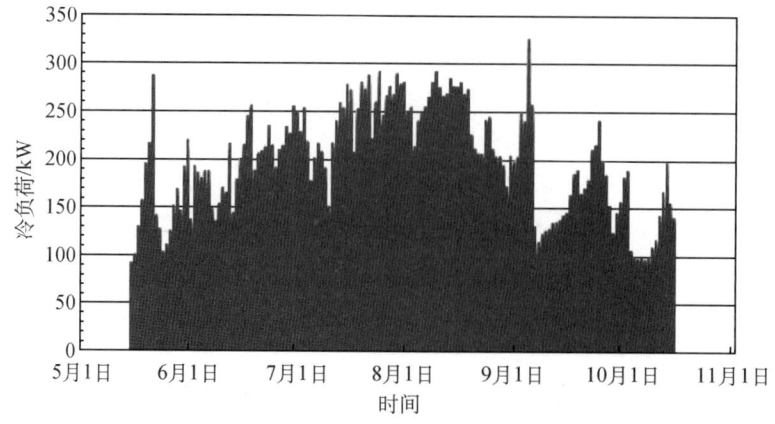

图 2-9　近期站厅全年逐时冷负荷(考虑渗透风)

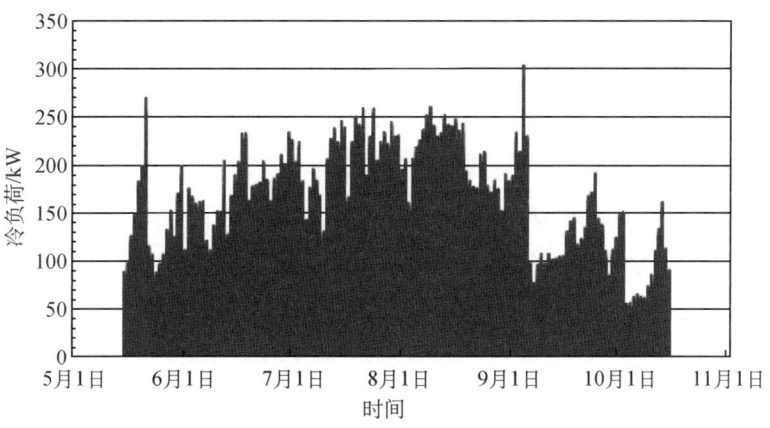

图 2-10　近期站台全年逐时冷负荷(考虑渗透风)

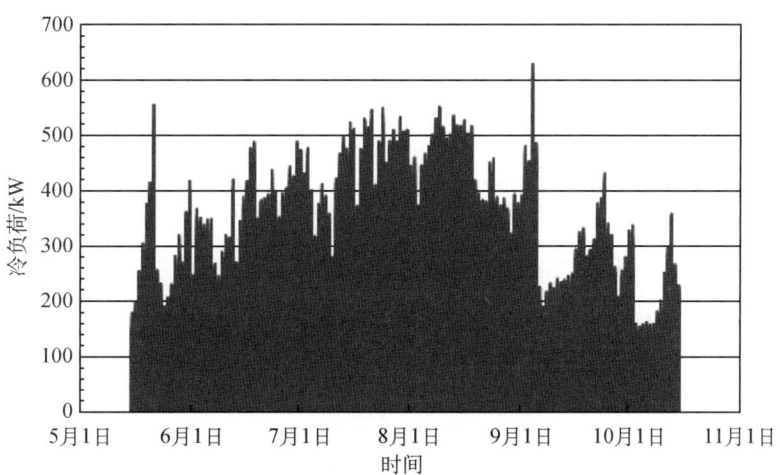

图 2-11　近期站厅和站台全年逐时总冷负荷(考虑渗透风)

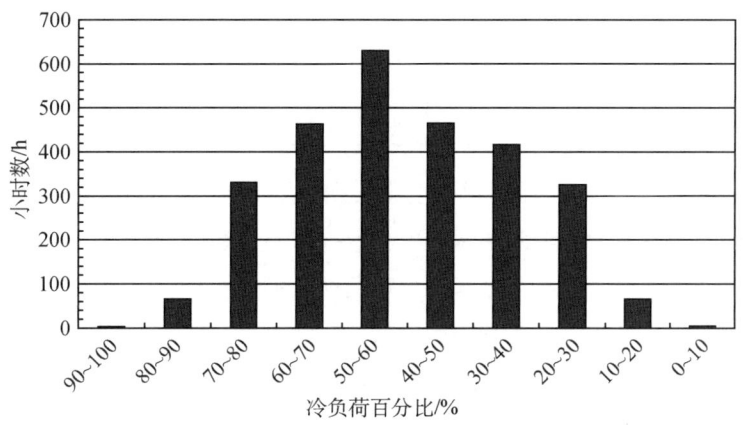

图 2-12　近期冷负荷小时数分布

7. 远期模拟计算分析

表 2-23、表 2-24 为远期地铁车站公共区域全年逐时负荷中最大 50 h 负荷列表。新风负荷按人员新风计算时(表 2-23),公共区域全年最大 50 h 负荷中,前 2 h 负荷与其后 5 h 的负荷差别较大,而其余时间段负荷变化较小。新风负荷按渗透风计算时(表 2-24),公共区域全年最大 50 h 负荷的前 3 h 负荷与其后 6 h 负荷差别较大,而其余时间段的负荷变化较为平缓。远期全年逐时负荷前 50 h 负荷分布特性与初期、近期相似。与初期最大负荷选取的分析方法一样,为避免远期负荷设计值过大或过小,建议考虑人员新风时采用全年不保证 2 h 最大负荷方法选取负荷设计值,考虑渗透风时采用全年不保证 3 h 最大负荷方法选取负荷设计值。

表 2-23　远期地铁车站公共区域全年最大 50 h 负荷(按人员新风算)　　单位:kW

次序	远期全年最大 50 h 负荷									
1～10	491.68	488.09	473.89	473.77	473.56	472.26	470.63	469.05	468.90	468.11
11～20	466.69	465.86	465.71	465.67	465.65	465.58	464.79	464.75	464.68	464.25
21～30	464.08	463.85	463.17	463.06	462.89	462.60	462.24	462.13	462.13	461.67
31～40	461.49	461.37	461.06	460.83	460.68	460.28	460.12	459.73	459.53	459.36
41～50	459.28	458.74	458.62	458.56	458.13	457.63	457.63	457.60	457.55	457.50

表 2-24　远期地铁车站公共区域全年最大 50 h 负荷(按渗透风算)　　单位:kW

次序	远期全年最大 50 h 负荷									
1～10	616.97	596.96	560.09	543.16	538.87	536.62	534.94	533.55	526.18	521.84
11～20	521.60	521.04	519.54	519.34	519.18	518.67	517.41	516.50	515.95	515.78
21～30	515.08	514.72	513.80	512.48	512.23	512.21	511.01	510.88	510.67	505.86
31～40	505.55	505.48	505.17	504.51	503.66	503.48	503.31	503.07	501.83	501.79
41～50	501.56	501.30	499.16	498.15	497.23	496.98	496.87	496.85	496.57	496.40

表 2-25 为远期最大负荷时的负荷比例。当按人员新风计算最大负荷时,照明负荷最大,约占 34%,其次为围护结构的传热负荷,约为 22%,次之是新风负荷,约为 20%,此时除湿负荷约占 26%。当按渗透风计算最大负荷时,占比最大的是新风负荷,约为 32%,其次为照明负荷,约为 29%,次之为围护结构的传热负荷,约为 17%,此时除湿负荷约占 35%。考虑渗透风的最大负荷比考虑人员新风的最大负荷约多 15%,除湿负荷增大约 58%。由初期、近期和远期负荷分析表可知,车站公共区域设备照明负荷以及围护结构传热负荷相对稳定,由于客流量及新风量的变化,人员负荷和新风负荷变化较大。

表 2-25　　　　　　　　　　　负荷比例分析

远期负荷类别	不保证 2 h(按人员新风算)		不保证 3 h(按渗透风算)	
	负荷/kW	百分比/%	负荷/kW	百分比/%
最大负荷	488.09	—	560.09	—
人员负荷	55.69	11.41	55.69	9.94
新风负荷	96.68	19.81	177.55	31.70
照明负荷	164.48	33.70	164.48	29.37
设备负荷	65.02	13.32	65.02	11.61
围护结构负荷	106.22	21.76	97.35	17.38
除湿负荷	124.55	25.52	196.80	35.14

通过对远期模拟计算数据进行整理分析，得出车站远期空调系统负荷及相关指标。表 2-26 和表 2-27 分别为新风量按人数算和按渗透风算时全年空调负荷统计及相关指标。图 2-13、图 2-14、图 2-15 分别是新风按渗透风算时站厅层全年逐时空调负荷图、站台层公共区域全年逐时空调负荷图以及车站公共区域全年逐时空调总负荷图，图 2-16 为新风按渗透风计算时供冷期（5 月 15 日至 10 月 15 日）车站公共区域冷负荷小时数分布图。

表 2-26　　　　　空调系统远期负荷及相关指标（新风量按人数算）

空调系统位置	指标	单位	统计值
站厅	全年最大冷负荷	kW	243.79
	全年最大不保证 2 h 冷负荷	kW	243.00
	新风量	m³/h	3 995
	空调面积	m²	2 051
站台	全年最大冷负荷	kW	247.89
	全年最大不保证 2 h 冷负荷	kW	246.17
	新风量	m³/h	3 785
	空调面积	m²	1 307
大系统总计	全年最大冷负荷	kW	491.68
	全年最大不保证 2 h 冷负荷	kW	488.09
	空调房间总面积	m²	3 358
	总新风量	m³/h	7 780
	空调季累计冷负荷	kW·h	1 015 235.86
	站厅层全年最大冷负荷	W/m²	126.07
	站台层全年最大冷负荷	W/m²	200.9
	大系统（站厅＋站台）全年最大冷负荷	W/m²	155.20

表 2-27　空调系统远期负荷及相关指标（新风量按渗透风算）

空调系统位置	指标	单位	统计值
站厅	全年最大冷负荷	kW	318.87
站厅	全年最大不保证 3 h 冷负荷	kW	291.44
站厅	新风量	m³/h	10 629
站厅	空调面积	m²	2 051
站台	全年最大冷负荷	kW	298.10
站台	全年最大不保证 3 h 冷负荷	kW	268.65
站台	新风量	m³/h	11 331
站台	空调面积	m²	1 307
大系统	全年最大冷负荷	kW	616.97
大系统	全年最大不保证 3 h 冷负荷	kW	560.09
大系统	空调房间总面积	m²	3 358
大系统	总新风量	m³/h	21 960
大系统	空调季累计冷负荷	kW·h	849 808.10
大系统	站厅层全年最大冷负荷	W/m²	155.47
大系统	站台层全年最大冷负荷	W/m²	228.08
大系统	大系统（站厅＋站台）全年最大冷负荷	W/m²	183.73

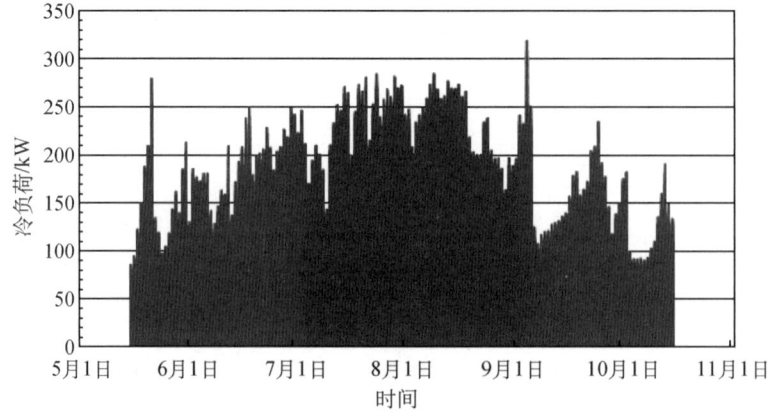

图 2-13　远期站厅全年逐时冷负荷（考虑渗透风）

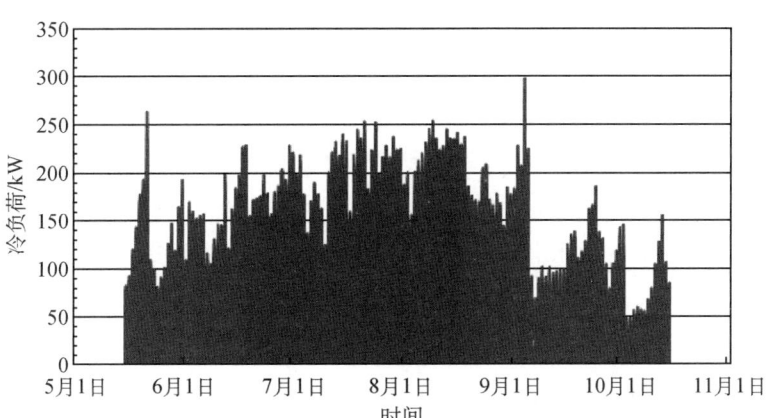

图 2-14　远期站台全年逐时冷负荷(考虑渗透风)

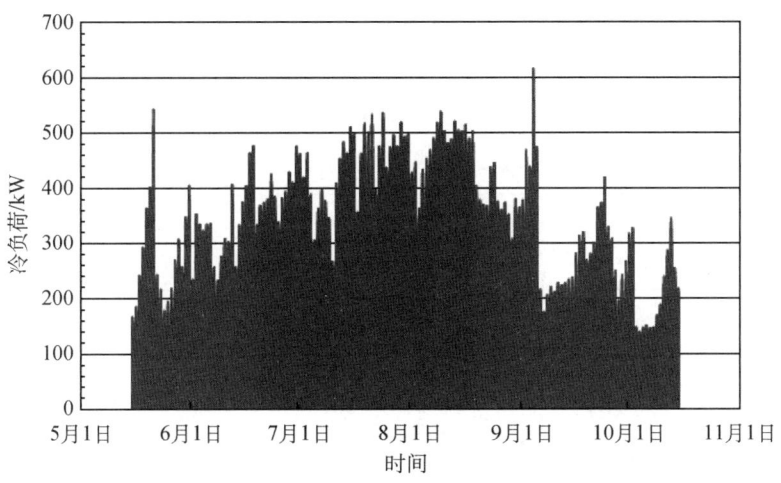

图 2-15　远期站厅和站台全年逐时总冷负荷(考虑渗透风)

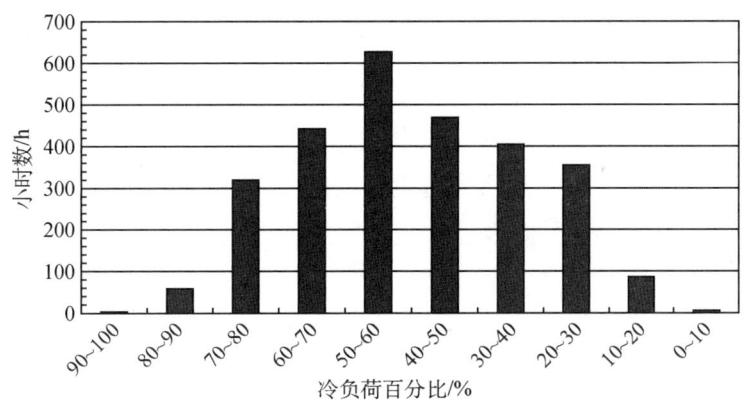

图 2-16　远期冷负荷小时数分布

由图 2-16 可以看出，50%~60%冷负荷的小时数最大，为 627 h，60%~70%冷负荷的小时数为 442 h，70%~80%冷负荷的小时数为 320 h，80%~90%冷负荷的小时数为 59 h，冷负荷大于 90%的小时数只有 3 h，冷负荷小于 50%的小时数为 1 321 h。远期与初期、近期供冷期冷负荷小时数分布特性相似，如果系统按照 2 台制冷机设置，2 台制冷机运行的时间约占总运行时间的 1/2，单台制冷机运行的时间约占总运行时间的 1/2。

8. 总结

通过选取典型地铁车站进行空调负荷计算，采用 DeST 逐时动态能耗模拟计算软件，对该地铁车站分初期、近期、远期分别进行模拟计算分析。

考虑到地铁车站为地下建筑的特殊性及初、近、远期最大 50 h 负荷分布特性，为避免极端情况造成负荷设计值过大和采用全年不保证 50 h 方法选取负荷设计值时设计负荷偏小，此案例中建议新风负荷按人员新风算时采取全年不保证 2 h 方法，按渗透风算时采取全年不保证 3 h 方法选取负荷设计值。表 2-28 为初、近、远期地铁车站空调设计负荷及组成简表。

表 2-28　初、近、远期地铁车站空调设计负荷及组成

内容	初期		近期		远期	
	负荷/kW	百分比/%	负荷/kW	百分比/%	负荷/kW	百分比/%
不保证 2 h 最大负荷（人员新风）	442.70	—	518.04	—	488.09	—
人员负荷	46.41	10.48	69.16	13.35	55.69	11.41
新风负荷	59.20	13.37	109.39	21.12	96.68	19.81
照明负荷	164.48	37.15	164.48	31.75	164.48	33.70
设备负荷	65.02	14.69	65.02	12.55	65.02	13.32
围护结构负荷	107.59	24.30	109.99	21.23	106.22	21.76
除湿负荷	85.84	19.39	145.71	28.13	124.55	25.52
不保证 3 h 最大负荷（渗透风）	551.57	—	571.07	—	560.09	—
人员负荷	47.13	8.54	70.25	12.30	55.69	9.94
新风负荷	176.96	32.08	177.95	31.16	177.55	31.70
照明负荷	164.48	29.82	164.48	28.80	164.48	29.37
设备负荷	65.02	11.79	65.02	11.39	65.02	11.61
围护结构负荷	97.98	17.76	93.37	16.35	97.35	17.38
除湿负荷	189.63	34.38	208.47	36.51	196.80	35.14

表内部分计算负荷取值偏大，例如照明负荷按照传统日光灯照明方式的发热量取值，

但是标准均统一,初、近、远期供冷期冷负荷小时数分布特性相似,空调冷负荷小时数百分比分布在最大负荷50%以上与50%以下小时数基本相等,即如按照2台制冷机进行设置,2台机组同时运行时间和只运行1台机组时间基本相等,分布在最大负荷50%以上略大于50%以下,其中50%~60%为最多,90%~100%与0~10%很少。大系统的设备选型和运营策略可以参照这个负荷特性执行。

2.1.2 设备区负荷特性

地铁车站设备管理用房的空调负荷较为复杂,相应的设备冷负荷难以确定,一般由设备专业提交电负荷,并根据相应的设备种类选取合适的系数进行空调负荷计算。由于对地铁的空调负荷特性认识不够深入,国内地铁设备管理用房的空调负荷普遍偏大。这不但增加了空调系统和土建的建设成本,而且加大了运营能耗,不符合国家节能减排的要求。因此,合理计算设备的空调负荷显得尤为重要。

目前,相关人员在处理设备发热量时,有的直接根据设备铭牌标示的发热量计算空调负荷;有的设备没有标明发热量,则直接采用估计的方法进行确定。这种计算方法使得所计算的空调负荷偏大,从而导致设备间送风量偏大,风管尺寸偏大。

影响设备房间负荷的因素较多。其一,受地铁"活塞风"的影响,有大量空气进出站台层房间,给站台层设备用房空调负荷的稳定性带来影响;其二,一些设备用房的设备发热量与行车密度有关,导致初、近、远期设备负载不一样,进而造成空调负荷特性的差异。

对地铁车站设备管理用房的空调负荷分析研究的难点在于:①各设备缺乏实时的电能监测数据,在设备的输入功率高而输出功率也较高时,难以准确计算设备的发热量,而设备散热也不直接形成瞬时冷负荷;②由于各个设备之间存在安全距离,无法直接分析测量设备表面的传热情况。

在进行地铁小系统空调负荷计算时,设备负荷通常是通过查阅设计手册或上游专业提供的资料进行计算的,而设备负荷的取值是否准确只能通过现场实测的方法来检验。同时,将现场实际测量的空调房间的温度、湿度和风量与设计参数进行对比,得到实际参数与设计参数的偏差值。采用空气焓差法对整个房间的冷负荷进行测量。通过实际参数计算出设备实际运行时的空调负荷,并与设计容量进行比较,这样才具有现实意义,并能为以后的线路提供参考经验。

由于设备用房没有人员长时间停留,因此在计算设备用房负荷时可将这部分负荷忽略,只要得到空调负荷、围护结构负荷和照明负荷,就可以得到设备用房的负荷。经过测试观察和调研发现,设备房间在没有人员停留时,房间不开启照明,因此,照明负荷可以忽略。设备房间的温湿度较为稳定,围护结构的传热视为稳态,由于设备的发热量一般比较大,围护结构负荷与设备负荷相比,其所占比例较小,在实际测试中,可忽略围护结构负荷。

理想的设备房间不存在湿源,显热占全热百分比在90%以上。而对于地铁站台层的设备房间,由于列车"活塞风"的影响,大量外界的温度较高、湿度较大的空气从门缝或其他空隙进入设备房间,给房间增加了较多的潜热负荷。通常,处于地铁站台层的设备房间,显热占比低于理想设备房间,且房间的全热负荷变化较大。处于地铁站厅层的设备房间,若送风量与回风量基本相等,则设备房间显热占比较大;若房间送风量与回风量不相等,则房间的显热占比较小。因此,笔者通过测试既计算了房间显热负荷,也计算了全热负荷,通过显热负荷和全热负荷的对比,得到房间的负荷特性。

以我国某中部城市的一个地铁车站为例。该地铁车站设备房间主要有公安通信设备室、弱电系统电源室、商用通信机房、信号设备室、配电变压器室、开关柜室和牵引网室等,其中一部分房间的主要发热设备为通信设备,另外一部分房间的主要发热设备为变电设备,包括变压器、变电柜和开关柜等。设备管理区小系统空调采用一次回风全空气系统的传统设计方式。

采用空气焓差法,测量设备房间的送风量、回风量、送风温湿度和回风温湿度。计算得到设备房间的全热负荷和显热负荷,再根据房间照明负荷、人员负荷及围护结构负荷得到设备负荷。在夏季工况(小新风模式)测量空调系统新风量,并与总风量比较,分析新风负荷占比。利用红外成像仪,测量设备表面温度分布,诊断设备表面是否存在温度异常点。

2.1.3　地铁车站夏季动态负荷测试

以某车站的测试结果为例。该地铁车站夏季动态负荷测试从2016年8月15日至8月29日,包含以下工况:周一至周五的早晚高峰、平时正常工况、晚上地铁停止运行的工况以及周末正常运行工况等。

经过一定的数据处理,本节给出了各房间逐时空调负荷、逐时室内动态温度。

1. 低压开关柜室

低压开关柜室设计送回风量为3 675 m³/h,实际送风量为5 100 m³/h,实际回风量为7 370 m³/h,设计冷量为26.1 kW,实际最大冷量为33.0 kW,若不计供冷机组关闭造成的空调负荷上升,实际最大冷量为18.8 kW。低压开关柜室里有6个开关柜,平均每个开关柜发热量为3.1 kW。低压开关柜室面积为82 m²,单位面积发热量为229 W。房间内送回风温度上升反映了8月25日周四凌晨供冷机组关闭。8月21日至8月24日,房间空调负荷(包括全热负荷和显热负荷)一直较为平稳,8月25日以后空调负荷波动较大,这说明动态负荷的测试受天气的影响。

从图2-17中可以看出,低压开关柜室显热负荷一直较为稳定,而全热负荷波动较大,这说明房间的潜热负荷波动较大,潜热负荷占比在50%左右。事实上低压开关柜室本身并没有湿负荷,而该房间内含湿量的变化主要源于室外空气渗透作用。根据回风量远大于送风量的情况,这种解释是合理的。

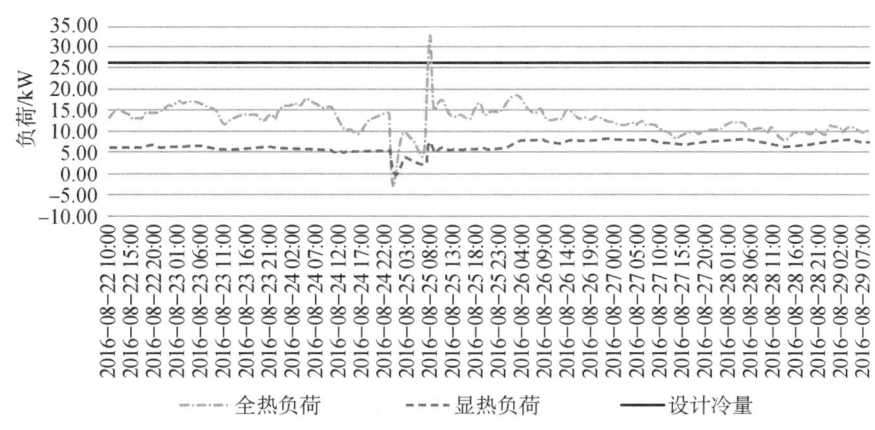

图 2-17 低压开关柜室动态负荷

图 2-17 中,设备负荷在 8 月 25 日 0 时达到最小值,而在 8 月 25 日 8 时达到最大值,这是由于冷水机组的关停造成的。本测试采用的是空气焓差法测量设备的冷负荷,仅在送风口和回风口测量空气参数,利用空气焓差法测量设备的动态负荷实际上是需要一个稳定过程的。空气焓差法计算公式:

$$Q = q_v \rho (h_1 - h_2) \tag{2-1}$$

式中　Q——设备冷负荷;

q_v——风量;

ρ——空气密度;

h_1——回风焓值;

h_2——送风焓值。

在设备房间长期运行的过程中,送风温度、房间温度和回风温度都达到稳定状态时,可以根据此时的送、回风焓差测量设备的发热量。当冷水机组关闭时,送风焓值 h_2 突然显著增加,而在短时间内回风焓值 h_1 是不会发生改变的,因此此时设备的计算负荷会达到最小值甚至是负值。经过夜间 8 h 的通风,送风焓值 h_2 不会发生改变,而回风焓值 h_1 由于设备发热缓慢增加一直达到稳定状态,且此时的回风焓值 h_1 处于较高值。这时冷水机组重新打开,回风焓值 h_1 暂时不发生改变,而送风焓值 h_2 突然显著降低,根据空气焓差法计算公式可知,焓差突然增大,因此此时设备的计算负荷达到最大值,随着室内状态逐渐趋于稳定,这一峰值很快降低至正常水平。

由图 2-18 可以看出,按照设计负荷在夜间通风情况下进行通风,此房间温度最高会达到 31 ℃,超过房间控制温度。如果加大风量运行,会增加风机能耗,因此,不建议在夏季夜间采用通风模式运行。

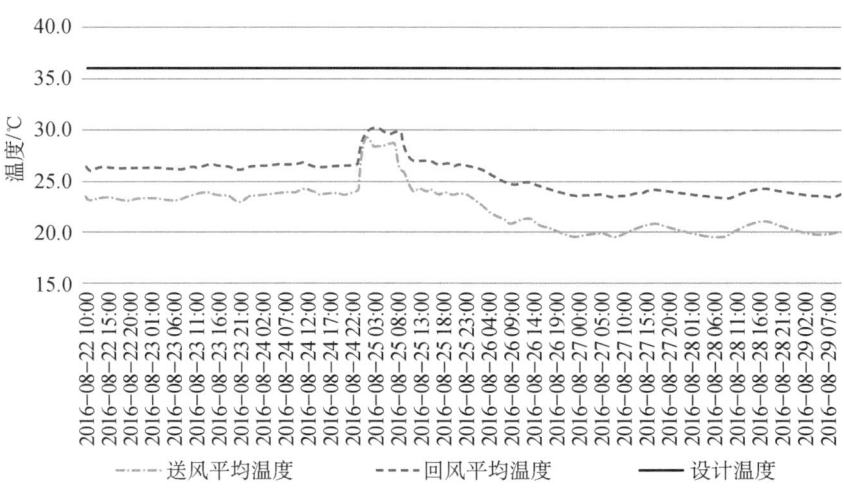

图 2-18 低压开关柜室室内动态温度

2. 开关柜室

开关柜室设计送回风量为 5 103 m³/h，实际送风量为 3 500 m³/h，实际回风量为 1 200 m³/h，设计冷量为 36.3 kW，实际最大冷量为 15.5 kW，若不计供冷机组关闭造成的空调负荷上升，实际最大冷量为 10.3 kW。开关柜室里有 15 个开关柜，平均每个开关柜发热量为 0.7 kW。开关柜室面积为 140.7 m²，单位面积发热量为 73 W。可以发现，开关柜室的设计冷量远远大于实际的空调负荷，单位面积设计冷负荷为 258 W，这样的取值将造成很大的浪费。

开关柜室与低压开关柜室负荷情况及温度情况类似，如图 2-19、图 2-20 所示。

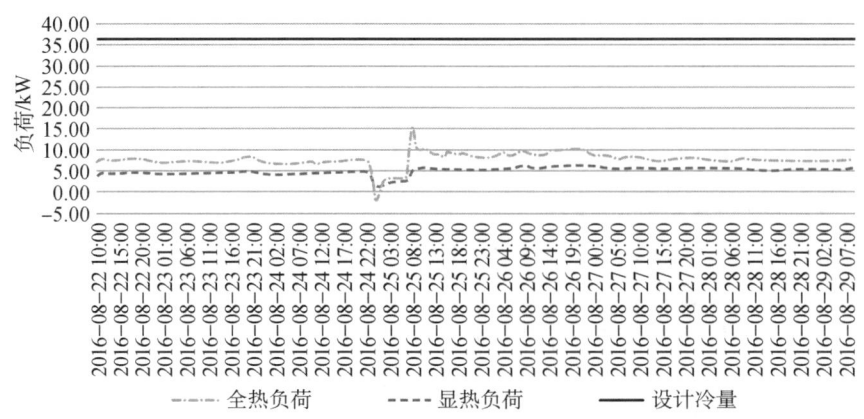

图 2-19 开关柜室动态负荷

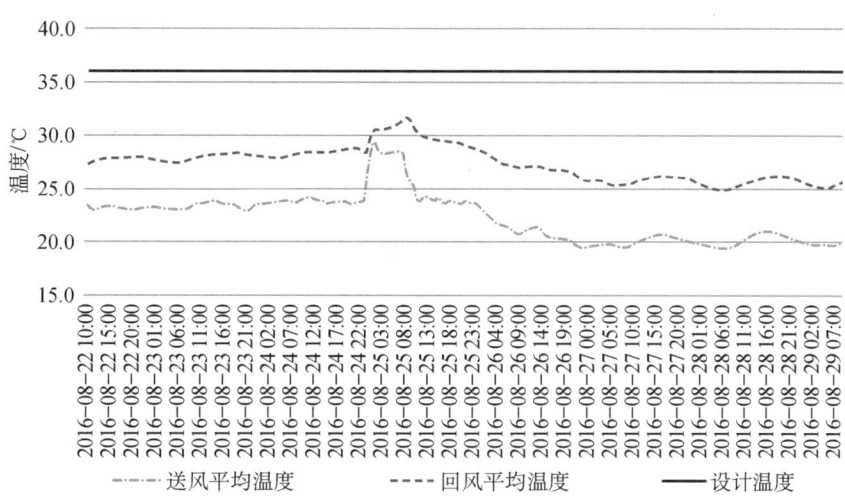

图 2-20 开关柜室室内动态温度

3. 变压器室

图 2-21、图 2-22 分别表示牵引变压器室的动态负荷和动态温度。牵引变压器室、牵引网室和配电变压器室 3 个房间的总设计送回风量为 18 547 m³/h，实际送风量为 20 226 m³/h，实际回风量基本上为 0，设计冷量为 131.8 kW，实际最大冷量为 86.4 kW，若不计供冷机组关闭造成的空调负荷上升，实际最大冷量为 77.0 kW，实际最大显热冷负荷为 32.9 kW。这 3 个房间有 2 个变压器及相关牵引网设备和配电变压器设备，每个变压器设备及其相关的配套设备的发热量为 38.5 kW。变压器室单位面积设计冷负荷为 956 W，单位面积实际最大冷负荷为 628 W，若不考虑供冷机组的关闭，单位面积实际最大冷负荷为 560 W，单位面积最大显热冷负荷为 239 W。

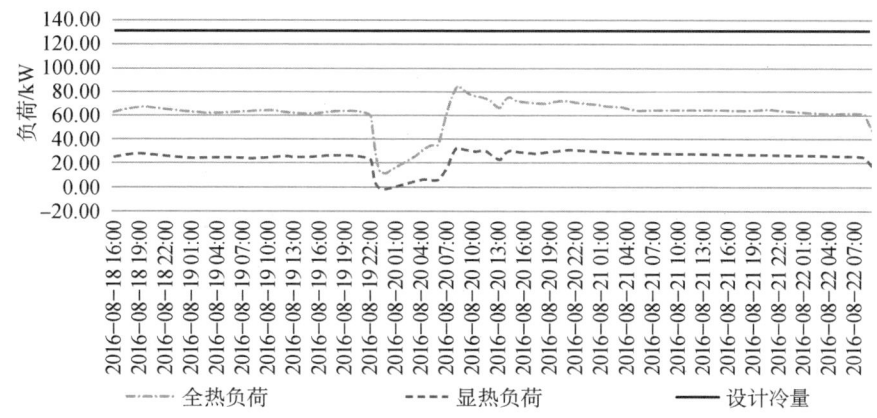

图 2-21 牵引变压器室动态负荷

牵引变压器室设备负荷峰值与谷值的出现也是由于冷水机组的启停造成的，根据对

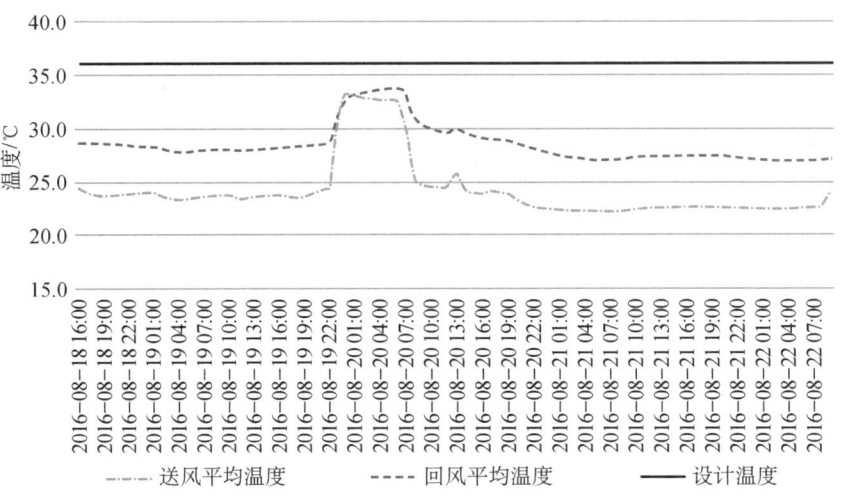

图 2-22　牵引变压器室室内动态温度

数据表格的分析发现,在 8 月 20 日 0 时至 4 时,送回风温度并未发生显著改变,这是由于地铁运营方将牵引变压器关闭检修,因此设备并未继续工作。

4. 跟随所

跟随所设计送回风量为 8 992 m³/h,实际送风量为 5 830 m³/h,实际回风量基本上为 6 200 m³/h,设计冷量为 69.4 kW,实际最大冷量为 20.6 kW,实际最大显热冷负荷为 6.0 kW。跟随所面积为 211 m²,单位面积设计冷负荷为 329 W,单位面积实际最大冷负荷为 98 W,单位面积实际最大显热冷负荷为 28 W。整个系统冷负荷过大,而设计送风量较实际送风量偏大。从图 2-23 和图 2-24 中可以发现,8 月 17 日 22 时至 8 月 18 日 8 时,8 月 19 日 22 时至 8 月 20 日 8 时送回风负荷波动,显示供冷机组关闭,室内温度上升。

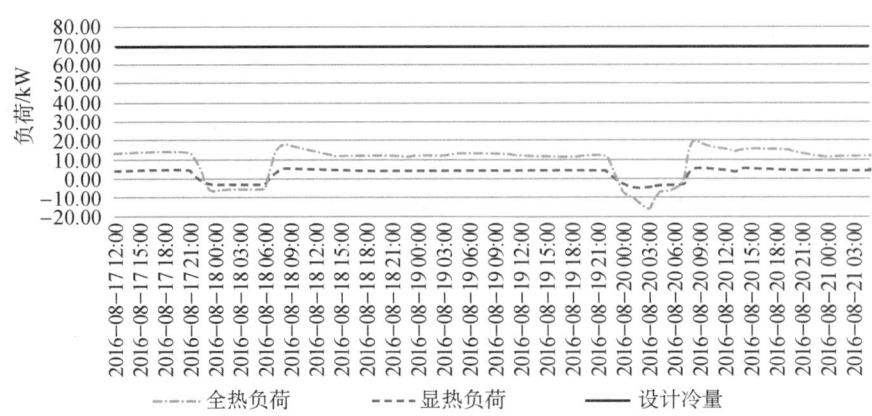

图 2-23　跟随所动态负荷

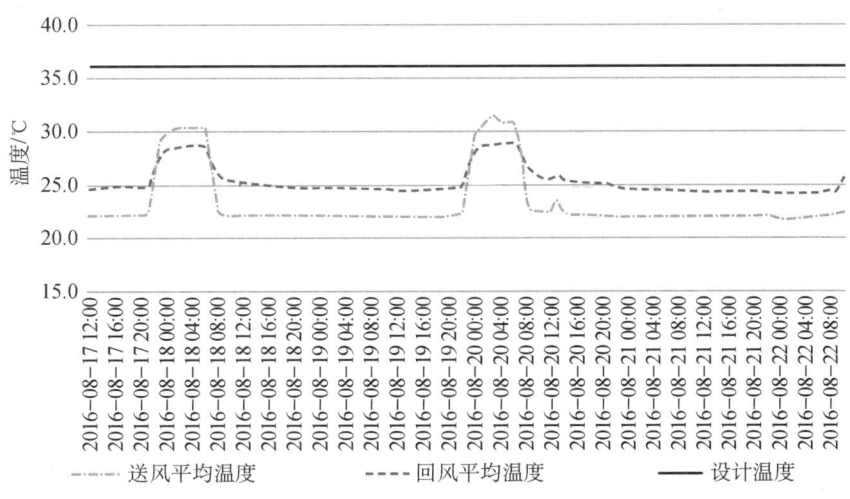

图 2-24 跟随所室内动态温度

根据图 2-23 中送风温度变化可以判断出,在 8 月 18 日 0 时至 6 时和 8 月 20 日 0 时至 6 时系统的冷水机组被关闭,系统开启全通风模式。根据图 2-24 可知,跟随所的设备负荷在 8 月 18 日和 8 月 20 日凌晨达到负值,这说明在这段时间内,地铁运营方将跟随所内的设备关闭了,因此设备不会进行散热。而这时,房间内的温度是低于此时的送风温度的,由于没有设备散热,所以较高温度的送风与较低温度的室内空气混合,使得回风温度低于送风温度而高于房间原本的空气温度。图中的温度变化以及负荷变化是完全符合此种推断的。

5. 车站控制室

车站控制室设计送回风量为 2 125 m³/h,实际送风量为 2 100 m³/h,实际回风量为 730 m³/h,设计冷量为 9.7 kW,实际最大冷量为 8.1 kW,实际最大显热冷负荷为 2.8 kW。车站控制室面积为 68.1 m²,单位面积设计冷负荷为 142 W,单位面积实际最大冷负荷为 119 W,单位面积实际最大显热冷负荷为 41 W。

根据图 2-25 中送风温度变化可以判断出,在 8 月 17 日 23 时至 8 月 18 日 6 时和 8 月 19 日 23 时至 8 月 20 日 6 时期间,系统的冷水机组被关闭,系统开启全通风模式。图 2-26 中由于两次冷水机组的启停形成的峰值和谷值也是由空气焓差法计算的特性导致的。

根据图 2-26 可知,设备负荷在 8 月 18 日和 8 月 20 日凌晨达到负值,这说明在这段时间内,地铁运营方将设备关闭了,因此设备不会进行散热。而这时,房间内的温度是低于此时的送风温度的,由于没有设备散热,所以较高温度的送风与较低温度的室内空气混合,使得回风温度低于送风温度而高于房间原本的空气温度。因此,通过空气焓差法计算得到的设备全热负荷是负值,设备的显热负荷的绝对值也小于全热负荷。图中的温度变化以及负荷变化是完全符合此种推断的。

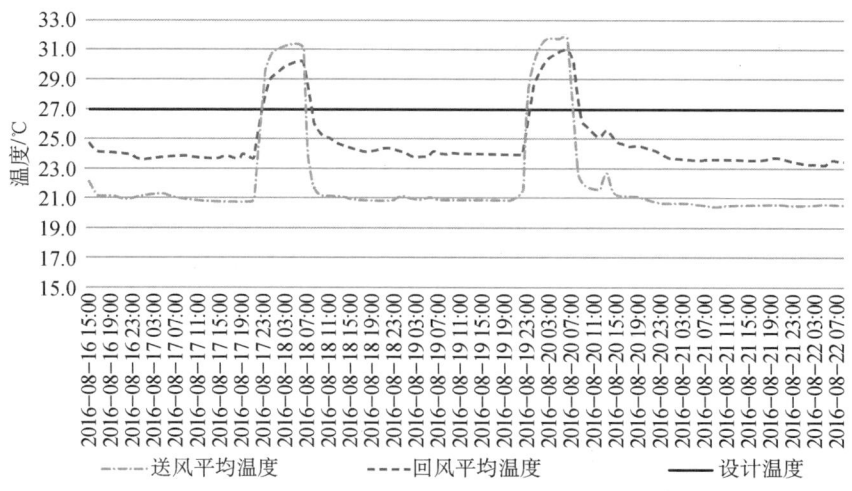

图 2-25 车站控制室室内动态温度

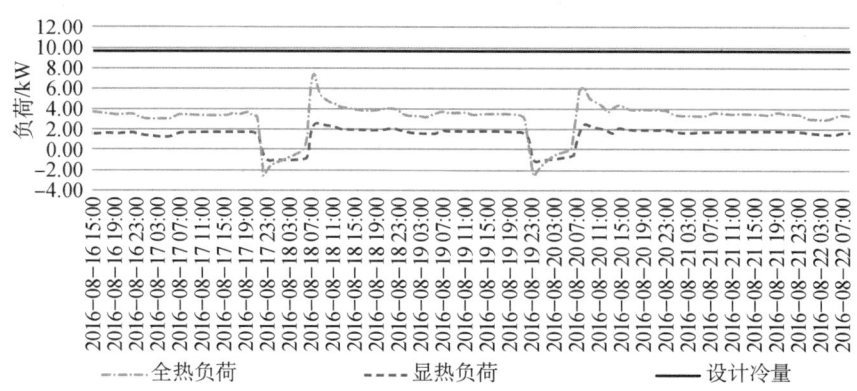

图 2-26 车站控制室动态负荷

6. 通信设备室

通信设备室设计送回风量为 3 669 m³/h,实际送风量为 2 560 m³/h,实际回风量为 580 m³/h,设计冷量为 15.9 kW,实际最大冷量为 13.2 kW,实际最大显热冷负荷为 5.5 kW。通信设备室面积为 63.5 m²,单位面积设计冷负荷为 250 W,单位面积实际最大冷负荷为 208 W,单位面积实际最大显热冷负荷为 87 W。由图 2-27 和图 2-28 可以看出,该房间回风量过小,造成送回风量不平衡,因此显热负荷与全热负荷相差也较大。

根据图 2-27 中送风温度变化可以判断出,在 8 月 17 日 23 时至 8 月 18 日 6 时,系统的冷水机组被关闭,系统开启全通风模式。图 2-28 中由于冷水机组的启停形成的峰值和谷值也是由于空气焓差法计算的特性导致的。在此图中仅出现一次峰值是由于此房间测试设备的电量不足,未测量到 8 月 20 日以后的数据。

根据图 2-28 可知,设备负荷在 8 月 18 日凌晨达到负值,这说明在这段时间内,地铁运营方将设备关闭了,因此设备不会进行散热。而这时,房间内的温度是低于此时的送风温度的,由于没有设备散热,所以较高温度的送风与较低温度的室内空气混合,使得回风温度低于送风温度而高于房间原本的空气温度。因此,通过空气焓差法计算得到的设备全热负荷是负值,设备的显热负荷的绝对值也小于全热负荷。图中的温度变化以及负荷变化是完全符合此种推断的。

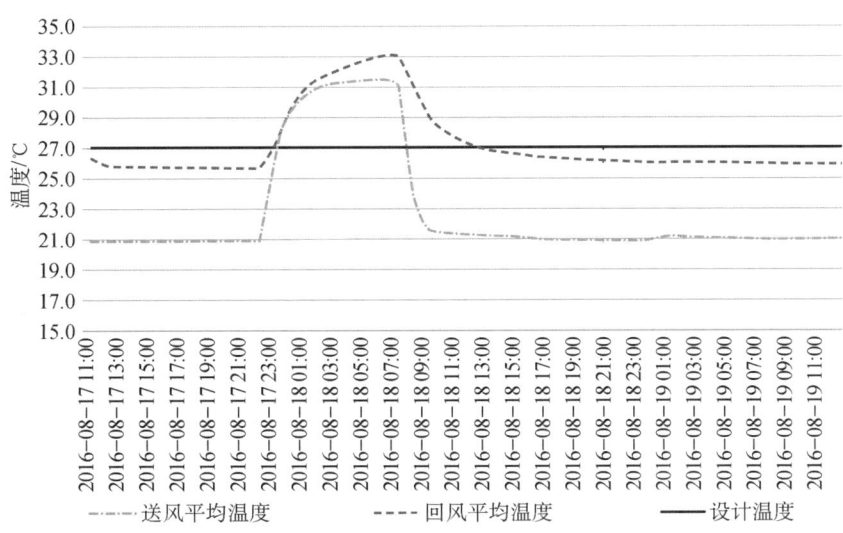

图 2-27　通信设备室室内动态温度

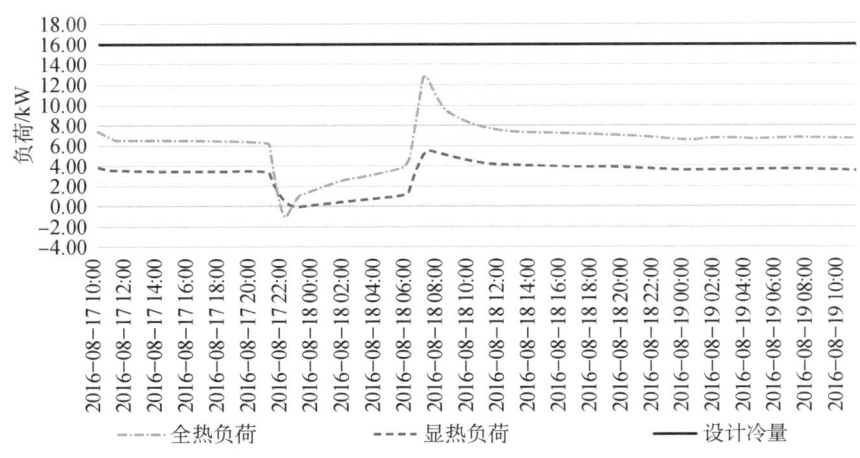

图 2-28　通信设备室动态负荷

7. 信号设备室

信号设备室设计送回风量为 5 470 m³/h,实际送风量为 4 450 m³/h,实际回风量为 7 160 m³/h,设计冷量为 23.5 kW,实际最大冷量为 38.0 kW,实际最大显热冷负荷为

7.6 kW,平时稳定状态下实际全热负荷为 20.0 kW。信号设备室面积为 92.7 m²,单位面积设计冷负荷为 254 W,单位面积实际最大冷负荷为 410 W,单位面积实际最大显热冷负荷为 82 W,稳定状态下单位面积实际全热冷负荷为 216 W。由图 2-29 和图 2-30 可以看出,在稳定情况下,该房间的送回风温度、负荷情况非常稳定,在供冷机组刚启动时同样存在较大的启动冷负荷,此时的负荷值超出了设计值。

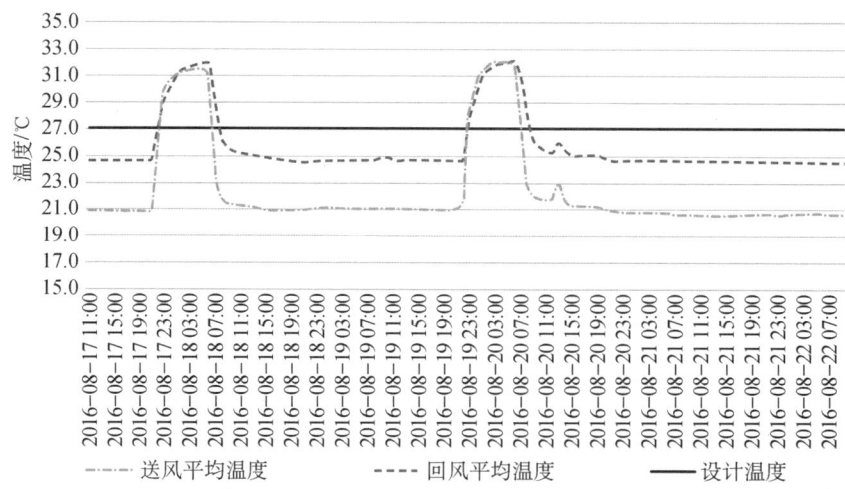

图 2-29 信号设备室室内动态温度

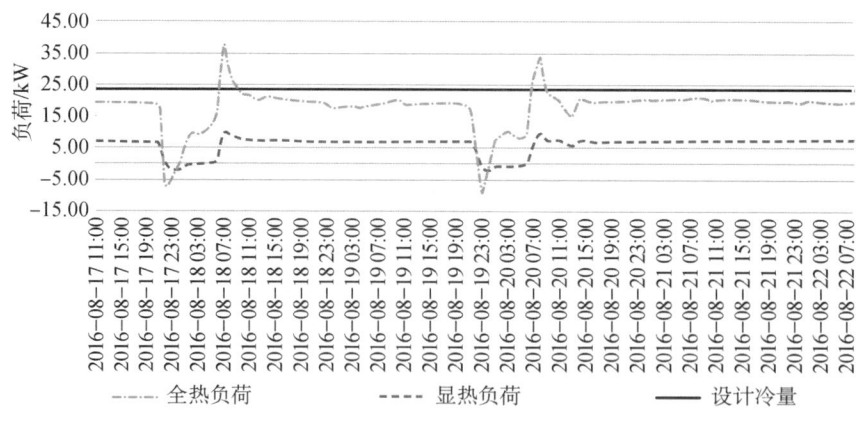

图 2-30 信号设备室动态负荷

根据图 2-29 中送风温度变化可以判断出,在 8 月 17 日 23 时至 8 月 18 日 6 时和 8 月 19 日 23 时至 8 月 20 日 6 时,系统的冷水机组被关闭,系统开启全通风模式。图 2-30 中由于两次冷水机组的启停形成的峰值和谷值也是由于空气焓差法计算的特性导致的。

根据图 2-30 可知,设备负荷在 8 月 18 日和 8 月 20 日凌晨达到负值,这说明在这段时间内,地铁运营方将设备关闭了,因此设备不会进行散热。而这时,房间内的温度是低于此时的送风温度的,由于没有设备散热,所以较高温度的送风与较低温度的室内空气混合,使得回风温度低于送风温度而高于房间原本的空气温度。因此,通过空气焓差法计算得到的设备全热负荷是负值,设备的显热负荷的绝对值也小于全热负荷。图中的温度变化以及负荷变化是完全符合此种推断的。

根据显热冷负荷线可以看出,在设备关闭期间,设备没有向外散热,而此房间回风量大于送风量,渗透风的进入给室内增加了湿负荷,所以全热冷负荷有所变化。

8. 商用通信机房

商用通信机房设计送回风量为 2 333 m³/h,实际送风量为 2 185 m³/h,实际回风量为 3 140 m³/h,设计冷量为 11.3 kW,实际最大冷量为 19.2 kW,实际最大显热冷负荷为 9.0 kW,平时稳定状态下实际全热负荷为 12.2 kW。商用通信机房面积为 56.7 m²,单位面积设计冷负荷为 199 W,单位面积实际最大冷负荷为 339 W,单位面积实际最大显热冷负荷为 159 W,稳定状态下单位面积实际全热冷负荷为 215 W。由图 2-31 和图 2-32 可以看出,商用通信机房的实际负荷较设计负荷大,同时回风温度比设计温度高得多,因此在空调系统设计时可以考虑增大单位面积的负荷指标。

根据图 2-31 中送风温度变化可以判断出,在 8 月 17 日 23 时至 8 月 18 日 6 时和 8 月 19 日 23 时至 8 月 20 日 6 时,系统的冷水机组被关闭,系统开启全通风模式。图 2-32 中由于两次冷水机组的启停形成的峰值和谷值也是由空气焓差法计算的特性导致的。

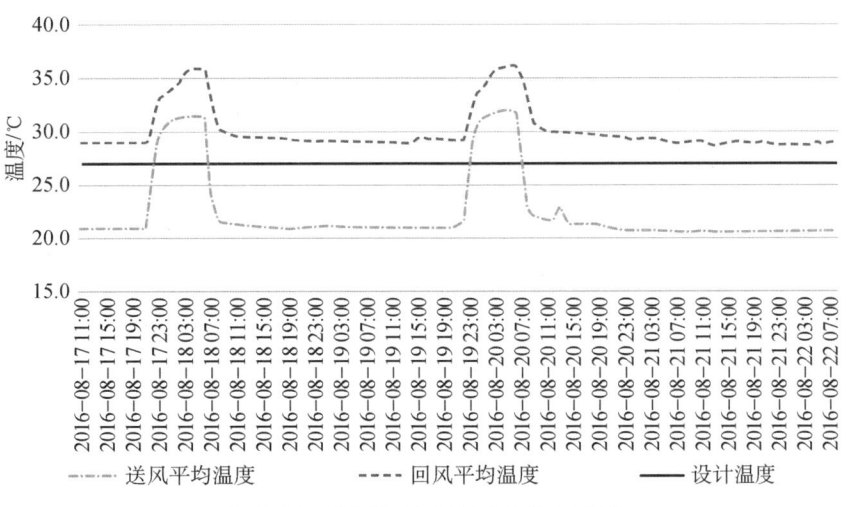

图 2-31 商用通信机房室内动态温度

根据图 2-32 可知,设备负荷在 8 月 18 日和 8 月 20 日凌晨达到最小值,这说明在这段时间内,地铁运营方将冷水机组关闭了,但是商用通信设备仍在运行,因此房间内温度显著上升,达到稳定时超过了 35℃,而外界环境温度不高,因此通过围护结构的散热增加。本次测试忽略了围护结构的传热,因此设备的计算负荷偏小。

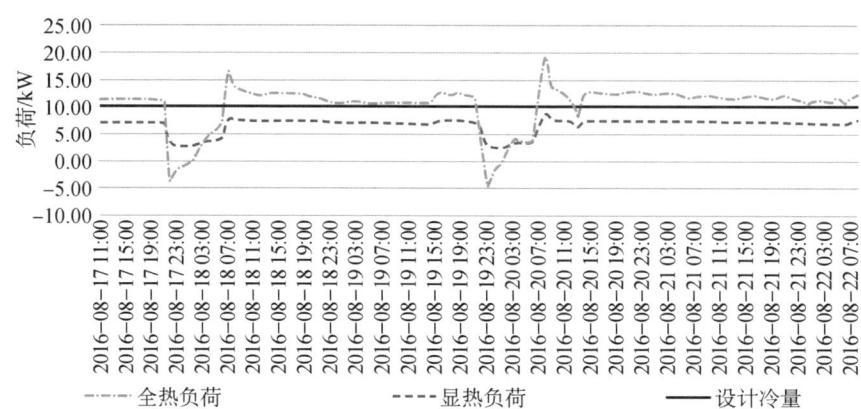

图 2-32　商用通信机房动态负荷

9. 弱电系统电源室

弱电系统电源室设计送回风量为 2 498 m³/h,实际送风量为 1 650 m³/h,实际回风量为 2 460 m³/h,设计冷量为 10.9 kW,实际最大冷量为 10.7 kW,实际最大显热冷负荷为 4.3 kW,平时稳定状态下实际全热负荷为 5.7 kW。其动态温度和动态负荷如图 2-33 和图 2-34 所示。弱电系统电源室面积为 32.6 m²,单位面积设计冷负荷为 334 W,单位面积实际最大冷负荷为 328 W,单位面积实际最大显热冷负荷为 132 W,稳定状态下单位面积实际全热冷负荷为 175 W。

根据图 2-33 中送风温度变化可以判断出,在 8 月 17 日 23 时至 8 月 18 日 6 时和 8 月 19 日 23 时至 8 月 20 日 6 时,系统的冷水机组被关闭,系统开启全通风模式。图 2-34 中由于两次冷水机组的启停形成的峰值和谷值也是由空气焓差法计算的特性导致的。

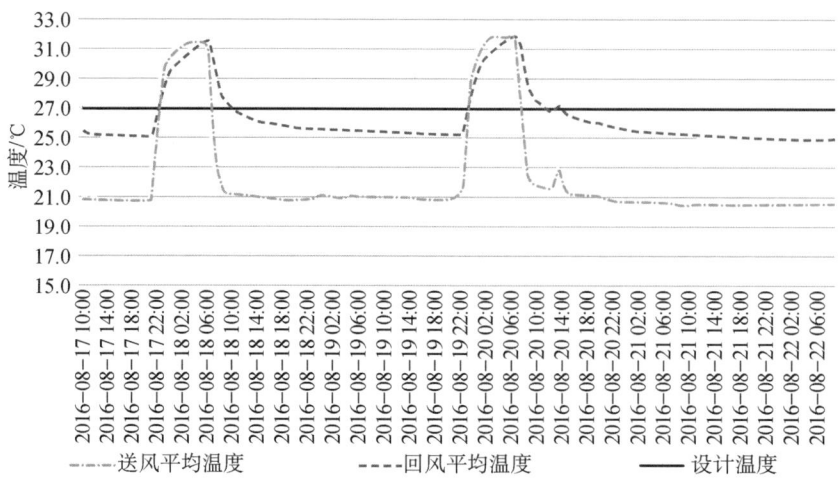

图 2-33　弱电系统电源室室内动态温度

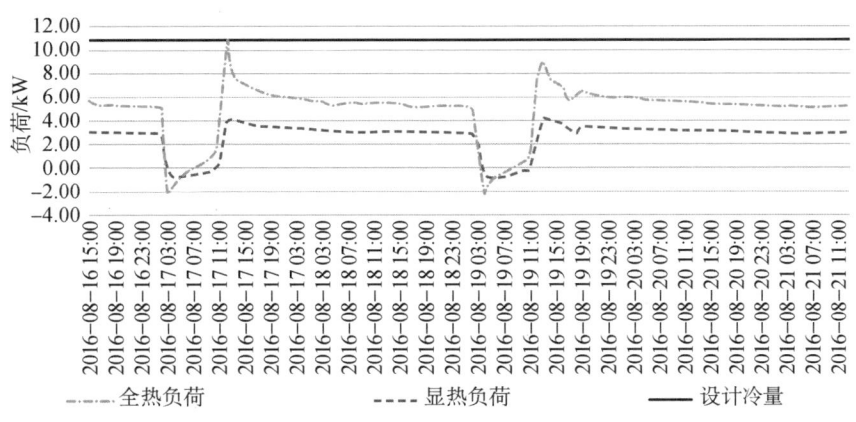

图 2-34 弱电系统电源室动态负荷

根据图 2-34 可知,设备负荷在 8 月 17 日和 8 月 19 日夜间达到负值,这说明在这两天夜间,地铁运营方将设备关闭了,因此设备不会进行散热。而这时,房间内的温度是低于此时的送风温度的,由于没有设备散热,所以较高温度的送风与较低温度的室内空气混合,使得回风温度低于送风温度而高于房间原本的空气温度。因此,通过空气焓差法计算得到的设备全热负荷是负值,设备的显热负荷的绝对值也小于全热负荷。图中的温度变化以及负荷变化是完全符合此种推断的。

10. 照明配电室(内设置有蓄电池)

照明配电室设计送回风量为 1 500 m^3/h,实际送风量为 750 m^3/h,实际回风量为 1 150 m^3/h,设计冷量为 9.5 kW,实际最大冷量为 7.4 kW,实际最大显热冷负荷为 2.3 kW。其动态温度和动态负荷如图 2-35 和图 2-36 所示。照明配电室面积为 24.7 m^2,单位面积设计冷负荷为 385 W/m^2,单位面积实际最大冷负荷为 300 W,单位面积实际最大显热冷负荷为 93 W。

根据图 2-35 中送风温度变化可以判断出,在 8 月 17 日 23 时至 8 月 18 日 6 时和 8 月 19 日 23 时至 8 月 20 日 6 时,系统的冷水机组被关闭,系统开启全通风模式。图 2-36 中由于两次冷水机组的启停形成的峰值和谷值也是由空气焓差法计算的特性导致的。

根据图 2-36 可知,设备负荷在 8 月 18 日和 8 月 20 日凌晨达到负值,这说明在这段时间内,地铁运营方将设备关闭了,因此设备不会进行散热。而这时,房间内的温度是低于此时的送风温度的,由于没有设备散热,所以较高温度的送风与较低温度的室内空气混合,使得回风温度低于送风温度而高于房间原本的空气温度。因此,通过空气焓差法计算得到的设备全热负荷是负值,设备的显热负荷的绝对值也小于全热负荷。图中的温度变化以及负荷变化是完全符合此种推断的。

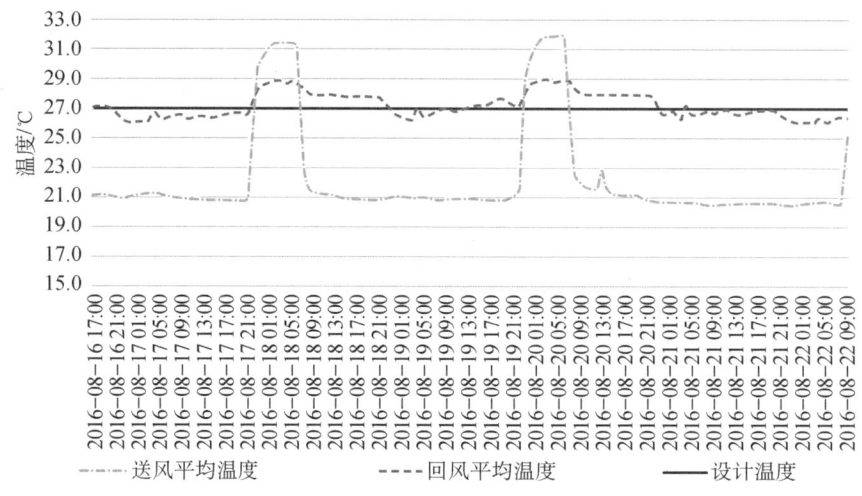

图 2-35 照明配电室室内动态温度

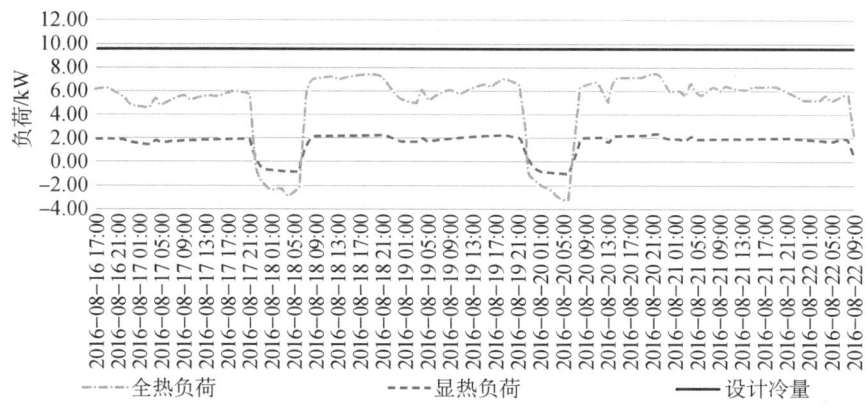

图 2-36 照明配电室动态负荷

11. 站台门设备控制室

站台门设备控制室设计送回风量为 1 453 m³/h,实际送风量为 1 050 m³/h,实际回风量未测,设计冷量为 6.4 kW,实际最大冷量为 6.1 kW,实际最大显热冷负荷为 1.9 kW。其动态温度和动态负荷如图 2-37 和图 2-38 所示。站台门设备控制室面积为 25.8 m²,单位面积设计冷负荷为 248 W,单位面积实际最大冷负荷为 236 W,单位面积实际最大显热冷负荷为 74 W。

根据图 2-37 中送风温度变化可以判断出,在 8 月 17 日 23 时至 8 月 18 日 6 时和 8 月 19 日 23 时至 8 月 20 日 6 时,系统的冷水机组被关闭,系统开启全通风模式。

根据图 2-38 可知,设备负荷在 8 月 18 日和 8 月 20 日凌晨达到负值,这说明在这段时间内,地铁运营方将设备关闭了,因此设备不会进行散热。而这时,房间内的温度是低于此时的送风温度的,由于没有设备散热,所以较高温度的送风与较低温度的室内空气混合,使得回风温度低于送风温度而高于房间原本的空气温度。因此,通过空气焓差法计算得到的设备全热负荷是负值,设备的显热负荷的绝对值也小于全热负荷。图中的温度变化以及负荷变化是完全符合此种推断的。

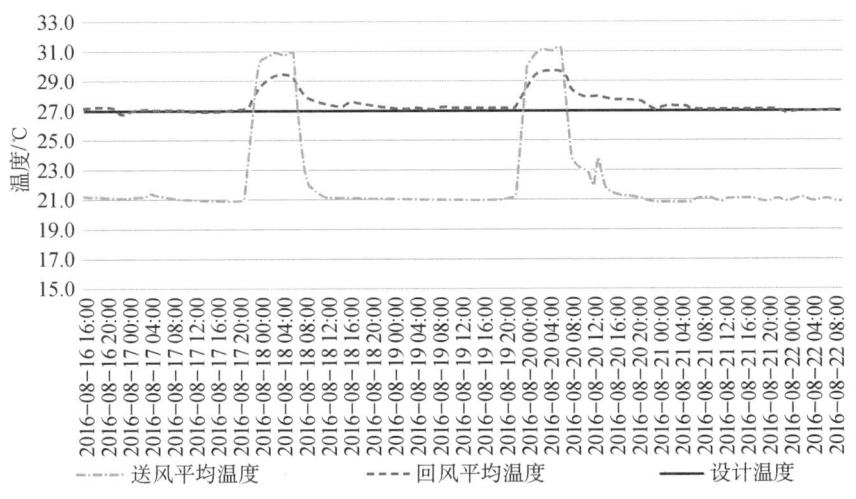

图 2-37　站台门设备控制室室内动态温度

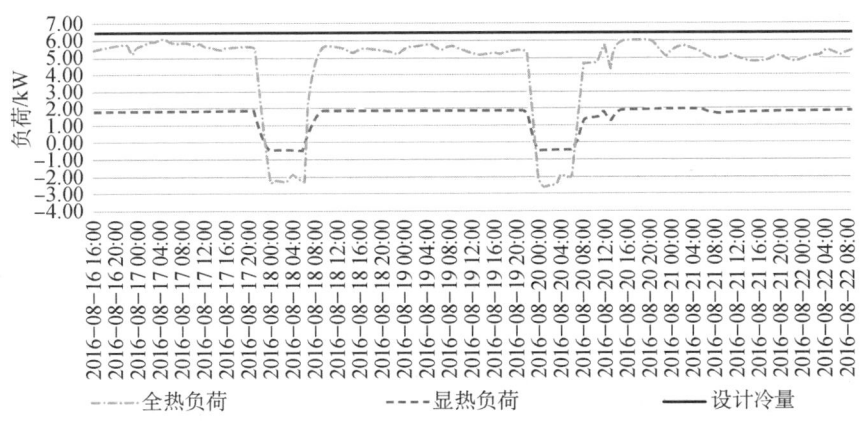

图 2-38　站台门设备控制室动态负荷

12. 公安通信设备室

公安通信设备室设计送回风量为 1 525 m³/h,实际送风量为 1 000 m³/h,实际回风量为 750 m³/h,设计冷量为 5.1 kW,实际最大冷量为 2.7 kW,实际最大显热冷负荷为 1.0 kW。其动态温度和动态负荷如图 2-39 和图 2-40 所示。公安通信设备室面积为 22.4 m²,单位面积设计冷负荷为 228 W,单位面积实际最大冷负荷为 120 W,单位面积实际最大显热冷负荷为 45 W。

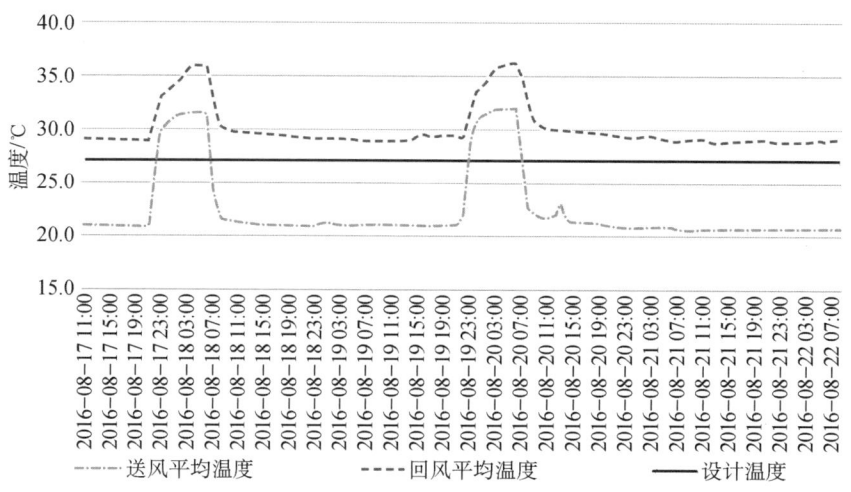

图 2-39 公安通信设备室室内动态温度

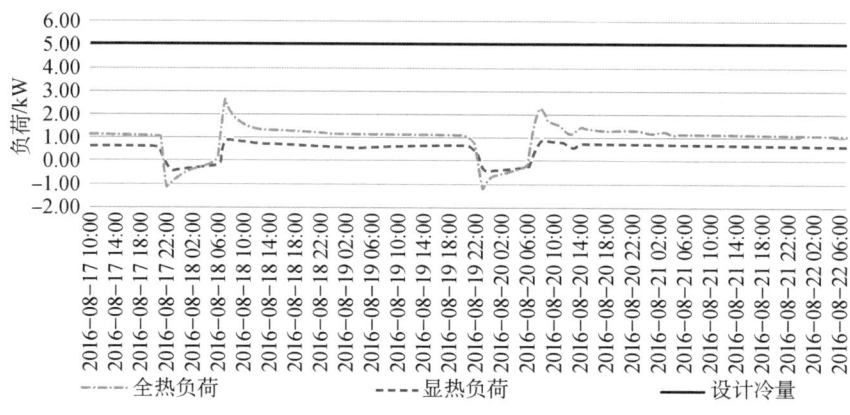

图 2-40 公安通信设备室动态负荷

13. 环控电控室

环控电控室设计送回风量为 5 154 m³/h，实际送风量为 2 050 m³/h，实际回风量为 3 600 m³/h，设计冷量为 22.2 kW，实际最大冷量为 8.3 kW，实际显热冷负荷为 2.3 kW。其动态温度和动态负荷如图 2-41 和图 2-42 所示。环控电控室面积为 92.8 m²，单位面积设计冷负荷为 239 W，单位面积实际最大冷负荷为 89 W，单位面积实际显热冷负荷为 25 W。

笔者通过与运营方沟通了解到，该系统在 8 月 16 日 18 时至 8 月 17 日 10 时未开启冷水机，也没有开启环控电控设备，无设备散热。由于之前房间温度较低，所以送风温度比房间温度高，导致回风温度比送风温度低。而回风量大于送风量，使得外界的低温空气进入设备房间，给房间"制冷"，所以全热负荷为负值，而显热负荷接近于 0。

设备负荷在 8 月 18 日和 8 月 20 日凌晨达到负值,这说明在这段时间内,地铁运营方将设备关闭了,因此设备不会进行散热。这时,房间内的温度是低于此时的送风温度的,由于没有设备散热,所以较高温度的送风与较低温度的室内空气混合,使得回风温度低于送风温度而高于房间原本的空气温度。因此,通过空气焓差法计算得到的设备全热负荷是负值,设备的显热负荷的绝对值也小于全热负荷。图 2-41 中的温度变化以及图 2-42 中的负荷变化是完全符合此种推断的。

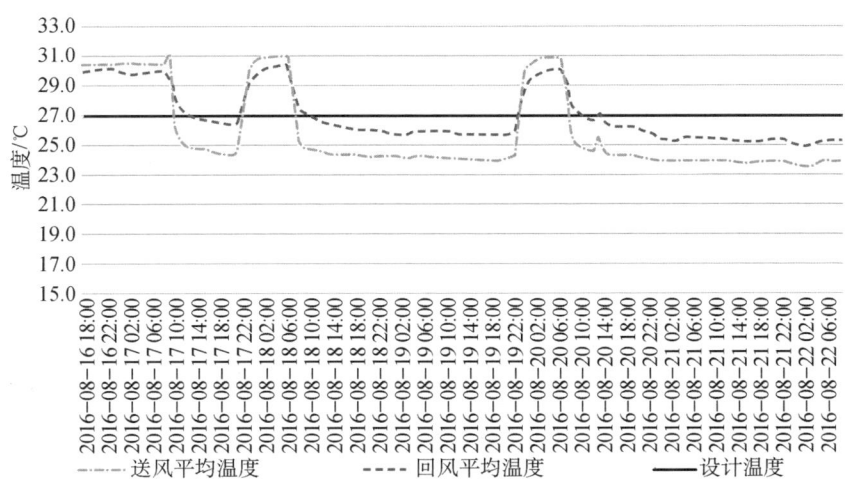

图 2-41 环控电控室室内动态温度

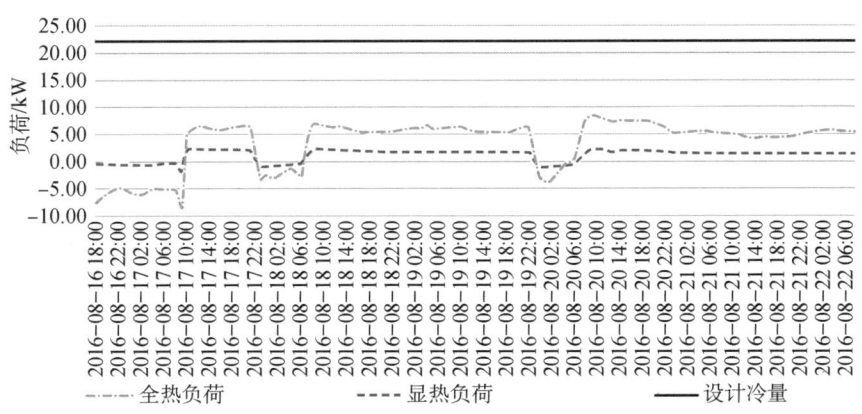

图 2-42 环控电控室动态负荷

2.1.4 地铁车站冬季动态负荷测试

从 2017 年 1 月 24 日至 1 月 31 日对该地铁车站进行冬季动态负荷测试,包含所有工况:周一至周五的早晚高峰、平时正常工况、晚上地铁停止运行的工况以及周末正常运行工况等。

1. 低压开关柜室

低压开关柜室设计送回风量为 3 675 m³/h,实际送风量为 4 500 m³/h,实际回风量为 3 150 m³/h,设计冷量为 26.1 kW,实际最大全热负荷 7.0 kW,实际最大显热负荷为 5.9 kW。其动态负荷和动态温度如图 2-43 和图 2-44 所示。从图 2-43 中可以看出,全热负荷与显热负荷基本相同,差异很小。在低温低湿的情况下,通过温湿度自记仪记录所得湿度基本上符合理论情况。

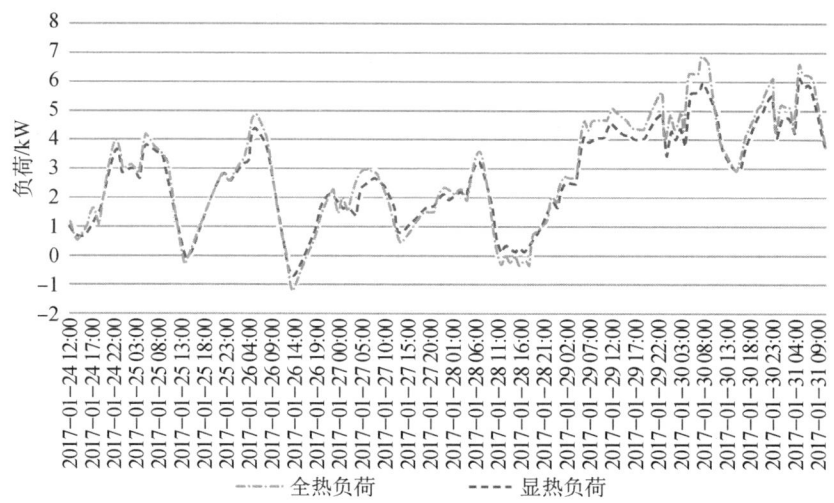

图 2-43 低压开关柜室动态负荷

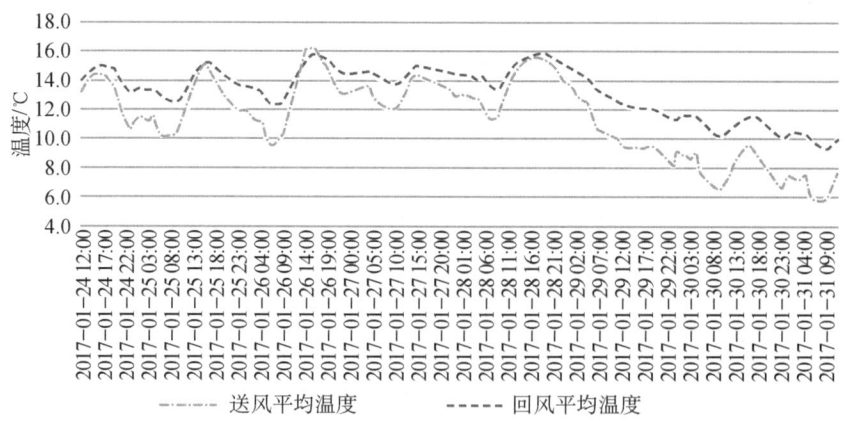

图 2-44 低压开关柜室室内动态温度

2. 开关柜室

开关柜室设计送回风量为 5 103 m³/h,实际送风量为 3 300 m³/h,设计冷量为 36.3 kW,实际最大全热负荷为 8.3 kW,实际最大显热负荷为 6.0 kW。全热负荷和显热负荷相差较大,可能原因是送风状态点发生了改变。其动态负荷和动态温度如图2-45和图2-46所示。

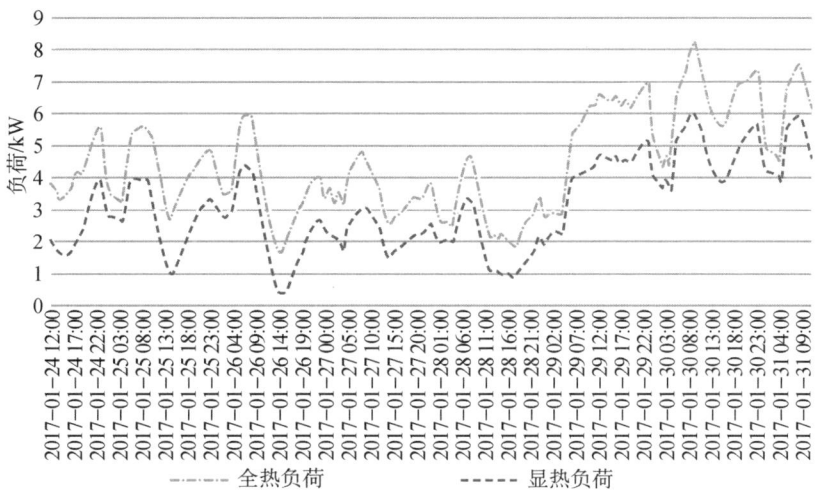

图 2-45 开关柜室动态负荷

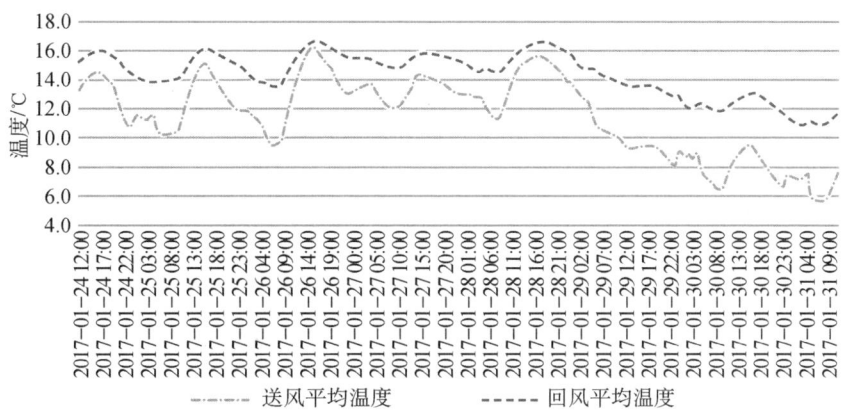

图 2-46 开关柜室室内动态温度

3. 变压器室

牵引变压器室、牵引网室和配电变压器室3个房间的总设计送回风量为18 547 m³/h,实际送风量为18 042 m³/h,实际回风量为15 383 m³/h,设计冷量为131.8 kW,实际最大全热负荷为46.9 kW,实际最大显热负荷为36.8 kW。同样,全热负荷和显热负荷相差较大。其动态负荷和动态温度如图2-47和图2-48所示。

4. 跟随所

跟随所设计送回风量为8 992 m³/h,实际送风量为437 m³/h,实际回风量基本上为4 350 m³/h,设计冷量为69.4 kW,实际最大全热负荷为5.1 kW,实际最大显热负荷为

1.4 kW。其动态负荷和动态温度如图 2-49 和图 2-50 所示。

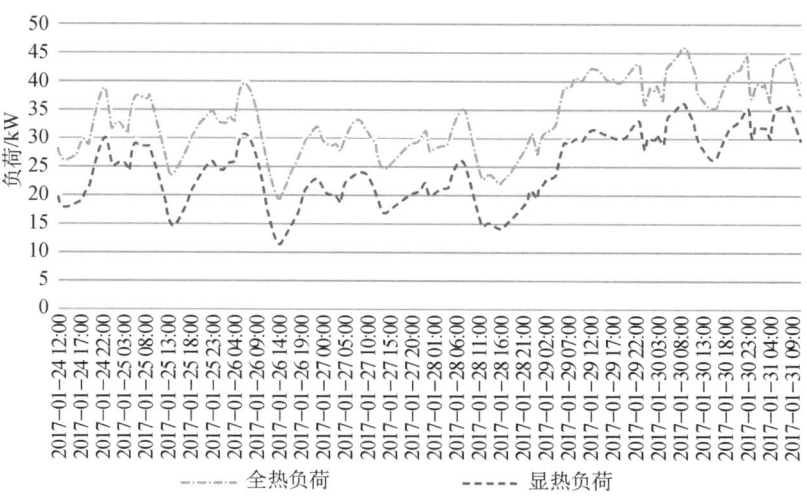

图 2-47 牵引变压器室动态负荷

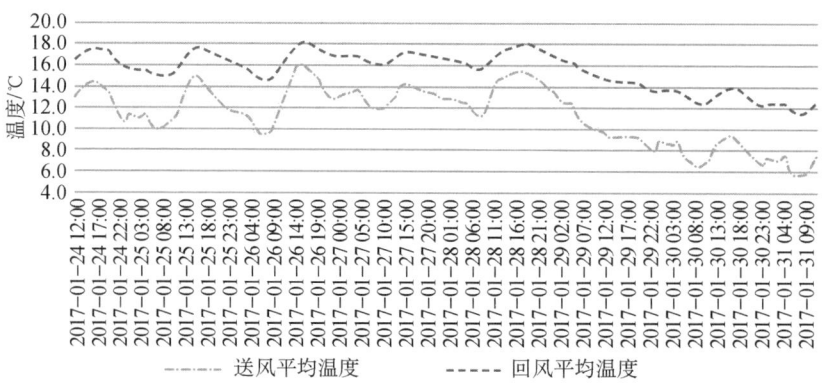

图 2-48 牵引变压器室室内动态温度

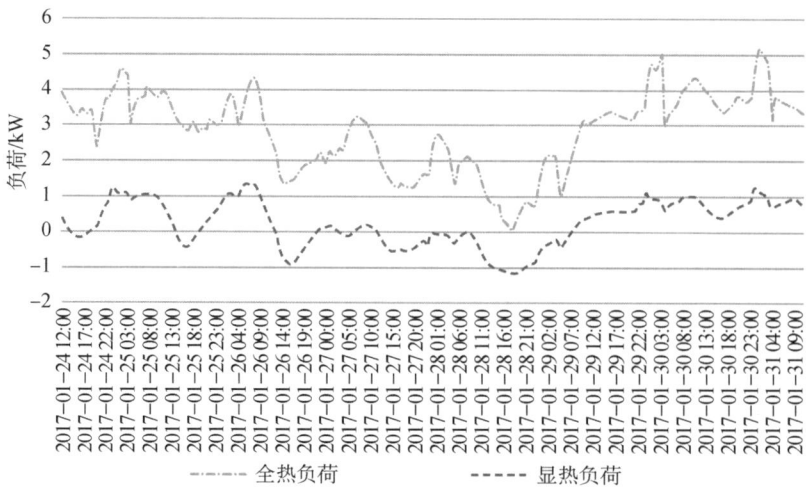

图 2-49 跟随所动态负荷

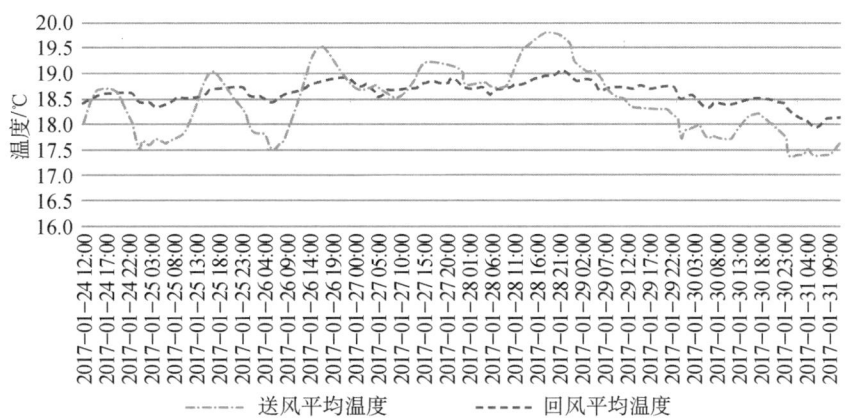

图 2-50 跟随所室内动态温度

5. 车站控制室

车站控制室设计送回风量为 2 125 m³/h,实际送风量为 380 m³/h,实际回风量基本上为 650 m³/h,设计冷量为 9.7 kW,实际最大全热负荷为 2.3 kW,实际最大显热负荷为 1.92 kW。其动态负荷和动态温度如图 2-51 和图 2-52 所示。

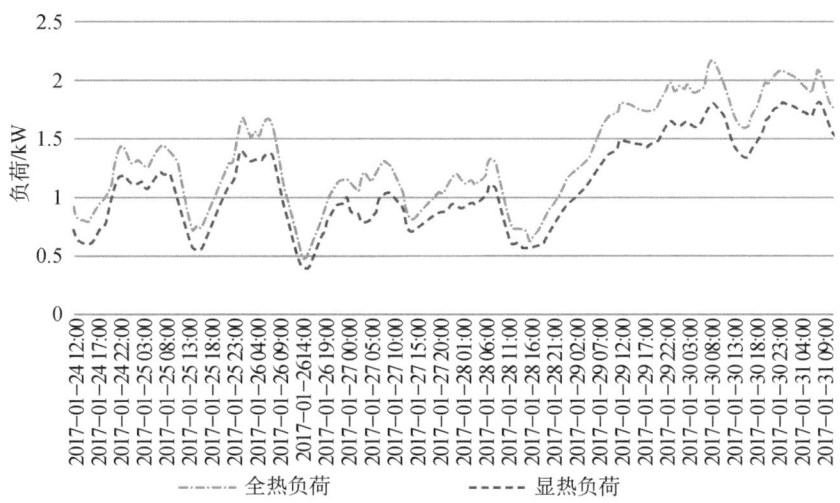

图 2-51 车站控制室动态负荷

6. 通信设备室

通信设备室设计送回风量为 3 669 m³/h,实际送风量为 2 400 m³/h,实际回风量为 180 m³/h,设计冷量为 15.9 kW,实际最大全热负荷为 5.7 kW,实际最大显热负荷为 5.33 kW。其动态负荷和动态温度如图 2-53 和图 2-54 所示。

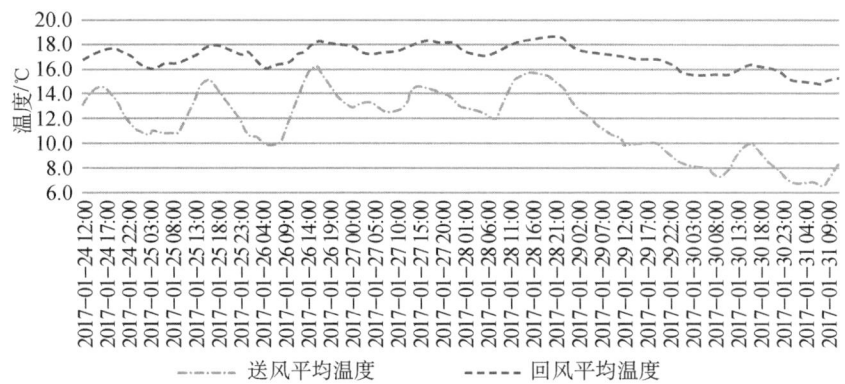

图 2-52 车站控制室室内动态温度

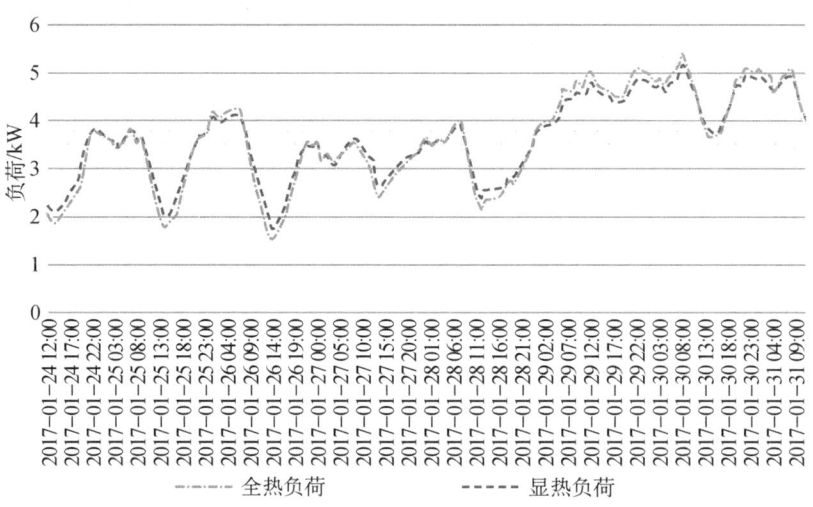

图 2-53 通信设备室动态负荷

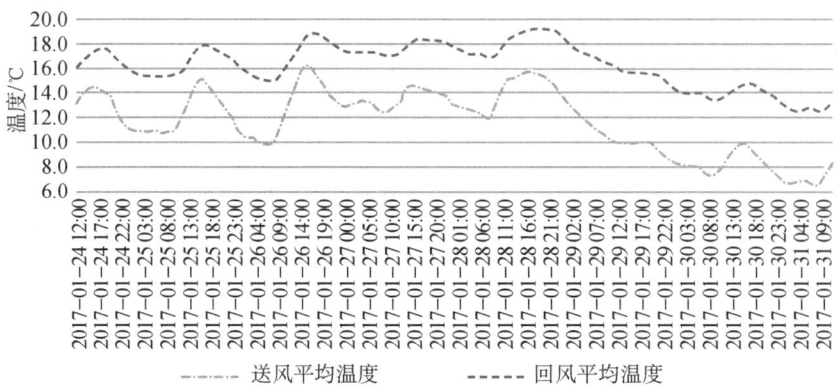

图 2-54 通信设备室室内动态温度

7. 信号设备室

信号设备室设计送回风量为 5 470 m³/h,实际送风量为 420 m³/h,实际回风量为 6 150 m³/h,设计冷量为 23.5 kW,实际最大全热负荷为 11.7 kW,实际最大显热负荷为 10.0 kW。其动态负荷和动态温度如图 2-55 和图 2-56 所示。

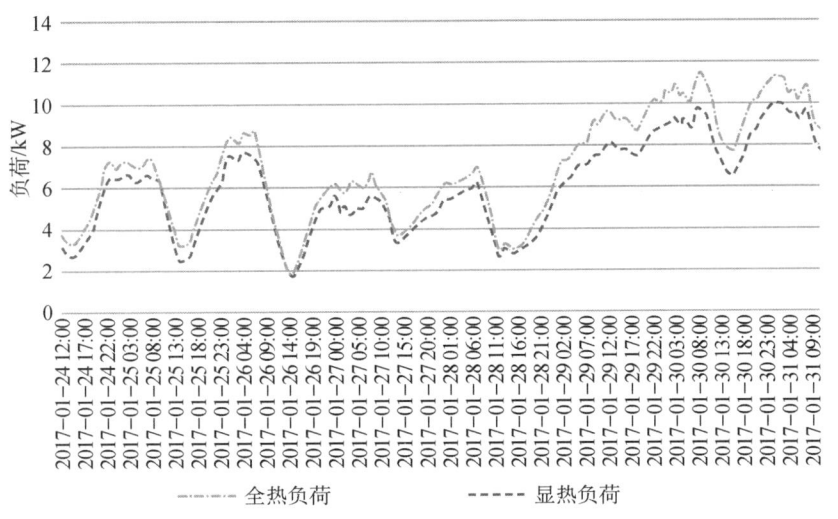

图 2-55 信号设备室动态负荷

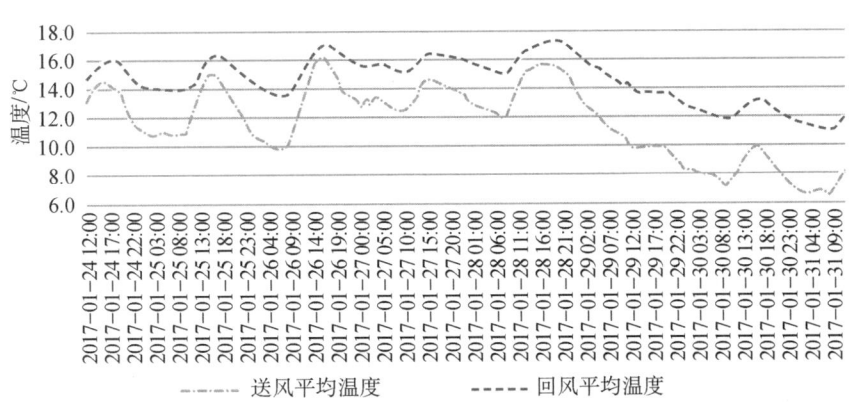

图 2-56 信号设备室室内动态温度

8. 商用通信机房

商用通信机房设计送回风量为 2 333 m³/h,实际送风量为 1 900 m³/h,实际回风量为 2 900 m³/h,设计冷量为 11.3 kW,实际最大全热负荷为 9.0 kW,实际最大显热负荷为 8.1 kW。其动态负荷和动态温度如图 2-57 和图 2-58 所示。

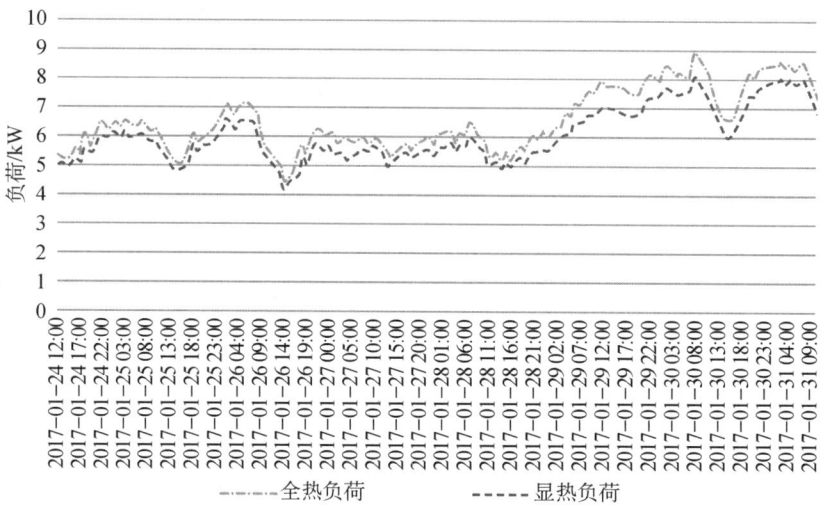

图 2-57 商用通信机房动态负荷

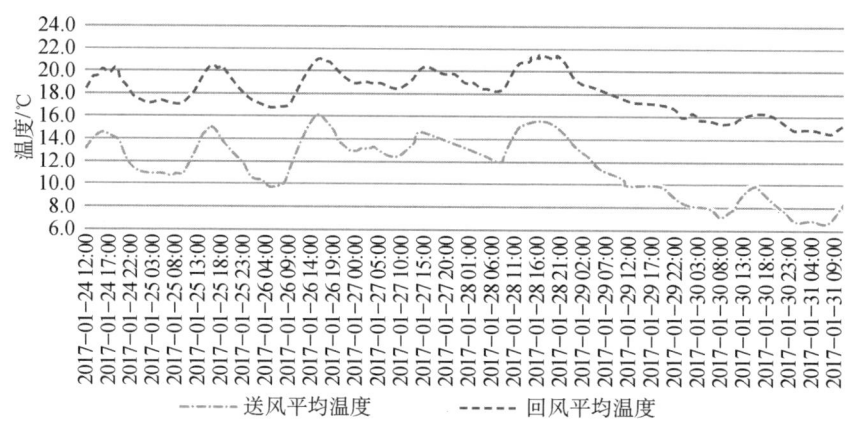

图 2-58 商用通信机房室内动态温度

9. 弱电系统电源室

弱电系统电源室设计送回风量为 2 498 m³/h,实际送风量为 1 550 m³/h,实际回风量为 2 350 m³/h,设计冷量为 10.9 kW,实际最大全热负荷为 5.3 kW,实际最大显热负荷为 4.7 kW。弱电系统电源室与通信机房相连。其动态负荷和动态温度如图 2-59 和图 2-60 所示。

10. 照明配电室(内设蓄电池)

照明配电室设计送回风量为 1 500 m³/h,实际送风量为 600 m³/h,实际回风量为 900 m³/h,设计冷量为 9.5 kW,实际最大全热负荷为 4.0 kW,实际最大显热负荷为 2.63 kW。其动态负荷和动态温度如图 2-61 和图 2-62 所示。

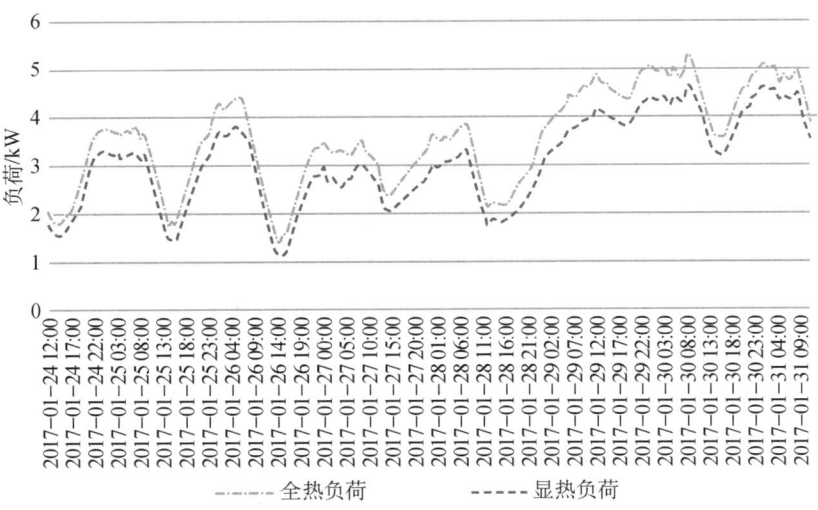

图 2-59 弱电系统电源室动态负荷

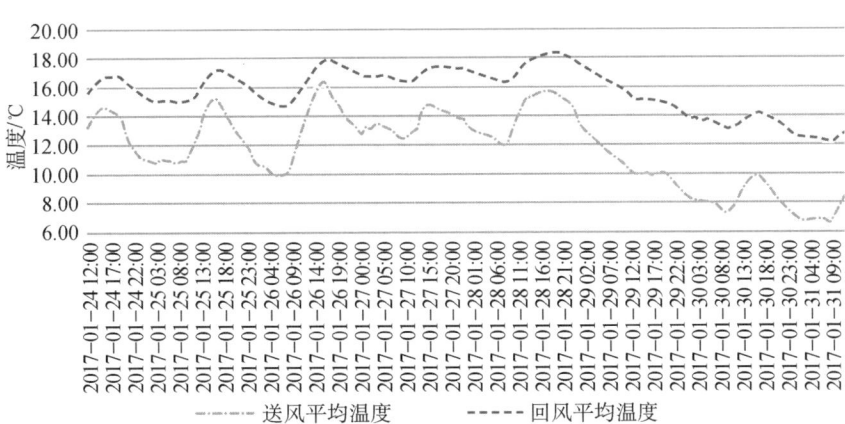

图 2-60 弱电系统电源室室内动态温度

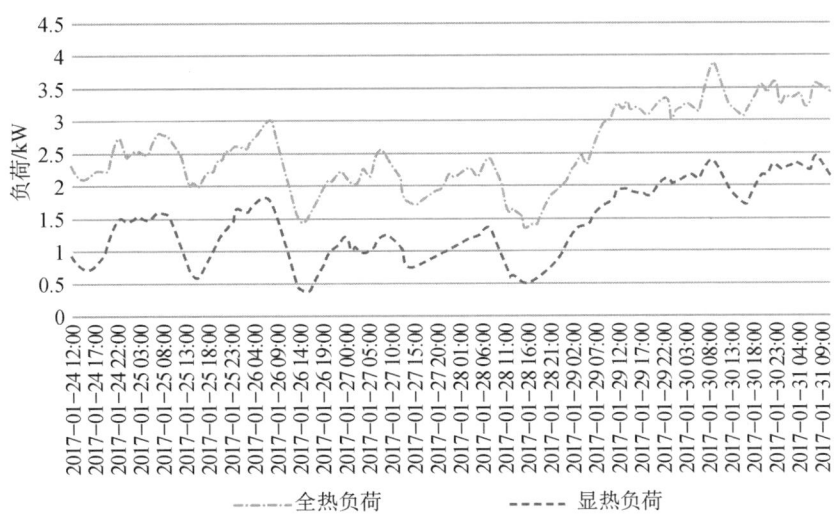

图 2-61 照明配电室动态负荷

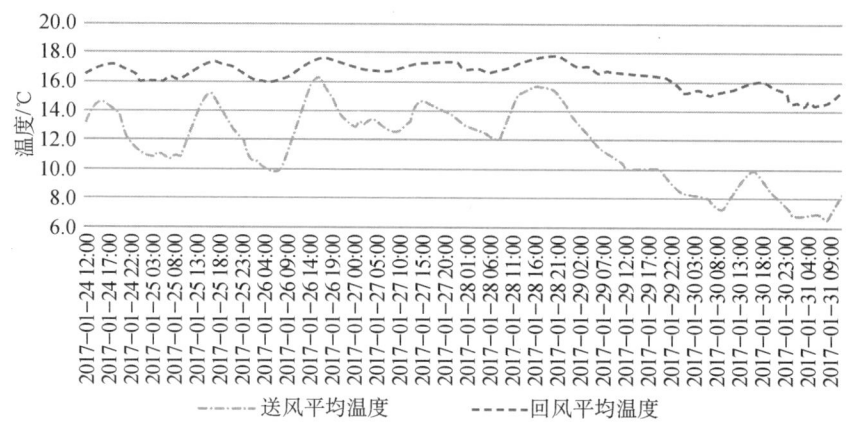

图 2-62　照明配电室室内动态温度

11. 屏蔽门设备控制室

屏蔽门设备控制室设计送回风量为 1 453 m³/h,实际送风量为 900 m³/h,实际回风量测试条件不足,设计冷量为 6.4 kW,实际最大全热负荷为 3.9 kW,实际最大显热负荷为 2.81 kW。其动态负荷和动态温度如图 2-63 和图 2-64 所示。

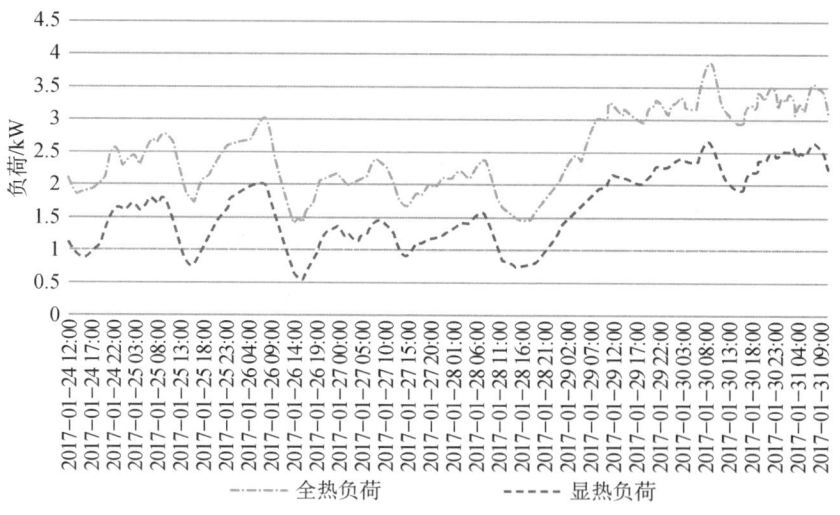

图 2-63　屏蔽门设备控制室动态负荷

12. 公安通信设备室

公安通信设备室设计送回风量为 1 525 m³/h,实际送风量为 600 m³/h,实际回风量为 100 m³/h,设计冷量为 5.1 kW,实际最大全热负荷为 0.93 kW,实际最大显热负荷为 0.81 kW。其动态负荷和动态温度如图 2-65 和图 2-66 所示。

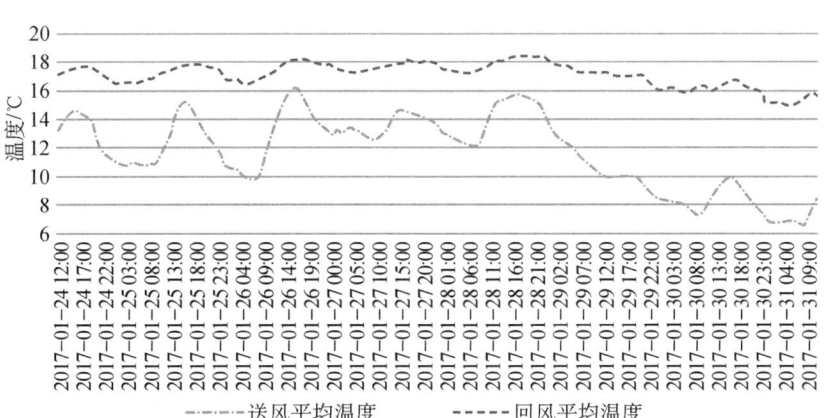

图 2-64 屏蔽门设备控制室室内动态温度

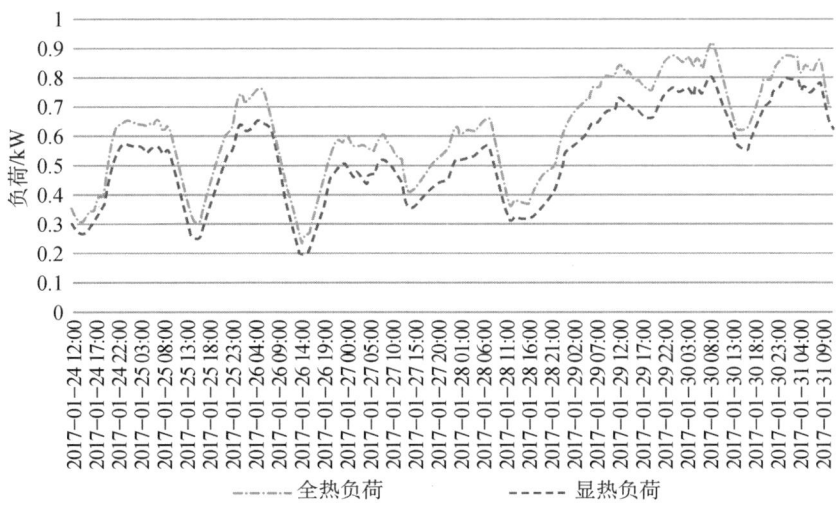

图 2-65 公安通信设备室动态负荷

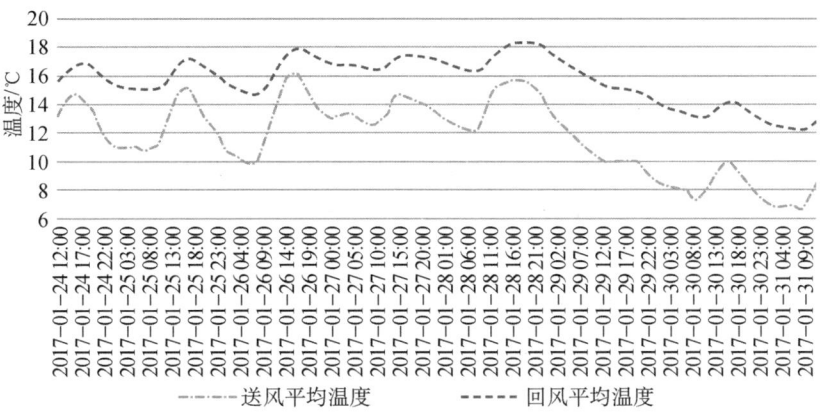

图 2-66 公安通信室室内动态温度

13. 环控电控室

环控电控室设计送回风量为 5 154 m³/h,实际送风量为 1 550 m³/h,实际回风量为 3 400 m³/h,设计冷量为 22.2 kW,实际最大全热负荷为 －1.4 kW,实际最大显热负荷为 0.49 kW。其动态负荷和动态温度如图 2-67 和图 2-68 所示。

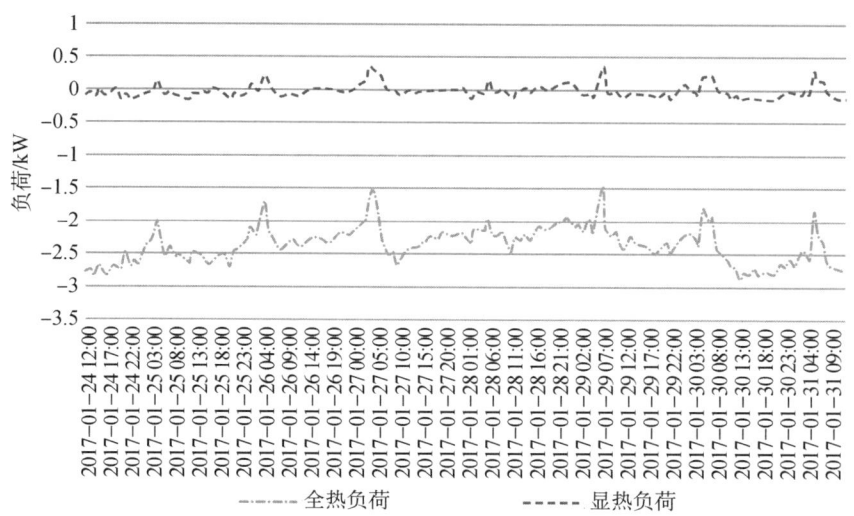

图 2-67 环控电控室动态负荷

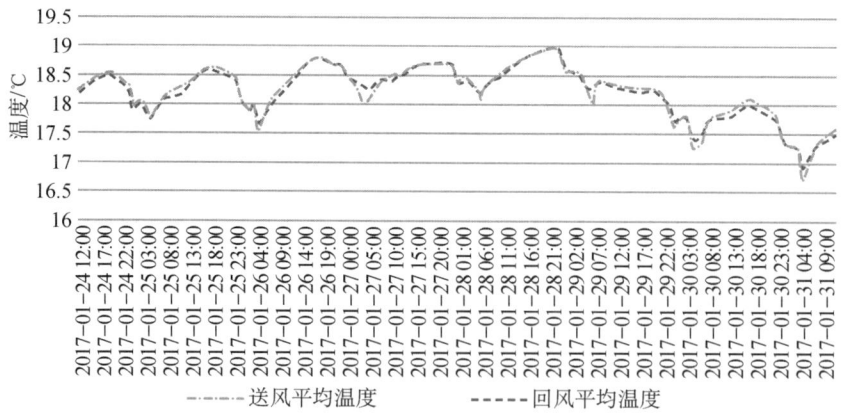

图 2-68 环控电控室室内动态温度

2.1.5 结论

建议一个城市可以对地铁车站小系统房间的发热情况进行系统测试,对测试结果加以分析后作为后面线路的设计依据。目前,有以下几点可以供设计师参考:

(1) 通信设备室、信号设备室等弱电房间的设计负荷偏大的主要原因是设备实际电功率小于设计值。电气专业人员出于安全考虑所做的设计值往往远高于设备实际负载率,暖通专业人员在设计时再考虑一定安全系数就导致设计负荷远大于实际负荷。

(2) 开关柜室、牵引变压器室等强电房间的设计负荷偏大的主要原因是设计人员对实际输入、输出功率不了解,开关柜设备发热量其实并不大。

(3) 由于地铁列车进出站时"活塞风"及围护结构传湿的影响,轨道线路旁的房间内外压差变化较大,而设备房间的门并未较好地密封,这导致隧道内热湿空气进入房间,增大了房间的潜热负荷。对于站台层房间,宜按照显热比50%估算房间的全热负荷(如设备的热功率为5 kW,应按照设备10 kW全热负荷计算);对于站厅层房间,宜按照显热比60%~70%估算房间的全热负荷。

(4) 地铁小系统实际新风比高于设计新风比,这会导致夏季小系统实际送风温度偏高。又由于全空气系统采用露点送风,而设备的实际负荷偏小,送回风温升不大,使得各个房间的实际相对湿度也偏高。可以采用减小风量、增大送风温差的方式,同时满足降温和除湿的功能。

(5) 设备房间采用夜间通风方式降低能耗是可行的,虽然房间温度会超过原有设计值,但仍在安全范围内。

(6) 从目前实际情况看,由于5G技术的采用,通信相关的房间负荷发热量增长较大,设计时需要重点关注。

2.2 空调系统节能技术

2.2.1 常规空调系统

常规空调系统采用冷凝除湿方法,要求冷源温度必须低于室内空气的露点温度,考虑到传热温差与冷媒输送温差,常规空调系统只有采用5~7℃的冷水作为冷源才能保证其除湿能力。在地铁车站公共区的负荷中,显热负荷约占总负荷的80%,而潜热负荷约占总负荷的20%,同时,由于室内人员数量多,人员产湿量大,加之渗风产湿与围护结构渗湿,一个典型地下车站公共区湿负荷为40~60 g/s,热湿比为7 000~12 000;设备管理用房区域室内设备发热量较大,负荷构成也以显热负荷为主。显热负荷本可用14~19℃的高温冷水带走,却与除湿过程共用7~12℃的低温冷源进行处理,这造成能源利用品位的极大浪费。

常规空调系统:采用电动制冷冷水机组制备7℃冷水,同时去除显热负荷与潜热负荷(不考虑冷热抵消问题),机组耗电量 E'_w 为

$$E'_w = \frac{L_{tol}}{COP'_R} \tag{2-2}$$

式中　L_{tol}——空调系统总负荷;
　　　COP'_R——常规系统冷站能效比(制备7℃冷水)。

2.2.2 温湿度独立控制空调系统

地铁空调系统目前普遍采用冷凝除湿方式(采用7℃的冷冻水)实现对空气的降温与除湿,同时去除车站内的显热负荷与潜热负荷(湿负荷)。降温只要求冷源温度低于空气的干球温度,而除湿则要求冷源温度低于空气的露点温度,这种常规的空气处理方式导致占总负荷一半以上的显热负荷本可以采用高温冷源(14～19℃冷水)排走,却不得不与除湿过程共用7～12℃的低温冷源进行处理,这造成了能源品位上的浪费。通过冷凝除湿方式对空气进行冷却和除湿,其吸收的显热与潜热比只能在一定的范围内变化,而建筑室内环境调节所需要的热湿比却在较大的范围内变化。而且,冷凝除湿方式产生的潮湿表面成为霉菌等生物污染物繁殖的温床,还严重影响了室内空气品质。

温湿度独立控制空调系统(Temperature and Humidity Independent Control Air Conditioning System,简称THIC系统)是对常规空气处理方式的变革,彻底颠覆了常规空调用低温水同时处理室内余热、余湿的设计理念。它采用温度与湿度两套独立的空调控制系统,即以高温冷水处理显热余热,同时以盐溶液为调湿介质的新风机组调节空气(新风)含湿量,一方面大大降低了能耗,另一方面可灵活适应室内热湿比变化,同时又可显著提高室内空气品质,根治了常规空调三大痼疾。其独立控制理念如图2-69所示。

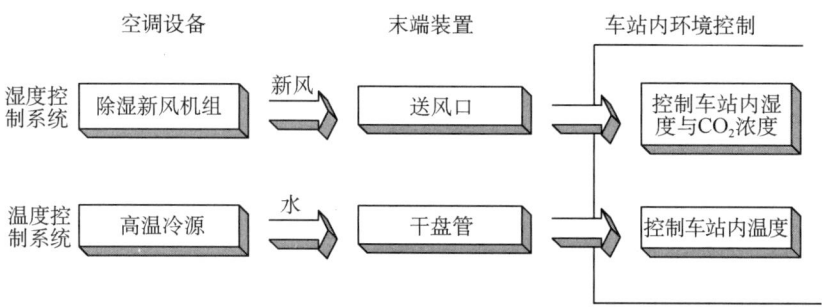

图2-69 温湿度独立控制空调系统原理

温度控制系统包括高温冷源、干式盘管等末端装置,将水作为输送媒介。由于除湿的任务由湿度控制系统承担,因而温度控制系统的冷水供水温度不再是常规冷凝除湿空调系统中的7℃,可以提高到14～18℃,从而为天然冷源的使用提供了条件,即使采用机械制冷方式,制冷机的性能系数也有大幅提高。末端装置可以采用干式风机盘管、干式风柜、辐射末端等多种形式,由于供水温度高于室内空气的露点温度,因而不存在结露的危险。

湿度控制系统负责控制车站内的空气湿度,同时承担去除室内CO_2、异味等保证室内空气质量的任务。该系统由溶液调湿新风机组、送风末端装置组成,采用新风作为能量输送的媒介。湿度控制系统中,由于不需要处理温度,因而湿度的处理可以采用溶液调湿等新的节能高效方法。

采用两套独立的系统分别控制温度和湿度,避免了常规空调系统中热、湿联合处理所带来的损失。溶液调湿机组采用吸湿性溶液作为工作介质,提高了除湿的露点温度,使得机组内的热泵系统蒸发温度得以提高,溶液调湿单元热泵制冷 COP 值(性能系数)可达 4.0 以上,明显高于传统空调系统中冷源的制冷效率。由热力学原理可知,逆卡诺循环中,蒸发温度越高则有效功(制冷量)越大,冷凝温度与蒸发温度之差越小则制冷效率(能效比)越高。如图 2-70 所示,浅灰色块面积与深灰色块面积之比即制冷效率。因此,对于温湿度独立控制系统,高温冷水机组仅承担室内显热负荷,冷水温度可由常规的 7~12℃ 提高到 14~19℃,故其 COP 值也随之由常规机组的 4~5 提高到 7~11.5。

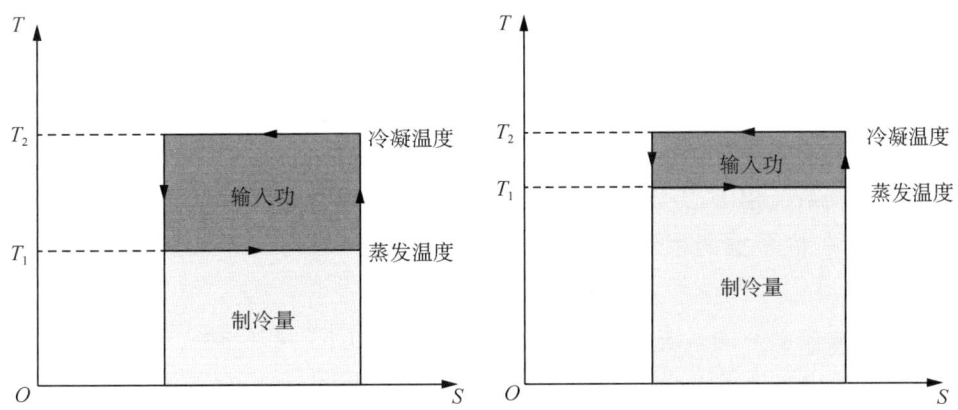

图 2-70 逆卡诺循环的 COP 值与蒸发温度的关系

温湿度独立控制空调系统:
(1) 潜热负荷。热泵驱动的溶液除湿新风机组,机组耗电量:

$$E_{air} = \frac{x_1 L_{tol}}{COP_{air}} \quad (2-3)$$

(2) 显热负荷。电动制冷机制备 14℃ 冷冻水,机组耗电量:

$$E_R = \frac{x_2 L_{tol}}{COP_R} \quad (2-4)$$

温湿度独立控制系统与常规空调系统运行能耗比较:

$$R_E = x_1 \frac{COP'_R}{COP_{air}} + x_2 \frac{COP'_R}{COP_R} \quad (2-5)$$

式中 L_{tol} ——空调系统总负荷;
COP'_R ——常规系统冷站能效比(制备 7℃ 冷水);
COP_R ——温度控制系统能效比(制备 14℃ 冷水);
COP_{air} ——湿度控制系统能效比(新风除湿机组,不含热回收);
R_E ——温湿度独立控制系统与常规空调系统的耗电量之比;

x_1——新风机组所承担的负荷占总负荷的比例；

x_2——高温冷冻水承担显热负荷占总负荷的比例，$x_1+x_2=1$。

从宏观上看，冷水机组(7℃出水)COP值为5.0左右，冷却塔、冷却水系统、冷冻水系统等设备总耗电量占整个空调水系统的40%~50%(据江亿院士领导的科研小组对北京市近百座公共建筑空调耗电量的统计结果)，因此，采用常规空调系统的综合 $COP=1/[(1/5.0)/0.5]=2.5$ 到 $1/[(1/5.0)/0.6]=3.0$，即 2.5~3.0。在此取 $COP'_R=2.8$。

采用温湿度独立控制空调系统，溶液调机组的COP值在4.0以上(不含全热回收)，在此取 $COP_{air}=4.0$。冷源采用高温冷水机组(出水14℃)，机组COP值不低于7.0，综合 $COP=1/[(1/7.0)/0.5]=3.5$ 到 $1/[(1/7.0)/0.6]=4.2$，即 3.5~4.2。在此取 $COP_R=4.0$。

基于以上选取的参数，当 x_1 变化时，R_E 和 R_Z 的值均为 0.7，即温湿度独立控制空调系统与常规空调系统相比，冷源和水系统部分的节能率为30%(不包含风系统能耗)。如果风系统能耗在整个空调系统能耗所占比例为40%~60%，则整个系统的节能率为12%~18%。

温湿度独立控制空调系统在地铁车站的使用还有以下一些优势：

(1) 对热湿比变化适应性强。

地铁车站早、晚高峰时段人数较多，其他时间段人数明显减少。人数变化范围较大的特点导致地铁车站内热湿比变化也较大。如使用常规空调系统，通过表冷器对空气进行冷却和除湿，其吸收的显热与潜热比只能在一定的范围内变化。尤其需要指出的是，如前所述，潜热和余湿并不完全相等，对地下工程而言，结构壁面散湿量只带入余湿负荷而不带来额外的显热，传统空调系统对这种情况更显得束手无策：如仅按余热量计算空调送风则系统除湿能力不够，若按湿负荷计算送风量则室内温度过低。换言之，传统的冷凝除湿只能满足对温度和湿度两个参数中一个的控制，而牺牲对另一个参数的控制，要么"闷"(只控制温度，湿度失控)，要么"过冷"(只控制湿度，温度失控)，如图2-71所示。

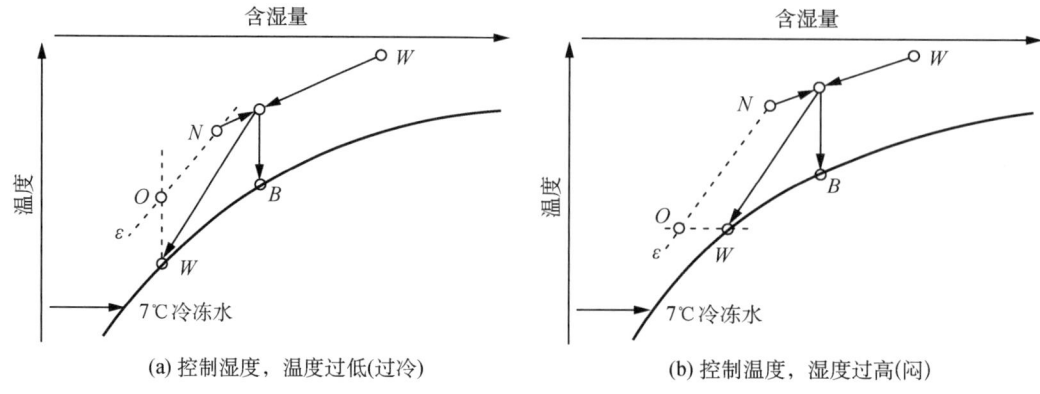

图 2-71 常规空调系统温湿度控制效果

温湿度独立控制空调系统将温度和湿度分开处理,能够更好地适应室内热湿比的变化。溶液调湿机组不仅有强大的除湿功能(可处理至 8 g/kg 含湿量或更低),也可实现加湿功能,故可以满足热湿比任何方向的变化,避免了车站内湿度过高或过低的现象,如图 2-72 所示。

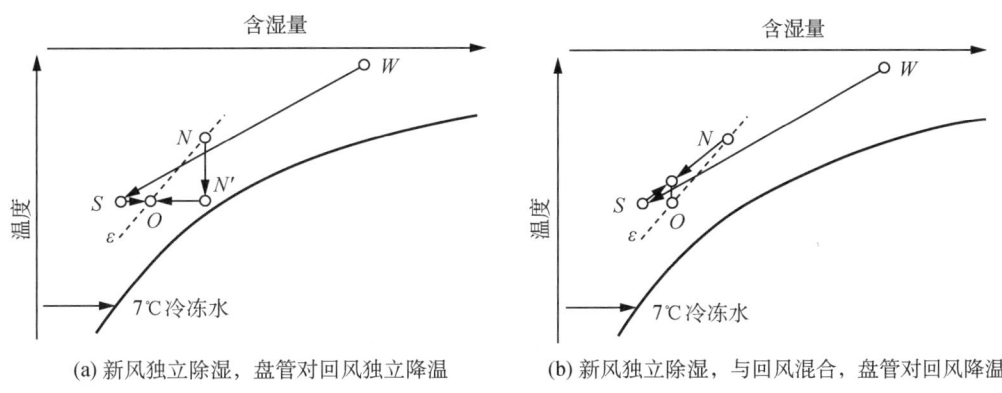

(a) 新风独立除湿,盘管对回风独立降温　　(b) 新风独立除湿,与回风混合,盘管对回风降温

图 2-72　温湿度独立控制空调系统温湿度控制效果

(2) 室内空气品质好。

地铁站厅、站台公共区作为重要的客流集散地,提高室内空气品质是保证人体健康的首要措施,也是暖通设计"以人为本"理念的体现。常规空调系统中,主要依靠使空气通过表冷器对空气进行降温除湿,盘管必须处于湿工况,冷表面长期积水,成为霉菌、军团菌等繁殖的最好场所,如图 2-73 所示。

图 2-73　潮湿表面滋生霉菌

盐溶液可有效去除细菌和可吸入颗粒物,净化空气,而且除湿过程完全不产生潮湿表面,杜绝霉菌滋生;全热回收段新、排风风道独立,杜绝了交叉污染,从而保证室内人员健康舒适。经过中国疾病预防控制中心(Chinese Center for Disease Control and

Prevention，CDC)检测，溶液对包括重症急性呼吸综合征(Severe Acute Respiratory Syndrome，SARS)在内的多种病毒具有显著的灭活作用。溶液调湿空调产品已经使用在多家知名医院中，有良好的杀菌除尘效果。

以武汉地铁4号线某标准站为例，基于全年逐时冷负荷数据、设备性能参数和运行策略，对常规空调系统和温湿度独立控制空调系统进行能耗对比分析，计算结果表明：与常规空调系统相比，温湿度独立控制空调系统的节能率为26%。

2.2.3 定风量空调系统

目前地铁车站设备区空调系统普遍采用定风量全空气空调系统，通常在各主要支管装设手工风量调节阀以便在系统调试阶段对各支管风量进行调节以达到设计工况下的流量。但是由于风量调节阀的非线性很强，整个风系统在变流量条件下各支管的流量分配比与设计工况下的流量分配比不一致，这将导致空调区域内会出现温度分布及风速的不均匀性。定风量系统存在以下问题：

(1) 大马拉小车、能源浪费。由于对设备发热量缺乏研究，空调冷负荷一般采用包容性设计，这将造成空调系统的能源浪费。正如本书3.1节所述，各设备房间室内温度普遍远低于设计温度，各种数据反映出这些设备房间的设备实际发热量远低于设计发热量，如果空调设备依然按照设计工况运行，将造成严重浪费。

(2) 冷热不均、舒适性差。空调冷负荷随着运营时段的不同而变化，各个房间的设备发热量变化率也不一致。如果空调系统不具备自动调节功能，无法实现按需供冷，就会存在各个房间冷热不均的问题，部分房间供冷不足，而部分房间又过冷，这极大地降低了空调系统的可靠性和舒适性。

2.2.4 变风量空调系统

图2-74为变风量空调系统原理。从图中可以看出，变风量空调系统一般由变风量末端装置、空气处理机组、风管、风阀和温度传感器等组成。变风量空调系统一般用在大型

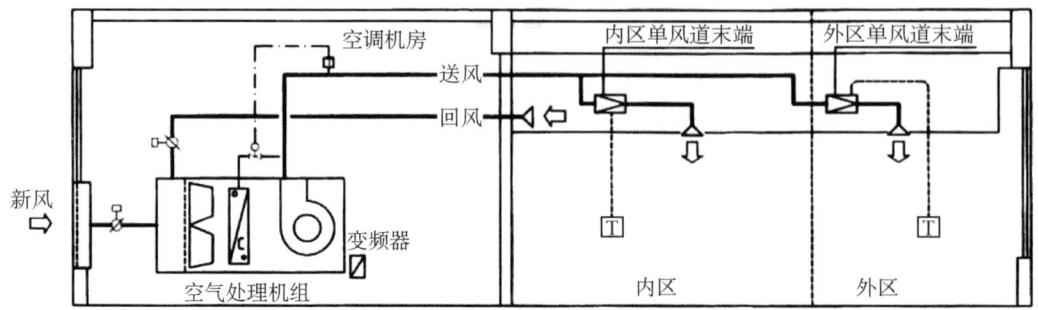

图2-74 变风量空调系统原理

的商场、超高层甲级写字楼等地方,这些场所空调区面积较大,存在明显的内区和外区,变风量空调系统可以实现区域变频调速运行;且这些空调区是相通的,系统只需在送风支管上设置变风量末端装置,回风支管上则不需要设置,而是采用集中回风的方式。

2.2.5 动态平衡自适应性空调系统

动态平衡自适应性空调系统是在变风量空调系统的基础上,结合地铁车站的特点提出来的。地铁车站设备管理区的空调区为独立分散的,各空调区密闭性好,空调区之间不相通,较难采用集中回风的方式。因此,需要对变风量空调系统的管路系统进行调整,以适用于地铁车站设备管理区。

图 2-75 为动态平衡自适应性空调系统原理。动态平衡自适应性空调系统包括空调器、回排风机、风管、干风管控制阀、消声器、防火阀、末端变风量装置、温湿度传感器、DDC(Direct Digital Controller)控制器和通信线缆等组成部分,各房间的送风、回风均应单独设置支管,并在送风、回风支管上安装变风量末端装置。

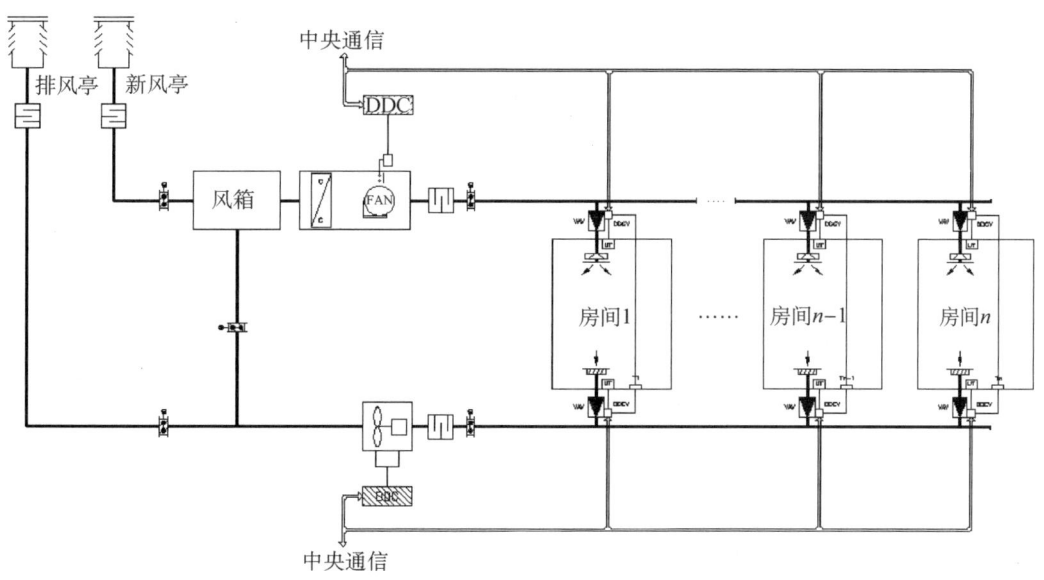

图 2-75 动态平衡自适应性空调系统原理

动态平衡自适应性空调系统工作机制如下:各末端能够自适应房间负荷需求进行风量调节,避免了风量和能源的浪费;风机自适应总送/排风量需求,当室内负荷较小时,可以减小风机的送风量和风压,减小风机的运行能耗,实现了空调输配系统的节能运行,避免了空调系统部分负荷工况时风机高能耗运行。这种机制在大幅降低空调系统的输配能耗的同时,能够动态平衡各末端的风量需求,避免过冷或过热现象,对室内热舒适性也起到很好的改善作用。

1. 末端风量的控制

动态平衡自适应性空调系统在末端支管上设置变风量末端装置，用户可以根据需要自主设定各房间的室内温度。当室内负荷变化时，通过监测室内温度，实时地控制变风量末端装置的开度，对各房间的送/排风量进行实时的调节，维持室内温度为设定值，满足各房间的个性化需求，即

$$t_{\mathrm{n}}=\frac{\rho c_{\mathrm{p}} L}{Q_{\mathrm{x}}}+t_{\mathrm{s}} \tag{2-6}$$

式中　L——送风量，m^3/s；

　　　Q_{x}——空调房间的显热负荷，kW；

　　　ρ——空气密度，kg/m^3；

　　　c_{p}——空气定压比热，$kJ/(kg \cdot ℃)$；

　　　t_{n}，t_{s}——室内空气温度和送风温度，℃。

由于部分负荷工况下，动态平衡自适应性空调系统可以自适应负荷变化，减少各末端房间的送风量，因此，这种系统能降低运行过程中风机的能耗，根据理论模拟计算，当全年平均空调负荷率为60%时，可节约风机动力78%。根据末端装置送风量和风管静压的关系，变风量末端装置可以分为压力相关型和压力无关型两种。

（1）压力相关型变风量末端装置（图2-76）。

压力相关型变风量末端装置由温度控制器、风阀执行机构等组成。温度控制器可以根据温度的偏差来对风阀的开度进行控制，但是由于风管静压的影响，变风量末端装置由开度控制的送风量很难达到保证，会随着风管静压的变化而变化。

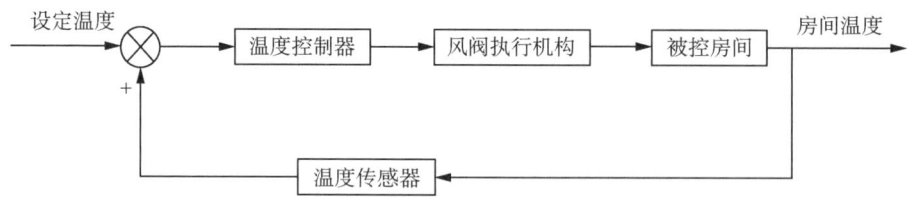

图2-76　压力相关型变风量末端装置风量控制原理

（2）压力无关型变风量末端装置（图2-77）。

压力无关型变风量末端装置由风量传感器、变风量阀、风量控制器等组成，该装置首先根据室内温度传感器测出值和设定值二者的偏差来输出各末端的需求风量，然后根据需求风量和风量传感器测出值二者的偏差确定风阀的开度，进而保证风量的稳定。所以，压力无关型变风量末端装置的送风量不受风管静压的影响。

（3）两种变风量末端装置的比较。

压力相关型变风量末端装置节省资金、易操作，但是由于是压力相关的阀门，很难完

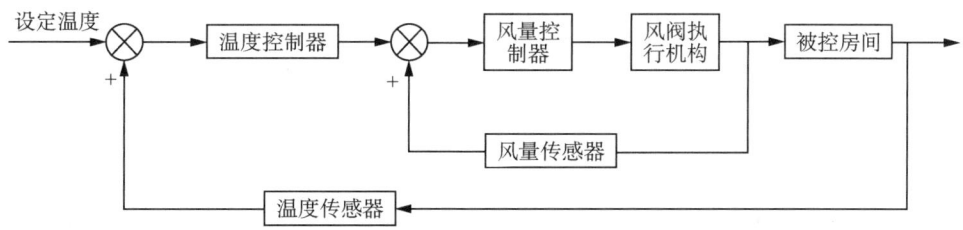

图 2-77 压力无关型变风量末端装置风量控制原理

成自控调节的任务;压力无关型变风量末端装置通过对风量的测量和补偿,来消除风管内压力波动对调节的影响,具有速度快、反应灵敏、效果好等优点。因此,结合地铁的自身建设、运营特点,地铁车站变风量系统建议优先采用压力无关型变风量末端装置。

2. 系统设计注意事项

地铁车站设备区末端变风量空调系统设计应满足以下要求:

(1) 采用末端变风量空调系统时,各房间的送风、回风均应单独设置支管,并在送风、回风支管上安装变风量末端装置。

(2) 设置变风量末端装置的支管风速,应按 4～8 m/s 控制。

(3) 在气流方向上,变风量末端装置应预留 600 mm 安装空间。

(4) 变风量末端装置至少有一侧预留宽×高＝250 mm×240 mm 控制器的安装空间,以及至少 400 mm 的检修空间,控制器附近的装修应设置检修口,如图 2-78 所示。

(5) 变风量末端装置的上游应有 4D 以上的直管段,直管段长度不足 4D 时,在直管段前应设置均流导流装置(D 为矩形风管宽边宽度),如图 2-79 所示。

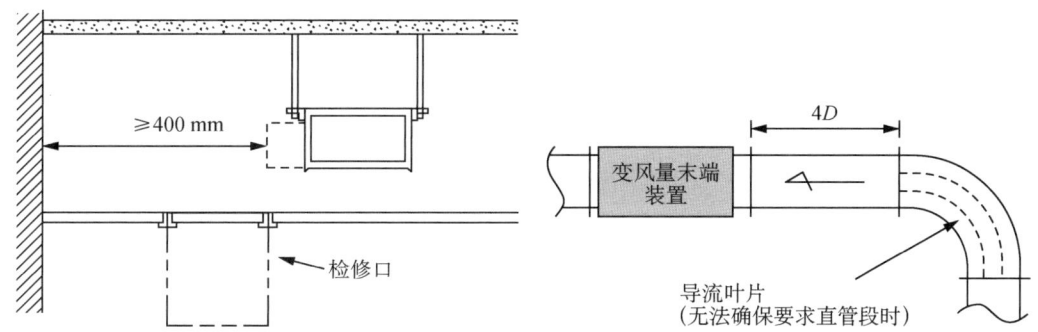

图 2-78 变风量末端装置检修空间要求　　图 2-79 变风量末端装置上游直管段要求

2.2.6 空气-水系统

地铁车站的施工方式通常有全明挖(含盖挖)、全暗挖和明暗结合三种形式。暗挖工法施工不影响地面交通和设施,因此越来越得到广泛应用,但其造价要远高于明挖形式。因此,对地下工程来说,减少暗挖车站的土建面积对于降低造价具有很重要的意义。

一直以来,我国地铁车站的通风空调系统都采用全空气系统,全空气系统是指空调房间内的负荷全部由经处理过的空气来负担的空调系统。在全空气系统中,空气的冷却、除湿处理集中由空调机房的组合式空调机组完成,这样设备集中、易于管理,但风道和机房占用空间较大。而在地铁环控设计中,最制约设计人员的就是机房面积和风道的面积及形状。因此,采用暗挖形式的地下车站要求通风空调系统占用地下空间少、系统运行安全可靠。可充分利用暗挖车站土建结构形式,并采用空气-水系统能满足以上要求。

通风空调系统空气-水系统是由空气和水共同来承担室内冷、热负荷的系统,除了向室内送入经处理的空气外,还在室内设有以水作为介质的末端设备对室内空气进行处理。车站公共区通风空调系统采用空气-水系统。

设独立新风空调柜加柜式风机盘管机组,即在每端空调机房设1台柜式风机盘管机组作为新风空调柜(单端设置大系统空调机房的车站应设置2台),风量按$30 m^2/(人 \cdot h^{-1})$计算及选型,根据公共区内CO_2浓度变频控制。风机盘管和风道利用隧道的拱形结构,巧妙地布置在拱形结构上部空间和站台一侧侧面的废弃空间内,在拱形结构上部吊顶内摆放送、排风风道,排风道兼作排烟风道,利用侧面废弃空间摆放风机盘管。新风空调柜将新风处理至室内状态等焓点后送至公共区。在公共区吊顶内设置若干台柜式风机盘管机组处理室内负荷。空气-水系统按空调、(活塞)通风两种运行工况,工况转换采用焓值控制。当室外新风焓值大于车站回风空气焓值时,空调系统采用小新风一次回风运行。新风空调柜根据公共区内CO_2浓度实现变频控制。

当站外空气焓值小于空调送风焓值时,停止大系统运行,打开设置在屏蔽门顶梁上通风口的电动风阀,利用列车活塞效应进行通风。活塞风在带走车站公共区内余热量的同时,活塞效应使新风从出入口、活塞风井进入公共区,保证公共区人员的新风量。

车站大系统气流组织方式采用上送上回方式,按均匀送风设计,排烟风管按防烟分区设置各支管。站厅层柜式风机盘管机组尽量靠两侧内衬墙布置,避开售票机、闸机及客流流线;站台层柜式风机盘管机组应避开楼扶梯口及屏蔽门。

柜式风机盘管进口设空气净化消毒装置,送风管、回风管均设消声器,并应做好柜体本身的隔声、减振处理。

为避免外界自然风侵入造成结露,所有出入口均应分别在地面及通道接入车站主体的口部设置空气幕。

1. 水系统

每个车站靠近负荷中心设置1个冷水机房,为车站大、小系统提供冷源。冷水机房内设置2台相同型号的双机头螺杆式冷水机组,白天并联运行,互为备用,为车站大系统、小系统及物业区空调系统提供7℃/12℃冷水,每个车站设置2台冷水机组、2台冷冻水泵和

2台冷却水泵。

冷水机房内设分、集水器,大、小系统的冷水机组支管均由分、集水器接出。在各柜式风机盘管末端回水管上设比例积分式电动二通调节阀,该阀门应经流通能力计算确定其口径,使其工作特性满足负荷调节要求。此外,在分、集水器间设压差旁通装置,为进一步减小水力输送系统的能耗,采用一次泵变频水系统。水泵出水侧止回阀应采用限流止回阀。末端水管系统宜分开设置。

为避免冬季或过渡季夜间冷水机组频繁启停或无法开机,在冷却水与冷水管路之间设水-水板式换热器,冬季或过渡季夜间利用冷却塔供冷。板式的换热能力不应小于采用空气-水系统的设备管理用房冬季总室内冷负荷。

给水管、回水管和冷凝水管依据工程设计的具体形式灵活布置,冷凝水管布置在站台板下空间内。风机盘管冷凝水排入地铁轨道排水沟,一部分经排水沟流走,一部分蒸发后进入轨道区空气;通过合理设置轨道区排风量,将空调冷凝水进入轨道区后蒸发出的水蒸气排走,以保持环境湿度在正常范围。

2. 空气-水系统的优劣

(1) 空气-水系统的优点。

① 由于不需要设置组合式空调机组,风、水系统占用建筑空间小,机房面积小,每个地下车站比采用传统通风空调系统节省土建面积 400~500 m^2,折合土建投资约 300 万/站。由于水的密度比空气大,因此输送同样能量时水的容积流量不到空气流量的千分之一,而且水管比风管小很多。

② 在空气-水系统中,每个房间的温度均可独立调节,能够根据地铁站内负荷的变化调整风机盘管启停组数,比全空气空调系统更容易调节,且各房间的空气互不串通。

③ 水、空气的输送能耗比全空气系统小。

④ 空气-水系统控制相对灵活,当房间不需要空调时,可关闭风机盘管(关闭风机)。在地铁通风空调系统中,风机能耗通常占据很大比例,因此空气-水系统能耗低于定风量全空气系统。

(2) 空气-水系统的缺点。

① 末端设备多且分散,运行维护工作量大,检修较麻烦。

② 对空气中悬浮颗粒的净化能力、除湿能力和对湿度的控制能力比全空气系统弱。在部分负荷运行时除湿能力下降,且湿工况下要除霉菌。

③ 风机盘管运行有噪声。

3. 空气-水系统应用情况

空气-水系统在各种类型的地下车站中都可以采用,并且都能节省一定规模的土建造价。广州地铁2号线江南西站是国内第一个采用空气-水系统的地铁车站,其车站断面如

图 2-80 所示。从江南西站的实际情况分析,该站节约机房面积约 800 m²,折合土建投资约 400 万元;空调系统处于小新风空调工况时,每天可节电 3 700 kW·h,年折合电费 73 万元(远期负荷增大后节省更多)。

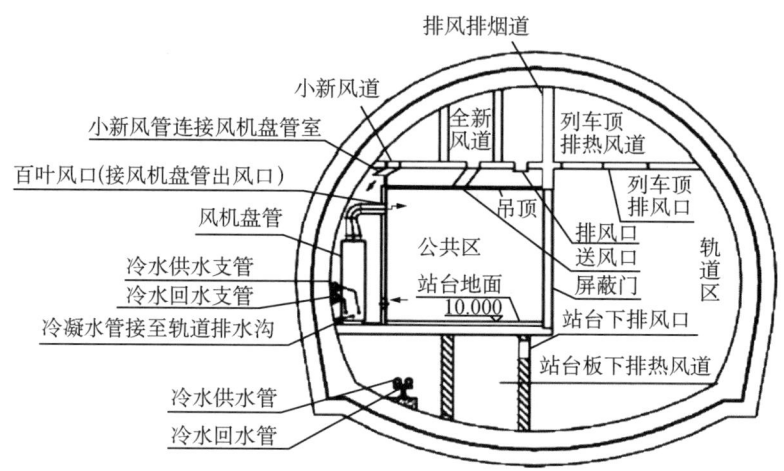

图 2-80 采用空气-水系统的车站断面

空气-水系统在明挖车站使用时,土建费用的节省量不够明显;但对于暗挖车站,可以明显地降低土建造价。对于原来未设置空调系统的已建地下车站,如果进行增加空调系统的改造,本系统是目前唯一采用过的处理方案,值得借鉴。

4. 空气-水系统存在的问题

空气-水系统在地铁中应用,要解决好以下几方面的问题。

(1) 检修问题:空气-水系统末端采用风机盘管,风机盘管和水管均设在吊顶内,要考虑好检修条件。

(2) 解决好空调冷凝水排放问题,预留好冷凝水排放管道的坡度、合适的吊顶空间高度和排放位置,并避免出现漏水点。

(3) 风机盘管均布置在吊顶内,要解决好布置美观问题。

(4) 解决好风机盘管的噪声对周围环境的影响。

(5) 风机盘管要具备便易的过滤清洗条件。

5. 总结

(1) 利用顶部和侧面废弃空间布置风道和风机盘管,空调系统末端风机盘管集中分组控制,利用水代替空气输送冷量,大幅提高了效率。

(2) 依据室内外空气温度、焓值、地铁运行时段、负荷情况等,合理确定运行模式,实现不同季节和不同客流量的逐时分级调节。

(3) 空气-水系统可实现地铁车站所需的正常通风、空调、火灾排烟等各种功能,解决了传统地下车站空调系统占地庞大的问题,可以减少开挖土方量,减小结构断面尺寸,极大降低土建施工风险,并节省可观的土建投资,系统建成后的运行能耗也可大幅降低。

2.3 气流组织节能技术

2.3.1 气流组织形式

标准地铁车站建筑一般按站厅层、站台层地下两层布置,站厅层与站台层公共区域共用一个空调系统。空调设计一般采用集中全空气空调系统。采用集中全空气空调系统的主要优点是避免了风机盘管分散布置可能造成的冷凝水漏水及霉菌生长等问题,同时还可以进行集中控制并实现高能效运行,从而尽可能满足乘客的过渡性舒适要求。空调设计一般不配置变风量末端,这主要由于投资成本高、变风量末端的调试及运行管理要求高等。但考虑到车站空调冷负荷的季节性及时段性的变化特性,采用风机变频实现变风量控制可以大大地提高系统的能效。

一方面,集中全空气空调系统通常在各主要支管装设手工风量调节阀,以便相关人员在系统调试阶段对各支管风量进行调节使之达到设计工况下的流量。由于风量调节阀的非线性很强,整个风系统在变流量条件下各支管的流量分配比与设计工况下的流量分配比不一致,这将导致空调区域内出现温度分布及风速的不均匀现象,影响乘客的热舒适性。手工调节可以在定风量系统条件下实现变流量调节,并能保证各支路的风量分配比不变。另一方面,该系统采用变风量调节时送风温度与送风量是相互耦合的,该系统的控制是一个双线性问题,即实现对送风温度及送风量的优化控制。

影响车站空调区域内空气分布的因素有多种,包括送风口的形式和位置、送风参数(送风量、出口风速、送风温度等)、回风口的位置、房间的几何形状以及热源在室内的位置等。

而空调区的气流分布主要取决于送风口的送风方式及送排风的位置。气流组织的形式多种多样,主要概括为以下四种。

1. 上送下回

空气由空间上部送入并从下部排出的"上送下回"送风方式是一种最基本的气流组织形式。图 2-81 所示为三种不同的上送下回方式,其中,图 2-81(a)为单侧上送下侧回,可根据空间的大小扩大为双侧;图 2-81(b)为散流器上送下侧回,可增加散流器的数目;图 2-81(c)为孔板顶棚送下侧回。

在上送下回的气流组织形式中,送风气流不直接进入工作区,有较长的与室内空气混合的过程,能够形成比较均匀的温度场和速度场,故能通过较大的送风温差来减少送风量。

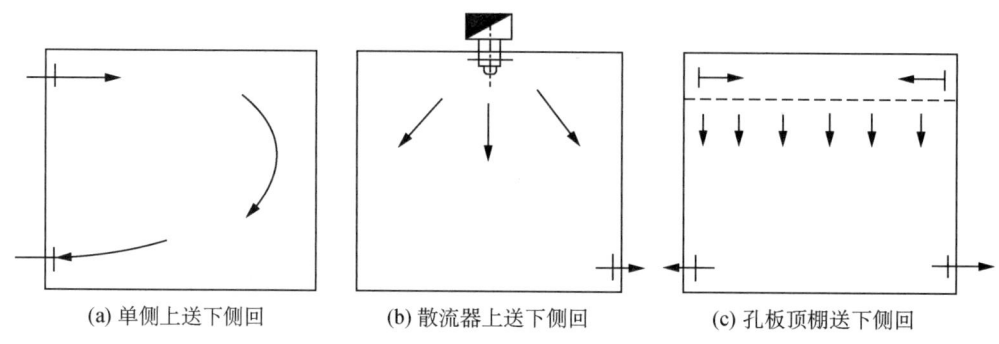

图 2-81　上送下回气流组织形式

2. 上送上回

图 2-82 所示为三种"上送上回"的气流组织形式,其中,图 2-82(a)为单侧上送上侧回,可根据空间的大小扩大为双侧;图 2-82(b)为异侧上送上回;图 2-82(c)为贴附式散流器上送上回。

上送上回方式的特点是可将排(回)风管道集中于空间上部。这三种方式施工都比较方便,但影响房间净高,如果房间层高允许,可设置吊顶将风管暗装,以满足美观要求。

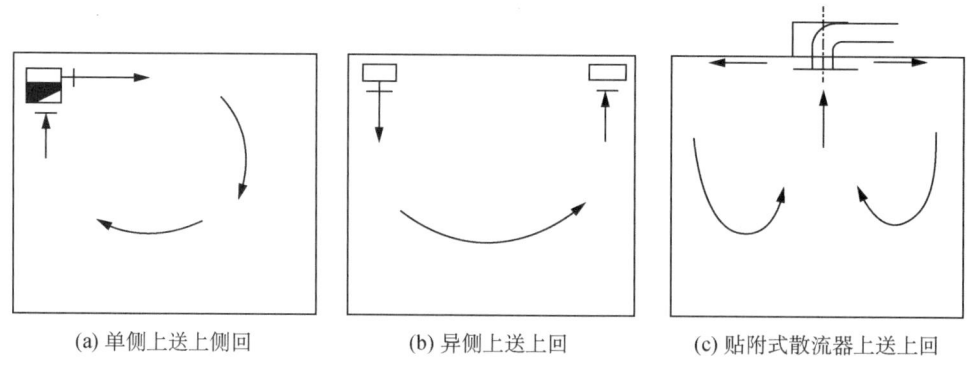

图 2-82　上送上回气流组织形式

3. 下送上回

图 2-83 所示为两种"下送上回"的气流组织形式,其中,图 2-83(a)为地板下送上回,图 2-83(b)下部侧送上回。

在下送上回方式中,送风直接进入工作区,为满足生产和人员的要求,夏季送风温度需小于上送方式,因而需加大送风量,但其排风温度高于工作区温度,故有一定的节能效果。同时,考虑到人员的舒适性,送风速度不能太大,一般为 0.5~0.7 m/s 比较合适,因此需加大送风口的面积或数量,给风口布置带来一定困难。

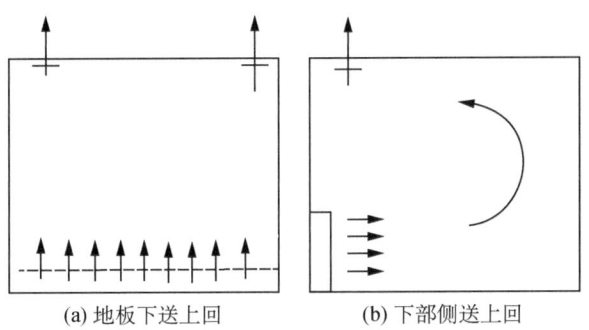

图 2-83 下送上回气流组织形式

4. 中部送风

对于某些高大空间（高度大于或等于 10 m，且体积大于 10 000 m³），当实际工作在下部空间时，如果采用前面所述集中气流组织形式，需要很大的风量和空调冷量或热量。此种情况不需要将整个空间都作为控制调节的对象，可采用如图 2-84 所示的中部送风下回风方式，将空间下部作为主要空调区，上部作为非空调区。在满足空调区域要求的前提下，该方式具有显著的节能效果。但这种气流组织形式会造成空间竖向温度分布不均匀，存在温度"分层"现象。

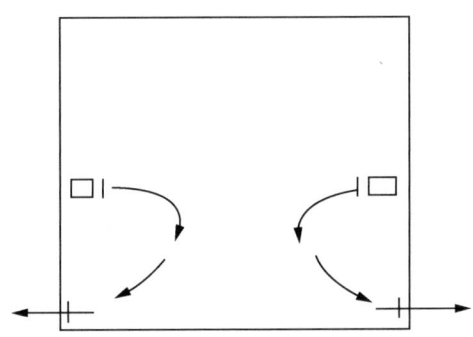

图 2-84 中部送风气流组织形式

2.3.2 地铁车站通风空调气流组织的选择

地铁车站设置空调系统的区域通常包括地铁车站公共区（含站厅层公共区和站台层公共区）、地铁车站设备区的电气设备用房和人员管理用房。地铁车站公共区属于过渡性质的舒适性空调区域，地铁车站设备区人员管理用房属于舒适性空调区域，地铁车站设备区电气设备用房属于工艺性空调区域。

1. 地铁车站公共区

1) 空调区域的特点

地铁车站公共区是乘客乘车和候车的过渡性舒适大空间,乘客总停留时间较短,人员密度大,最大客流通常出现在早高峰或晚高峰时段,车站同时在站人数多。

通常列车 6 辆车编组线路地铁车站站厅层公共区长度为 90~110 m,宽度为 18~22 m,层高为 4.8~5.1 m,吊顶通常采用通透性吊顶,底标高不低于 3.2 m;车站站台层长度为 110~140 m,宽度为 11~14 m,层高约为 4.7 m,吊顶通常采用通透性吊顶,底标高不低于 3.0 m。

2) 气流组织的选择

地铁车站公共区吊顶下遮挡物少,人员密度较大,对空间净高、整洁度、美观要求较高,很多时候美观性需求大于功能性需求,一般送回风口不适合安装在空调区下部。同时,车站送回风口安装在下部会受出入口气流、人员扰动、列车进出站形成的压差影响,难以有效地组织气流。

因此,地铁车站公共区的气流组织形式一般按照上送上回设计。其中,送风口选用双层百叶送风口、散流器、条缝风口。回风口附近风速衰减很快,对室内气流组织影响较小,常选用带调节阀的单层百叶风口,避免产生噪声即可。

(1) 常见的上送上回气流组织形式。

标准地铁车站分为单柱、双柱和无柱(很少见)车站,公共区通常采用下翻中纵结构梁。车站立柱和下翻结构梁、楼/扶梯把车站公共区分为 2 个或 3 个腔体,乘客大多集中在公共区两侧通行和候车。因此,公共区送回风管通常采用双送双回的方式,气流分布比较均匀,送风管靠内侧布置,回风管靠外侧布置。地铁车站公共区气流组织常采用如图 2-85 和图 2-86 所示形式。

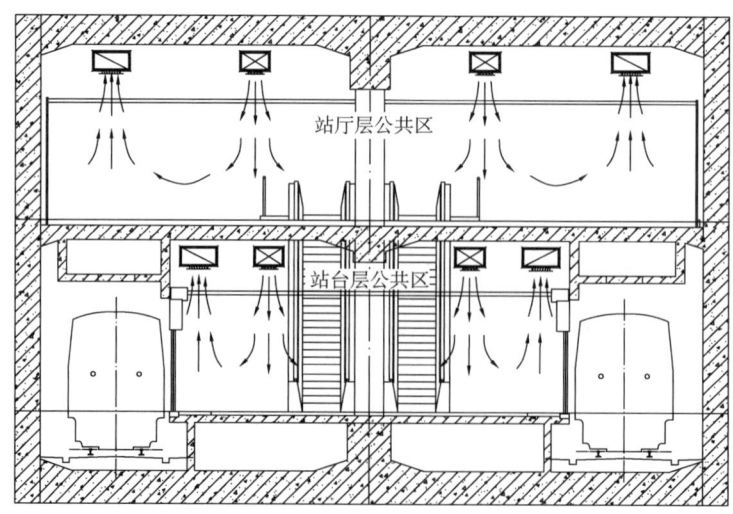

图 2-85 百叶风口上送上回(双送双回)

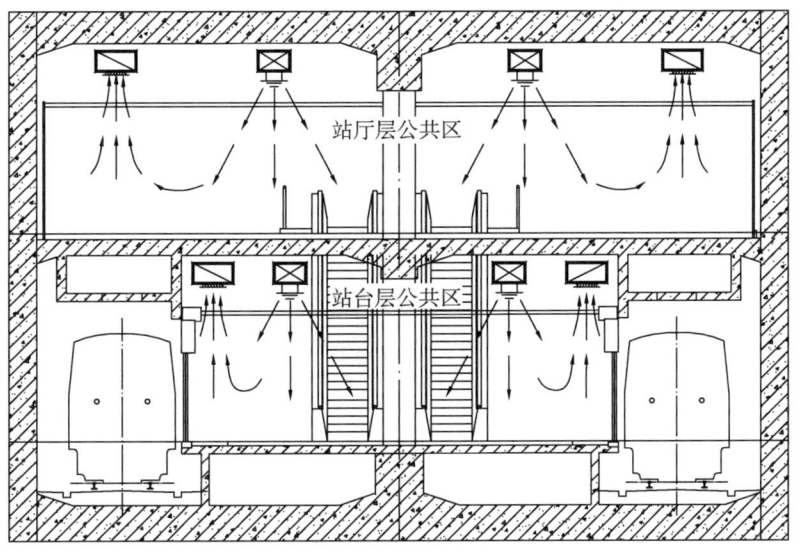

图 2-86 散流器上送上回(双送双回)

地铁车站公共区空调双送双回的上送上回气流组织形式应用最为广泛,而少部分地区地铁车站公共区空调采用单送单回的形式。

单送单回的管道布置方式如图 2-87 所示,风管管道数量减少,管路布置和气流组织更加简单,可在一定程度上节省公共区的空间。相较双送双回的气流组织形式,单送单回形式也有其弊端,风管管径更大,占用较多的检修空间,且不方便安装;同时,公共区的温度场、速度场分布没有双送双回形式下的均匀。

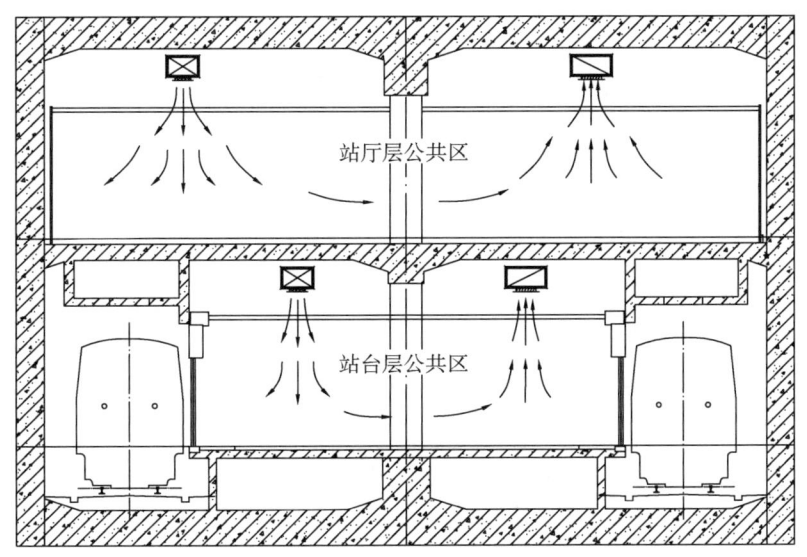

图 2-87 百叶风口上送上回(单送单回)

(2) 贴附通风系统。

中铁第四勘察设计院集团有限公司和西安建筑科技大学通过合作研究,择取"混合通风"和"置换通风"两种传统通风方式的优势,运用高大空间普遍存在的"柱—壁—体",实现了对送风气流的"牵引扶持",将混合通风转变为地面空气湖"准置换通风",提出了"贴附通风"的送风形式。贴附通风技术的基本原理是基于康达效应(Coanda Effect),气流沿壁面、柱体附面层流动扩散至地面,冲击地面后形成空气湖,将新鲜空气和冷量最大限度地输送到乘客区(图2-88)。

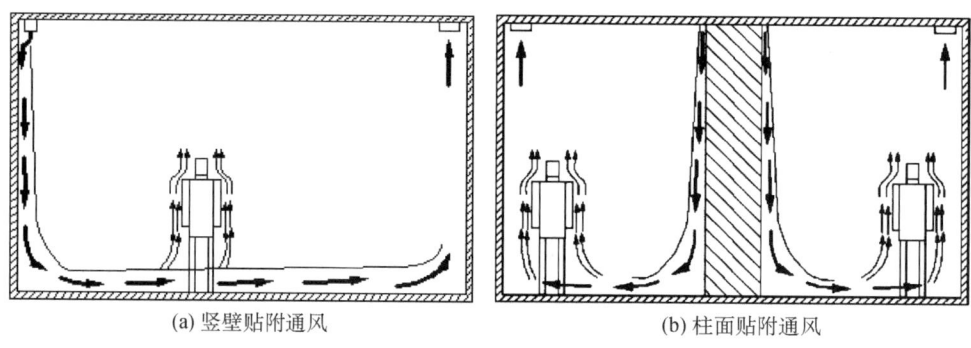

图2-88 贴附通风系统示意

柱体贴附通风是一种利用射流在柱面产生贴附效应的新型送风模式。空气由位于柱子上部的条缝送风口射出后,立即与柱面形成贴附流动,当流动到接近地面高度时,射流主体与柱面分离,流动方向也由竖直向变为水平向。此后气流贴附地面流动,在工作区形成以柱子为起点的扩散流动分布(图2-89)。

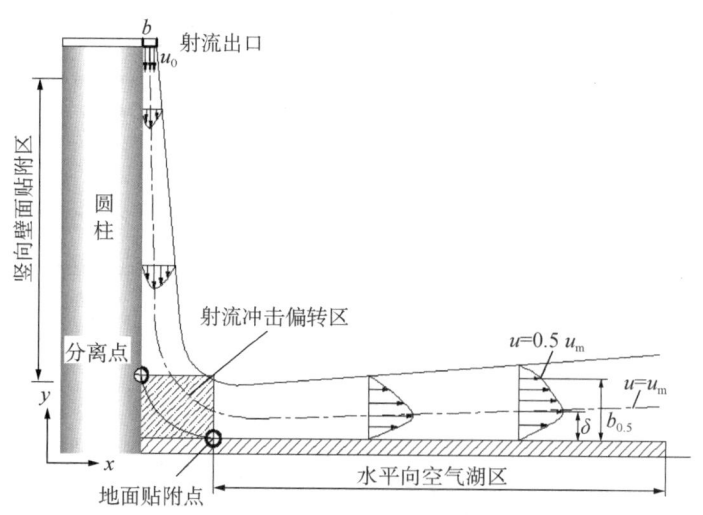

图2-89 柱体贴附通风示意

贴附通风系统适用于地铁车站公共区。贴车站柱体设置静压箱,气流从送风干管上引支管接入，静压箱底部设置条缝型送风口，矩形柱贴附通风是四面送风（图 2-90），圆柱贴附通风是环面送风（图 2-91）。

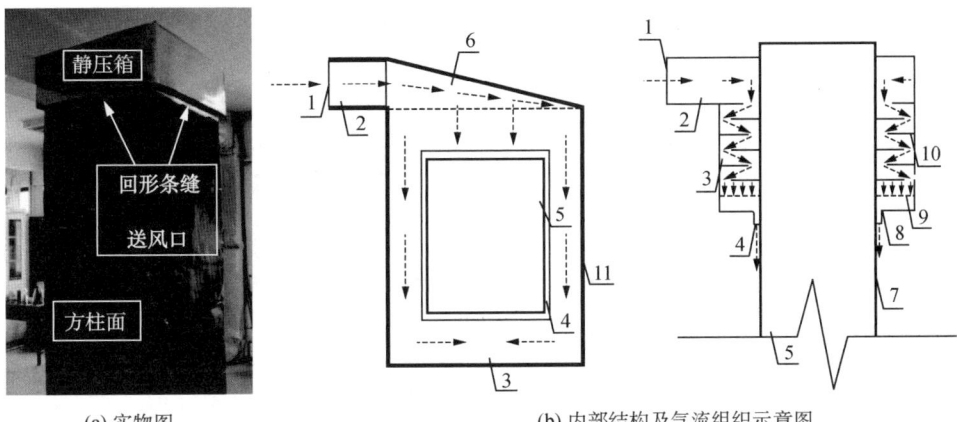

(a) 实物图　　　　　　　(b) 内部结构及气流组织示意图

1—进风口；2—进风管；3—壳体；4—出风口；5—方柱；6—进风道；7—柱壁；8—回形导流弧板；
9—回形孔板；10—隔板；11—保温层

图 2-90　矩形柱子静压箱装置

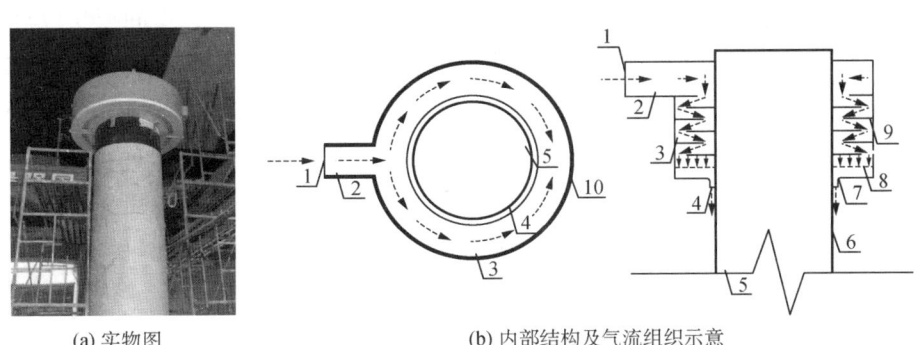

(a) 实物图　　　　　　　(b) 内部结构及气流组织示意

1—进风口；2—进风管；3—壳体；4—出风口；5—圆柱；6—柱壁；7—回形导流弧板；
8—回形孔板；9—隔板；10—保温层

图 2-91　圆形柱子静压箱装置

贴附通风系统的气流组织形式属于上送上回的形式，送风口采用条缝风口，回排风口采用带调节阀的单层百叶风口。贴附通风系统具体布置及气流组织形式如图 2-92 所示。

研究成果表明，地铁车站公共区贴附通风相比传统空调形式有以下优点：相对混合通风来说，人员工作区空气品质高且通风效率高；相对置换通风来说，不占用公共区下部空间；在工作区形成空气湖分布，能有效地提升工作区气流的均匀性和人员的舒适性；送风冷负荷可减少 15%，层高越高的车站节能效果越明显。

2. 地铁车站设备区电气设备用房

1）空调区域的特点

地铁车站设备区设置空调的设备用房，主要分为弱电设备房间和强电设备房间。其

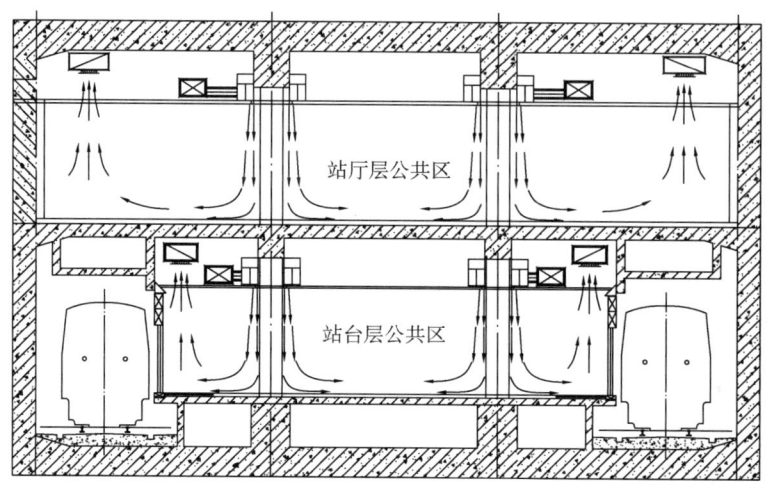

图 2-92 贴附通风系统的气流组织形式

中,弱电设备房间主要包括通信及信号设备室(含电源室)、综合监控设备室、环控电控室等,强电设备房间主要包括变电所各种设备用房。房间热负荷主要为设备发热量。

电气设备用房一般无人员长时间停留办公,且通常不设置吊顶。房间形状以规则矩形为主,房间层高为 4.7~5.1 m,大部分房间面积在 30~60 m²,个别房间面积在 90~160 m²。房间内设备布置比较密集,设备柜间距为 0.8~1 m,距墙 1~1.5 m,高度为 1.8~2.3 m。

2) 气流组织的选择

由于地铁车站设备区电气设备用房面积有限,设备布置紧凑,为防止意外发生,禁止将空调送回风口布置在设备正上方,空调送风管亦不能经过供电设备上方,且风口投影距离设备不小于 0.3 m。

同时,由于电气设备用房设备热负荷大,送风量较大,送回风支管管径也比较大,不宜采用下送风或下回风的管道布置方式,否则会占用检修通道、增加土建投资而舍本逐末。电气设备用房空调系统属于工艺性空调,对舒适性要求较低,气流能够均匀有效地带走设备发热量,满足房间设备的工作温度要求。电气设备用房的稳定运行对于确保整个轨道交通的安全运行起着至关重要的作用。

电气设备用房的气流组织形式宜采用上送上回方式,对装修美观度要求不高,通常不设置吊顶,送风口一般采用带调节功能的双层百叶风口,回风口采用带调节功能的单层百叶风口。

受电气设备用房设备布置的限制,送风口很难均匀布置,但要保证气流能够均匀地经过发热源,且为了安全,风管、风口还应尽量避开设备正上方。房间风口布置及气流组织详见图 2-93。

3. 地铁车站设备区人员管理用房

1) 空调区域的特点

地铁车站设备区人员管理用房主要包括站长室、站务室、值班室、更衣室、会议室、车

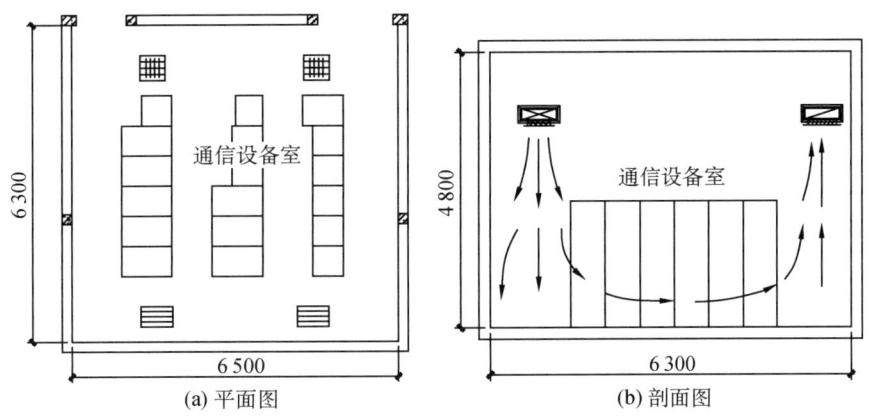

图 2-93 电气设备用房上送上回气流组织形式

站控制室、票务室等。人员管理用房人数通常为 2~5 人,会议室和更衣室为 10~15 人。除车站控制室外,人员管理用房的热负荷为人员和照明热负荷。人员管理用房均设置有吊顶,吊顶高度为 2.8~3.0 m。车站控制室面积为 40~50 m²,其他房间面积为 20~30 m²。

2) 气流组织的选择

人员管理用房面积比较小,房间形状常为矩形,房间进深较小且均设有吊顶。地铁车站人员管理用房按办公室考虑,对美观度、温湿度和风速要求较高。房间一般无条件做下送风或下回风,因此气流组织形式采用上送上回的形式,送风口宜采用散流器平送,回风口采用带调节功能的单层百叶。人员管理用房风口布置及气流组织详见图 2-94。

受房间形状、吊顶上其他风管和桥架影响,送风口应尽量均匀对称布置,散流器中心线与侧墙距离不宜小于 1.0 m,且回风口应布置在散流器贴附射流射程外。例如,喉部直径 300 mm、风量约 600 m³/h 的散流器,其贴附射流射程约为 2.5 m。

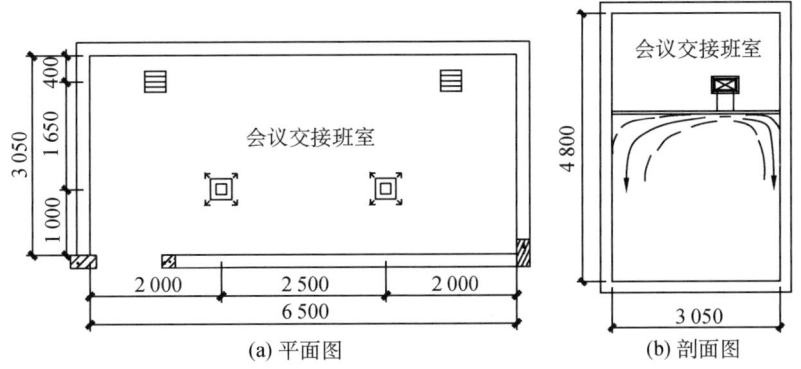

图 2-94 人员管理用房上送上回气流组织形式

2.4 输配系统节能技术

2.4.1 输配系统能耗指标

为衡量通风空调风系统的节能效果,《公共建筑节能设计标准》(GB 50189—2015)引入了风道系统单位风量耗功率的概念。风道系统单位风量耗功率是指在设计工况下,空调、通风的风道系统输送单位风量(m^3/h)所消耗的电功率(W)。

风道系统单位风量耗功率应按式(2-7)计算:

$$W_s = \frac{P}{3\,600 \times \eta_{CD} \times \eta_F} \tag{2-7}$$

式中 W_s——风道系统单位风量耗功率,$W/(m^3 \cdot h^{-1})$;
P——空调机组的余压或通风系统风机的风压,Pa;
η_{CD}——电机传动效率,取 0.855;
η_F——风机效率,按设计图中标注的效率选择。

当空调系统和通风系统的风量大于 10 000 m^3/h 时,风道系统单位风量耗功率不宜大于表 2-29 的数值。

表 2-29　　　　不同系统风道系统单位风量耗功率 W_s 限值

系统形式	W_s 限值/$[W \cdot (m^3 \cdot h^{-1})^{-1}]$
机械通风系统	0.27
新风系统	0.24
办公建筑定风量系统	0.27
办公建筑变风量系统	0.29
商业、酒店建筑全空气系统	0.30

2.4.2 管路系统布置

地铁车站由于其建筑的特殊性,各类专业管线较多,通风空调管线的路径和安装空间均会受限,非标管件较多,而管路布置和节能息息相关,合理的管路布置能够减少输送能耗,同时有利于充分发挥风机性能,提高节能效果。合理布置管路系统应从以下六个方面着手。

(1)力求管网布置简单,管线顺直通畅,管道内流速接近经济流速,以尽量减少管网的沿程阻力和局部阻力造成的能耗损失。

(2)管道截面不宜突变,管径变化时应采取合适的变径管。

(3)在管路中应尽量少用管件,管件连接处应选用合适的密封技术,特别是大管道一定要预留出顶部的安装空间,把漏风减少到最低限度。

(4) 风机进口处应保证流速均匀,尽量避免在进口前出现急转弯。如果风机进口前不接管道,且空间开阔、邻近无障碍物,则满足要求;如果风机进口前连接管道,则要求风机进口前有一段直管段,长度不小于当量直径的 2.5 倍。

(5) 风机出口处应避免直接连接弯管,宜连接一段直管段,长度不小于当量直径的 2.5 倍;如果不得不连接弯管,则须按要求加装导流叶片。

(6) 弯管内壁附近易因气流分离产生涡区,对流场影响较大,导流叶片的布置应内密外疏,改善弯管气流流场,减少压力损失。

这些都是风管布置细节,地铁车站是个狭长的空间,在实际的车站通风空调设计、施工过程中,这些细节的好坏直接影响系统的使用功能和能耗,不容小觑。

2.4.3 节能构件

1. 常规弯头、三通

在通风空调及动力工程领域,几乎所有的机、泵的功率都消耗在克服管道系统的阻力上。在通风空调系统中,通风空调管道阻力问题导致风机耗能占建筑总能耗的比例较大,为 15%~30%。风机所消耗的能源一般能占空调总能耗的 30%~50%,与冷站能耗接近。

此外,管道阻力问题也显著影响暖通空调设备的运行效果。管道阻力计算不准确,可导致风机运行偏离状态点,使风机效率下降 20%~50%;也容易引发通风系统水力失调、气流组织失效,甚至影响室内热舒适度。因此,降低管道系统阻力,特别是管道系统中局部构件的阻力,在很大程度上可以缓解建筑能源消耗问题。地铁的车站建筑通常位于地下,需要设置通风空调的场所、房间较多,空间狭小,后期调试难度大,节能构件对系统的能耗影响更为明显。

弯头、三通等作为通风空调管路系统中的常见管道局部构件,对流体的输送起着至关重要的作用,其阻力问题直接影响风机/水泵能耗。输配系统中管道局部构件的数量众多,且能耗作用显著。因此,通过对通风空调管道的局部构件进行结构优化,可降低风管的局部阻力,显著降低风机能耗,这对提升能源的利用率、节约能源具有重要的工程意义。

笔者通过数值模拟与全尺寸试验的方法,对通风空调管道弯头、三通等局部构件进行减阻机理研究,分析了不同条件下流场的影响因素,摸清了管道局部构件的流动及阻力特性,并且进行了新型低阻力局部构件的研发设计。笔者通过试验获得如下主要相关结论:

(1) 通风空调管道 90°弯头流场影响因素分析。

空气流速、空气温度、弯头曲率半径、管内不均匀流及耦合情况是影响 90°弯头阻力特性的主要因素。局部阻力系数随着气流速度的变化而变化,高风速时变化幅度不大,但在低风速时则有较大的变化。随着气流温度的升高,局部阻力系数逐渐下降,在低温区衰减速度快,在高温区衰减速度较慢。此外,随着管道宽高比的增加,局部阻力系数逐渐增大;随着曲率半径的增加,局部阻力系数逐渐减小。当管道内出现偏流的情况时,局部构件管道内的阻力损失会明显加大。需要在弯头出口段、下一构件进口段前着重采取整流措施。

而在相邻耦合条件下,送风速度、管道宽高比及耦合弯头直管段的长度显著影响U形和S形耦合弯头的速度场及压力场分布。相较于U形耦合,S形耦合的速度变化较为剧烈。但是在不同的耦合弯头直管段的长度条件下,连接直管段中的中心线速度均和其上游弯头的距离有关,下游弯头对其影响不大。不同截面尺寸规格的管道系统,当流速一定时,截面越大,阻力越小。随着管道截面尺寸的增加,管道系统的上游部分的局部阻力值降低,下游弯头及之后下游直管段是局部阻力产生的主要位置。

(2) 通风空调管道三通流场影响因素分析。

我们通过实验和数值模拟研究,对不同送风工况、不同规格尺寸下三通构件内速度场和压力场特性进行分析,获得了三通构件的局部阻力特性,归纳了相应条件下的三通构件局部阻力系数。分析三通内阻力损失可知,分流三通的阻力损失主要包括三部分:一是由于分流处突扩产生的冲击损失,二是侧管中流体的转向,三是直管段内的突缩损失。汇流三通的阻力损失则主要包含两部分:一是两支管不同流速紊流混合冲击损失,二是由于流体转向时因流体在内管壁分离、在转弯处收缩以及随后扩散而产生的损失。通过对分流三通内流场进行分析发现,支管与总管的速度比显著影响速度场与压力场分布,进而改变阻力损失大小。当支管与总管的速度比增大时,旁支管的局部阻力损失减少,由于产生了全压偏移,故直通管局部阻力损失增大。

支管与总管的速度比影响分流三通的速度场与压力场,进而影响阻力损失。

(3) 通风空调管道局部构件加装导流片减阻优化。

90°弯头加装导流片后减阻效果与导流片的位置、长度及个数相关,不合理的导流片加装会增大局部阻力。对于小型内外弧形弯头,导流片应设置在1/2边长处,弧度为90°。对于边长小于500 mm的内弧外直角矩形弯头,最优的导流片圆弧半径为115 mm,间距80 mm。

相邻条件下,在耦合90°弯头加装导流片应设置在中心位置。弯头间直管段长度逐渐增加,当长度增加较小时,宜设置在导流片距内弧长度/风管宽度为0.333处;当直管段长度继续增加时,设置在导流片距内弧长度/风管宽度为0.4处合适,直到两个弯头之间的相互影响消失。

当旁支管与总管速度比 $V_3/V_1 \leq 0.3$ 时,在通风空调管道分流T形三通内部加装导流片可起到明显的减阻效果。V_3/V_1 越小,最佳导流片位置越靠近三通来流方向内侧;V_3/V_1 越大,最佳导流片位置越靠近三通来流方向外侧。

(4) 通风空调管道新型低阻力局部构件系列化研究。

我们针对通风空调弯头、三通等局部构件进行减阻优化,提出通过弯头弧线优化、导流片形式优化、三通弧面优化、结构仿生等方法进行新型低阻力局部构件设计研发,并且从压力场、速度场、湍流耗散场等方面分析减阻的成因。

研究发现,改造内弧及外弧线对弯头的减阻效果更为明显。最佳的弯头弧线综合改造方案,并非由最佳的外弧线方案及最佳的内弧线方案耦合而成,而耦合而成的弯头弧线综合改造方案的减阻率可达 9.21%。对三通内加装导流片的形状与位置进行优化,在不同流量比及管段高宽比下,加装新型导流片的传统三通比无导流片的传统三通具有较好的减阻优势,减阻率范围为 13.4%~263.8%。此外,对三通的弧面结构形式进行优化,可以降低三通的局部阻力。新型弧面优化三通的减阻率范围为 15%~110%。最后,将"仿生"方法引入通风空调管道三通之中。具有凸起结构的分流三通能够降低旁支管以及直通管方向的局部阻力;具有下凹结构的合流三通能够降低旁支管方向的局部阻力,而合适的凸起结构能够降低直通管方向的局部阻力。

2. 新型嵌入式流量调节风管构件

1)基本原理

由于地铁车站建筑形式的特殊性,目前国内外在长风管通风系统中调节风量分配时,主要采用改变风管断面面积,改变送、回风口面积,或在送、回风支管上加设调节阀等几种方法。这些方法往往会存在调节困难、管段阻力大、调节效果差,难以达到均匀送风的目的,以及管材浪费等不足。这要求我们合理设置各种管件。

图 2-95 为新型风管构件结构示意图,柔性支座采用圆形橡胶圈。图 2-96 为该风管构件的调节示意图。当需要改变风量时,可以调节蝶形螺母或螺杆,使活动导流板围绕绞点旋转一定角度,这样就可以改变构件气流入口截面积 S_1,使得 S_1 占主风管截面积 S_2 的比例变化,最终达到按照需要定量分配空气的目的。在这个过程中并不需要改变主风管的截面积。图 2-97 为风管构件装配示意图,安装时可以直接将调节构件嵌入主风管,安装工艺简单,便于装卸。这种风管构件便于调节,调节灵敏度高,可以有效地克服传统调节方式中存在的不足。

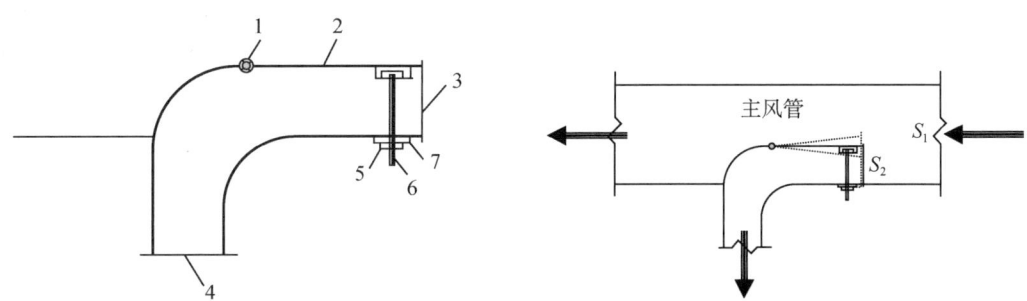

1—导流板活动绞点;2—活动导流板;3—构件气流入口;
4—构件气流出口;5—蝶形螺母;6—调节螺杆;7—柔性支座

图 2-95 嵌入式风管构件结构示意　　**图 2-96 风管构件调节示意**

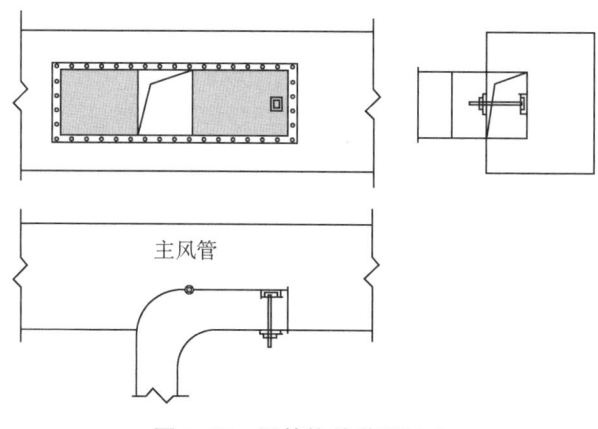

图 2-97 风管构件装配示意

2) 常见形式

在这种嵌入式风管构件中,影响流入支管的空气流量和空气压力损失的两个主要因素是导流板长度 L' 和构件拐角处两侧的弯角,尤其是构件弯角的有无会对构件中空气流动情况产生很大影响,导流板长度不同的影响主要表现在调节的过程中,当导流板转过相同角度时,构件气流入口截面积 S_1 的变化不同。根据导流板长度不同以及构件拐角处弯角的不同,风管构件有 7 种不同的设计,如图 2-98 所示。通过对这 7 种不同设计方式的构件的流场、压力损失和流量分配情况进行详细分析,以确定流场稳定、压力损失小、流量分配合理的设计方式。

通过模拟分析,对 7 种不同设计形式风管构件的速度分布、压力分布、压力损失以及流量分配进行比较可以看出,风管构件内侧导流弯对构件内气流速度分布、压力分布、构件内压力损失以及流量分配有显著的影响;外侧导流弯有一定影响,但不明显。

内侧设导流弯的构件能使气流速度平稳,不会在构件中形成较多的涡旋,在出口处流动比较均匀,整个构件的压力损失较小,构件的入口动压也较大。采用这种设计形式的构件时,支管流量占总流量的百分比接近构件气流入口与主风管的截面积比。

当主风管风速增大时,无内导流弯的构件的压力损失明显增加,由 4 m/s 风速时的 5 Pa 增加到 8 m/s 风速时的 20 Pa。有内导流弯的构件的压力损失随风速的增大有所增加,但增幅很小,由 4 m/s 风速时的 1.5 Pa 增加到 8 m/s 风速时的 5 Pa。相同情况下,有内导流弯的构件的压力损失是无内导流弯的构件的压力损失的 1/4。

有内导流弯的构件,导流板的长度对构件的流动特性影响不大。有内导流弯的构件,阻力损失相对较小,流动相对稳定。

从实际的阻力损失、构件结构紧凑性、加工成本、调节是否方便等方面考虑,在后续分析中取导流板长度为 $2L$ 进行分析,即选择图 2-98(f)进行特性分析。在地铁空调风系统中,风管构件按该种构件形式进行设计,并进行流动特性分析。

笔者将这种构件应用于实际均匀送风系统中,对整个系统中每个部分的流量特性逐段进行模拟计算。在实际均匀送风系统设计总风量下,通过对各个管段的流量分配构件

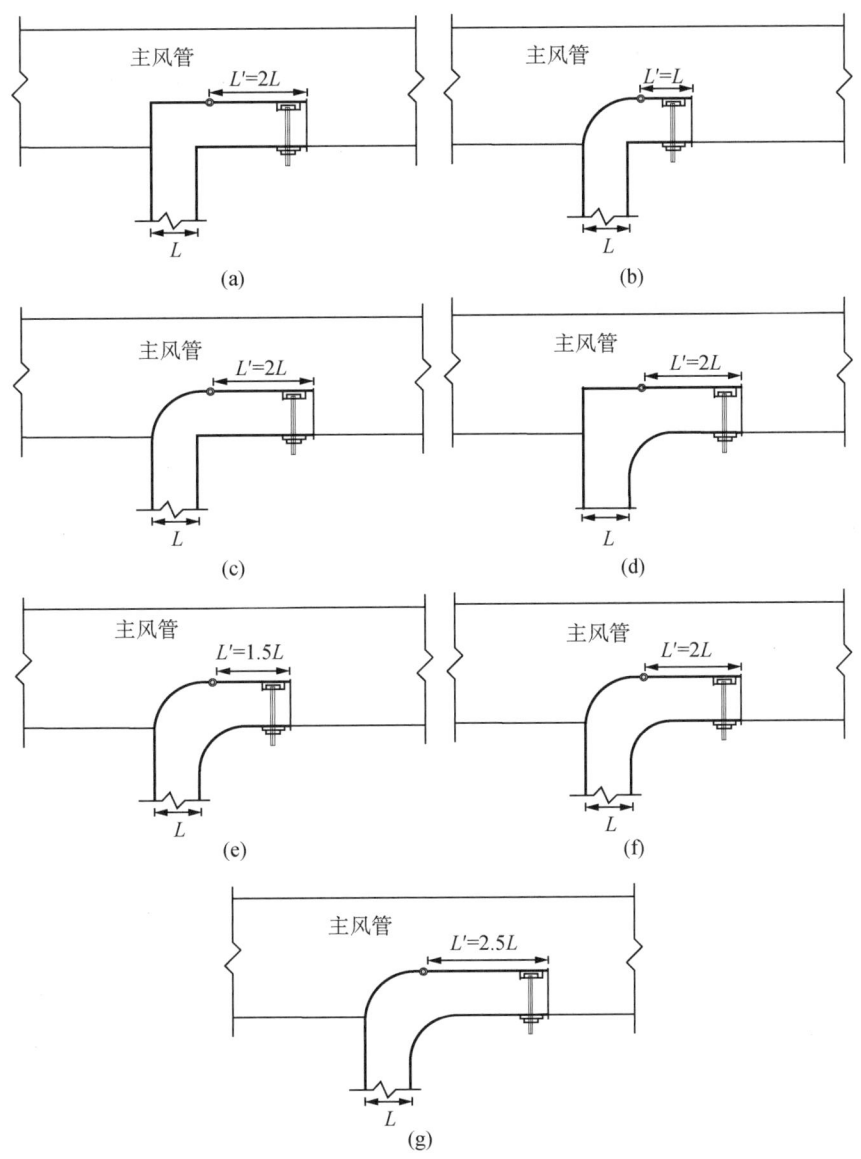

图 2-98 嵌入式风管构件的 7 种设计形式

进行调节,找到各个管段构件阀门的最佳开度,使整个系统满足均匀送风的需要,并使每个风口的风量达到设计值。

另外,在整个系统风量调节平衡后,固定调节构件阀门位置。通过模拟计算可以看出,当系统总风量变化时,各个管段两侧的出口风量基本上是相同的,并且每个出口的风量与实际出口风量接近。风速变化对整个系统风量的分配影响很小。各个风口风量计算值与实际值的差异基本保持在±1%左右,差异最大的风口的差异值也仅是2.98%,整个系统各个风口的风量仍处于平衡状态。因此,按照模拟结果对各个管段的构件进行调节,大大降低了调节成本,从而实现地铁车站长距离送风各风口风量均匀的目的。

3 隧道通风系统节能技术

3.1 隧道通风系统的能耗现状

3.1.1 隧道通风系统常见做法

根据服务区域地铁隧道通风系统可分为区间隧道通风系统和车站轨行区通风系统两部分,通过不同模式对区间隧道和车站轨行区进行环境控制,实现隧道通风系统在列车正常、阻塞和火灾情况下运行的各种功能。

区间隧道是指车站之间形成行车所需空间的地下构筑物,一般分为上、下行线共两条相对独立的行车隧道,两条隧道之间仅在局部通过联络通道或行车配线连通。区间隧道通风系统主要由隧道风机、射流风机、消声器、风阀、活塞/机械风道和风亭等组成。

车站轨行区是指车站建筑范围内供列车通行的区域,该区域通过站台门的开启满足列车停站与乘客上、下车的要求。车站轨行区通风系统主要由车站轨行区排风机、消声器、风阀、防火阀、风道和风亭等组成。

隧道通风系统方案的选择与站台门的设置相互影响,根据站台门的设置情况可以将隧道通风系统分为开式系统、闭式系统和屏蔽门系统三大类。在这三大类下又衍生出一些调整做法。

(1) 开式系统。

在隧道沿线设置若干风井,使得隧道内空气与外界大气可充分交换,带走隧道内的余热、余湿,使隧道温度维持在一定范围内。开式隧道通风系统的地下空间不设人工冷却装置,通风的动力主要依靠列车运行的活塞效应,必要时也可以采用机械通风换气。站台与车站轨行区连通。初投资成本较低、运营费用较少、环境舒适性较差,仅适用于全年气候温和的地区。其系统方案如图 3-1 所示。

(2) 闭式系统。

在站台设置全高安全门,隧道通风系统与车站通风空调系统集成设置,隧道风机变频运行兼作车站大系统风机,同时可开启表冷器安装在地铁车站两端的土建风道内,由地铁车站送排风道内的可逆转送排风机、片式消声器、电动组合风阀等组成地铁车站公共区空气处理系统,该系统同时兼顾地铁车站公共区和隧道事故通风功能。在空调季节,该系统可作为地铁车站公共区空调送风处理设备;在非空调季节及火灾排烟工况下,该大型表冷器可以电控开启,以降低通风系统运行能耗并保证排烟通道畅通。其系统方案如图 3-2 所示。

3 隧道通风系统节能技术

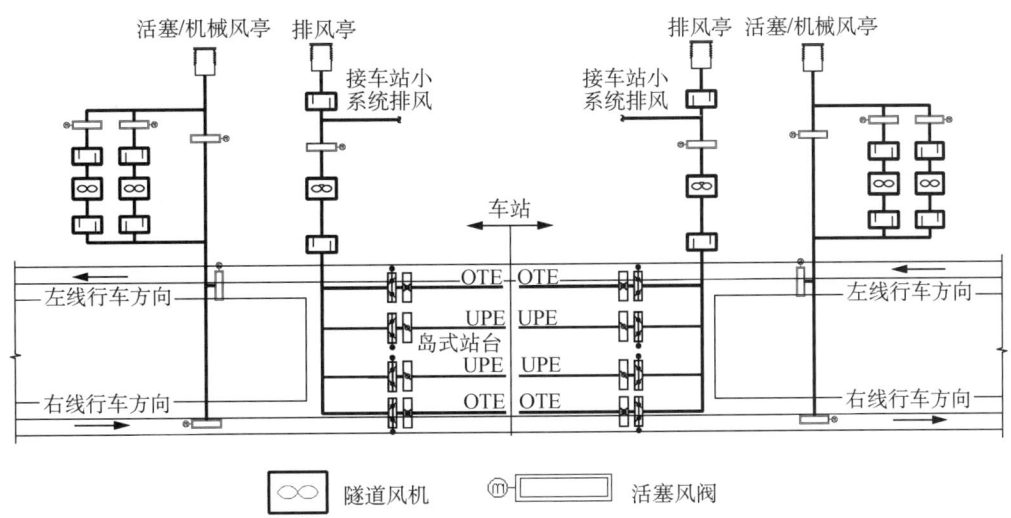

图 3-1 开式隧道通风系统

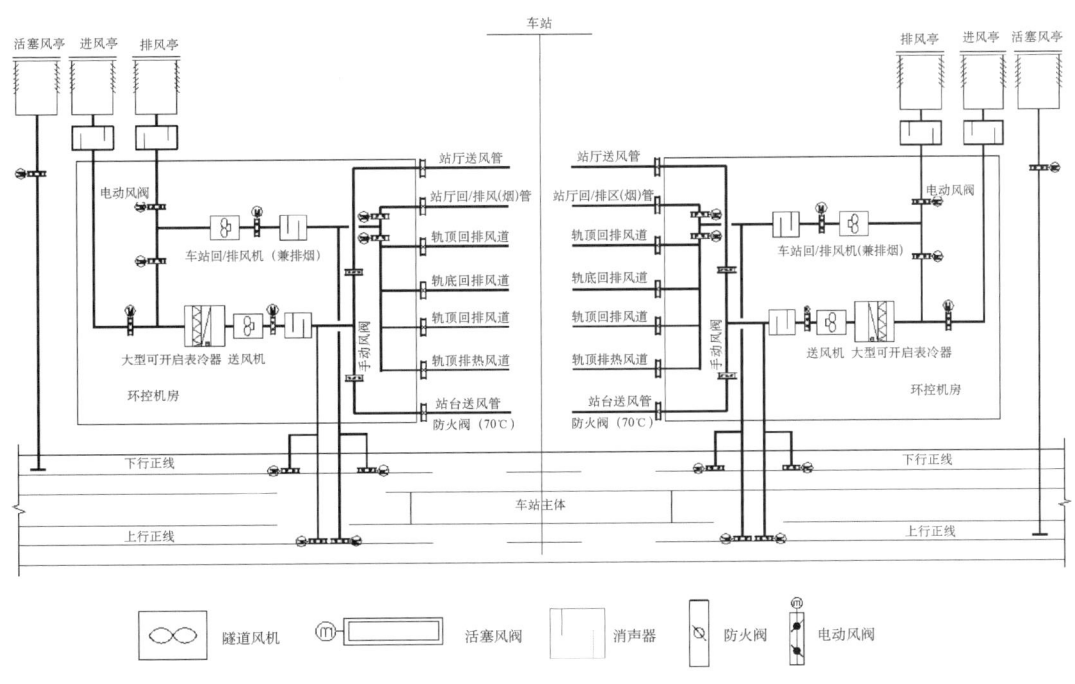

图 3-2 集成闭式隧道通风系统

该系统优势在于风机及大型可开启表冷器设置在风道内,土建投资较省。集成闭式系统的空调冷负荷与传统闭式相当,但由于可逆转的隧道风机效率略低,运行费用略高。

(3) 屏蔽门系统。

屏蔽门系统也叫全高安全门系统[①]。从安全和节能的角度出发,地下车站基本采用屏蔽门系统。

屏蔽门为设置在站台边缘,从站台面开始直到站台吊顶以上,将站台区与轨道区完全分隔开的连续屏障,两侧空气不流通。屏蔽门系统具有安全、舒适、节能、环保及减少定员等比较显著的特点,较适合于气候炎热、空调期较长的地铁线路,如我国南方地区。

屏蔽门系统将行车隧道与站台分隔开,公共区的空调负荷较小,区间隧道的事故工况下气流组织方便,系统配置简单,初投资较小。其系统方案如图3-3所示。

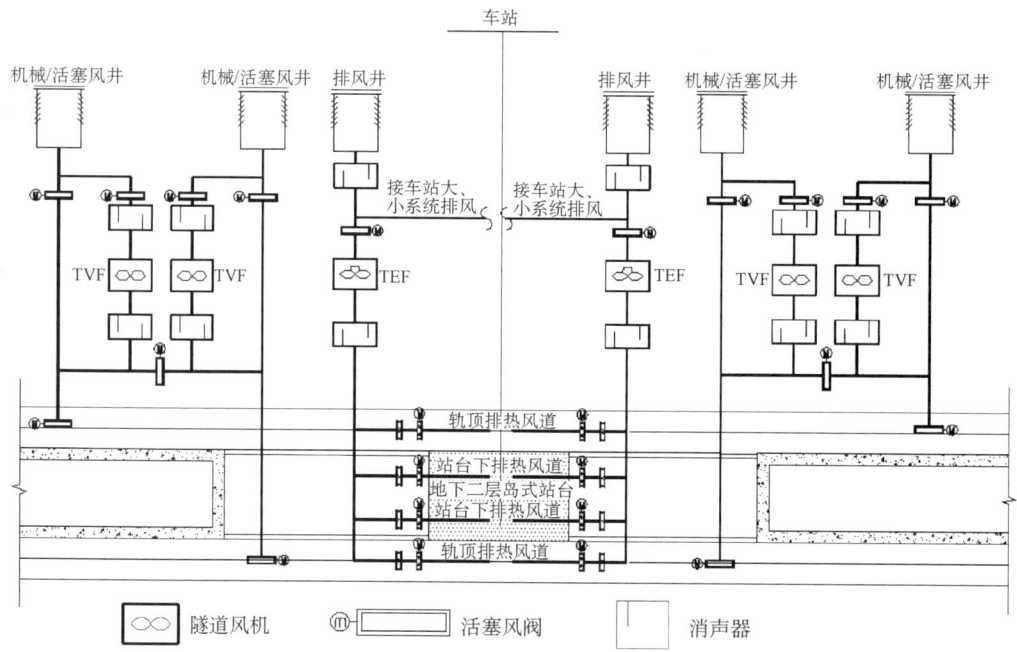

图3-3 屏蔽门系统(标准双活塞)

(4) 复合屏蔽门系统。

目前,部分华中及北方城市,因通风季能耗占比较大,考虑对屏蔽门系统进行优化,在屏蔽门顶箱设置电动百叶,通风季开启电动百叶,利用活塞风对公共区进行通风,降低通风能耗,但公共区空气品质略差,如图3-4所示。

隧道通风系统也可按单活塞系统、双活塞系统、合并系统进行分类。

我国幅员辽阔,全国各地因气候、线路功能定位、技术和国家政策方针等因素影响,地铁隧道通风方案也不尽相同。

---

① 屏蔽门系统和集成闭式系统在隧道风系统和车站公共区空调的设置上都有明显区别,对子系统的划分一直有争议,但目前大流都是这样区分。

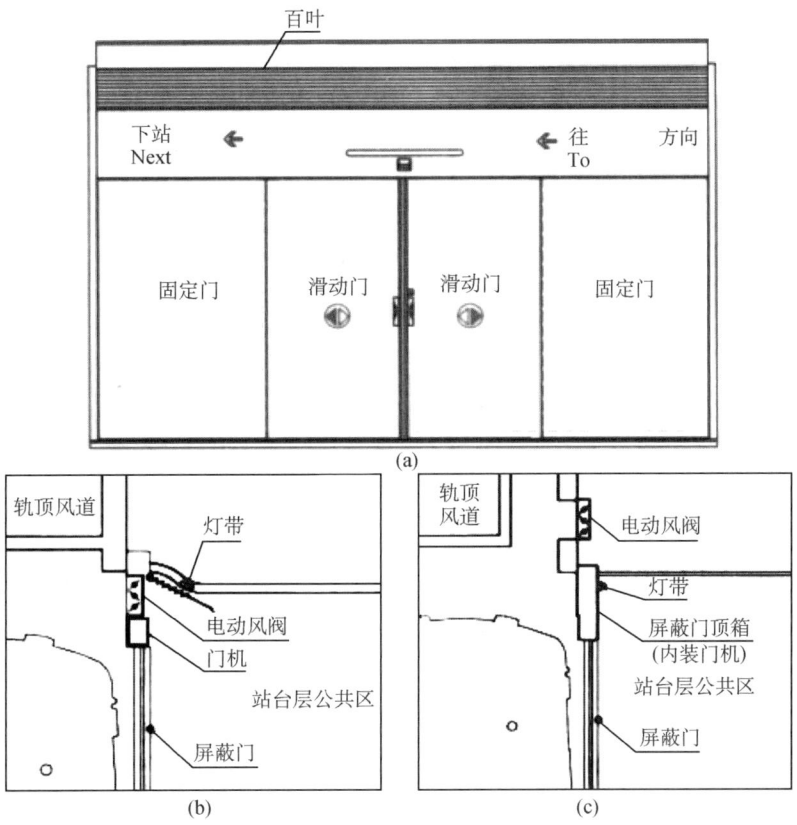

图 3-4 复合屏蔽门系统

根据地域不同,我国各地地铁隧道通风系统主要形式如下:

1) 华北地区

(1) 北京。

北京地铁早期线路采用开式系统,后期大部分线路均采用屏蔽门系统,机场线采用屏蔽门系统。

北京地铁 1 号、2 号线设置无屏蔽门系统,1 号线车站站台采用单层结构,车站两端采用双层结构,利用两端高于站台的楼板部分构成车站的端头站厅。结合北京气候特点,利用列车活塞风对车站进行通风换气。

4 号、5 号、9 号、10 号线采用全高安全门集成系统,隧道通风系统与车站通风空调系统集成设置,隧道风机兼作大系统风机,并在风道内设有可开启表冷器。

北京大兴线、亦庄线、昌平线和房山线均采用屏蔽门系统,隧道通风系统和大系统分开设置。

(2) 天津。

天津地铁 2 号、3 号、4 号、5 号、6 号线均采用屏蔽门系统,隧道通风系统和车站大系统分开设置,有三种布置方式,工点根据土建条件灵活选择单、双活塞系统。

(3) 西安。

西安地铁1号、2号、3号线采用屏蔽门系统,其中1号线、3号线采用双活塞系统,2号线采用单活塞系统。

2) 华中、华东及华南地区

华中、华东及华南地区由于气候冬冷夏热的特点,基本采用屏蔽门系统。例如广州、深圳、东莞、上海、苏州、无锡、宁波、武汉、长沙、南昌等地均采用屏蔽门系统,各地根据各线特点和土建条件,灵活选用双活塞系统、单活塞系统和合并系统。同时,根据广州广佛线、6号线采用4节编组的特点,衍生出了单端排风合并方案和单端双活塞两种方案。

3) 东北地区

我国东北地区与华中及华南地区气候差别较大,冬季漫长且寒冷,地铁隧道通风系统通常采用开闭式系统。

(1) 哈尔滨。

哈尔滨地铁3号线车站隧道通风系统采用出站端设置单活塞风井形式,每端上、下行线共用1座,共2座。双洞区间隧道在靠近车站两端处设有迂回风道,由其内设置的风阀启闭来实现区间隧道的开闭式运行。

在冬季,关闭排热风机和活塞风道,同时打开站台端部的迂回风阀。为了有效为区间隧道泄压,同时打开轨道顶部每端的活塞风阀,利用活塞风道作为迂回风道的补充。为了有效满足区间的新风量,在车站列车出站端设置新风机,对区间送新风,满足区间隧道内新风要求。新风设置电加热装置,如图3-5所示。

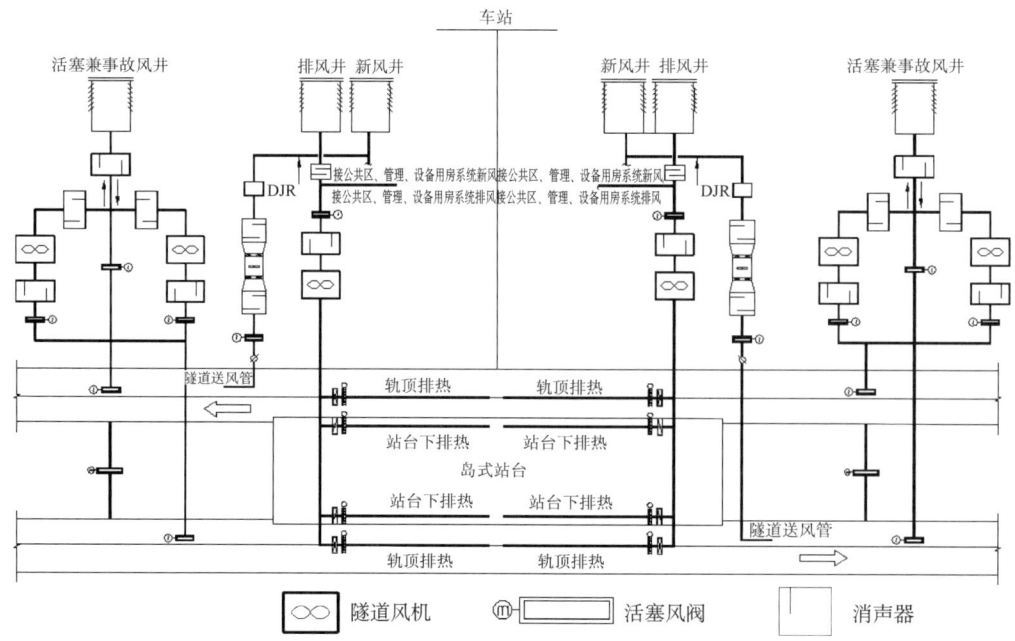

图3-5 哈尔滨地铁隧道通风系统原理

(2) 大连。

大连地铁隧道通风系统采用了开闭式运行相结合的方式,车站每端设置一座活塞风井,隧道风机分别设置在排风井及新风井内,隧道风机兼作车站通风机。在靠近车站两端处设有迂回风道,由其内设置的风阀启闭来实现区间隧道的开闭式运行,如图3-6所示。

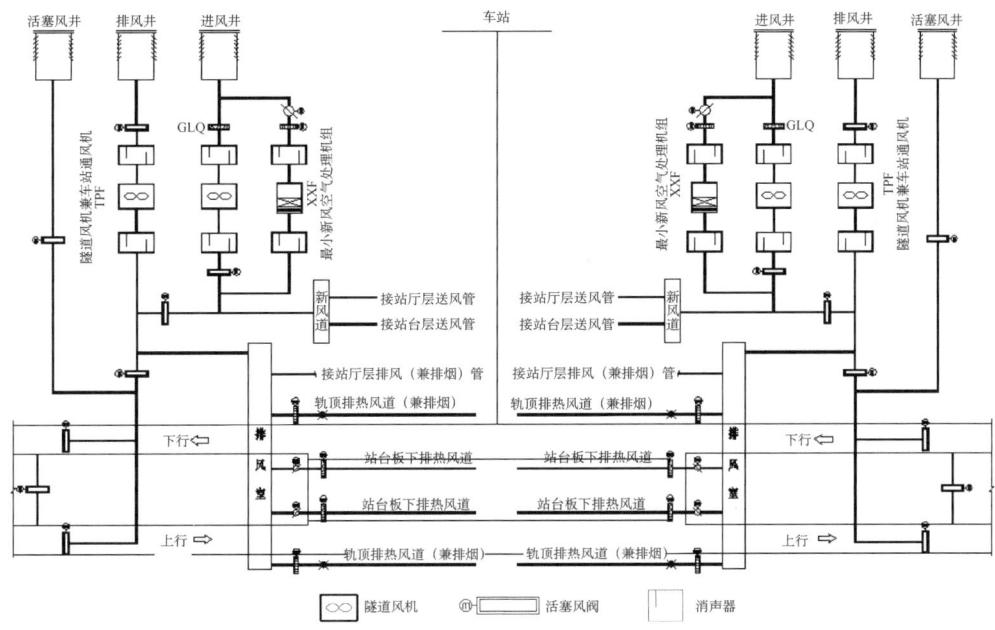

图 3-6 大连地铁隧道通风系统原理

4) 西南地区

以昆明为例,昆明地铁隧道通风系统采用单活塞机械通风系统,车站两端各设1台隧道风机和2台排热风机,满足不同季节、不同列车运行条件下的通风量,排热风机除特殊站点外均为双向可逆转轴流风机,单台风机风量为 24～30 m³/h,如图3-7所示。

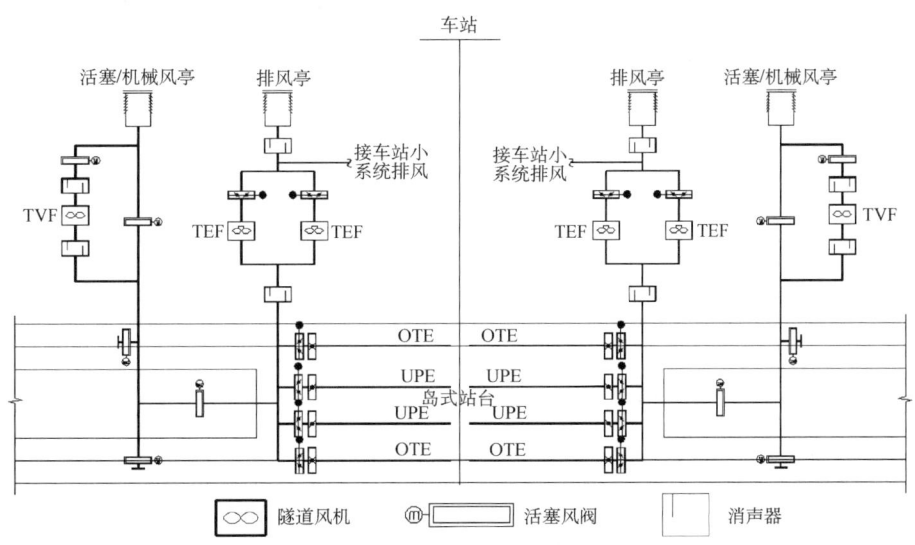

图 3-7 昆明地铁隧道通风系统原理

各地区的地铁隧道通风系统方案汇总见表3-1—表3-4。

表3-1　　　　　　　　　华北地区地铁隧道通风系统方案汇总

城市线路	隧道通风系统	大系统	特点
北京地铁1号、2号线	无屏蔽门系统	利用列车活塞风对车站进行通风换气	节省土建费用,空气品质略差
北京地铁4号、5号、9号、10号线	全高安全门集成系统	隧道风机兼作大系统风机,并在风道内设有可开启表冷器	隧道通风系统与车站通风空调系统集成设置
北京大兴线、亦庄线、昌平线、房山线	屏蔽门系统	全空气系统	土建投资较大,隧道通风系统和大系统分开设置
天津地铁	单、双活塞系统均有	站台设置屏蔽门,全空气系统	机械通风季较长
西安地铁	单、双活塞系统均有	站台设置屏蔽门,全空气系统	机械通风季较长

表3-2　　　　　　　华东、华南及华中地区地铁隧道通风系统方案汇总

城市线路	隧道通风系统	大系统	特点
上海地铁	屏蔽门系统,双活塞系统	站台设置屏蔽门,全空气系统	
苏州地铁	采用隧道风机变频兼作车站隧道排风机,出站端设置活塞风道	站台设置屏蔽门,全空气系统	隧道通风系统能耗略高
宁波地铁	双活塞系统结合单活塞系统	站台设置屏蔽门,全空气系统	
武汉地铁	双活塞系统	站台设置屏蔽门,全空气系统	
长沙地铁	双活塞系统结合单活塞系统	站台设置屏蔽门,全空气系统	
南昌地铁	双活塞系统结合单活塞系统	站台设置屏蔽门,全空气系统	
深圳地铁	标准站采用双活塞系统,困难地段采用单活塞系统	站台设置屏蔽门,全空气系统	9号线全线采用单活塞方案
东莞地铁	双活塞系统	站台设置屏蔽门,全空气系统	120 km/h市域线路,洞径加大到6 m
福州地铁	双活塞系统结合单活塞系统	站台设置屏蔽门,全空气系统	
南宁地铁	双活塞系统结合单活塞系统	站台设置屏蔽门,全空气系统	
广州地铁	单、双活塞系统均有	站台设置屏蔽门,全空气系统	

表3-3　　　　　　　　　东北地区地铁隧道通风系统方案汇总

城市线路	隧道通风系统	大系统	特点
哈尔滨地铁3号线	安全门,开闭式系统,出站端设置单活塞风井	机械通风系统	
大连地铁	安全门,开闭式系统	隧道风机兼作车站通风机	

表 3-4　　西南地区地铁隧道通风系统方案汇总

城市线路	隧道通风系统	大系统	特点
昆明地铁	全高安全门，开式系统，出站端设置单活塞风井	机械通风结合活塞通风和出入口自然通风方式	每端设置 2 台排热风机以满足不同季节、不同列车运行条件下的通风量

3.1.2　隧道通风系统能耗分析

随着地铁隧道的大规模建造和投入运营，地铁系统用电也在大城市能源需求中占据很高比例。地铁隧道通风及车站通风空调系统耗能约占所有地铁系统耗能的 30%，故地铁通风空调系统的节能与否直接影响城市轨道交通系统的能耗，低能耗的地铁通风空调系统能直接降低地铁的运营成本和碳排放。

地铁列车在隧道内运行时会产生大量的热，乘客、列车空调冷凝器及区间照明都会将热量散发在隧道内，一部分热量由进入隧道的新鲜空气通过风井排出，一部分被隧道周围土壤所吸收，剩余热量将使隧道内的空气温度不断升高。当隧道的总得热量与空气排出的热量以及地铁周围土壤的吸热量相等时，隧道内热传递达到平衡状态，空气温度不再变化。隧道内各种得热量如图 3-8 所示。

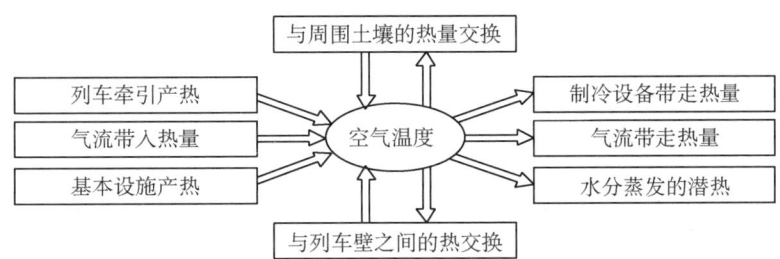

图 3-8　隧道内热量得失途径

地铁系统得热包括地铁系统内热源产热量与外部空气交换带入地铁系统的热量。地铁系统内部热量主要来自列车运行产热、乘客散热以及车站与区间隧道照明散热，在列车设有空调时，还包括空调冷凝器散热。

隧道通风系统总体又可划分为车站隧道排风系统以及区间隧道通风系统。其中，区间隧道通风系统主要由风道、消声器、隧道风机以及组合风阀构成，其在正常工况下的作用主要是在早上列车出发前以及晚上列车停运后，进行全部线路的机械通风。当列车正常运行时，区间隧道通风系统利用活塞效应将隧道内的多余湿热消除，以确保隧道内的温度正常。当列车在隧道内停滞时，区间隧道通风系统输送适当通风量到停滞区域，以保证列车空调器等设备得以正常运转和隧道内人员新风量需求。

车站隧道排风系统的构成部分与区间隧道通风系统大致相同，其主要应用设备为排热风机。在地铁通风空调系统中轨顶、轨底排热系统在列车停站、隧道活塞风减弱的情况下，能够有效地排出列车停站时散入车站范围隧道内的热量,避免热量在车站范围隧道中积聚,确保列车空调正常运行,提高列车内乘客乘车舒适性。它还可以在发生火灾时,协助车站排烟。地铁屏蔽门系统隔断了地铁车站与隧道中的空气流通,避免隧道中高温有害气体大量进入车站,进一步减轻了车站空调系统负担,提高了站台候车乘客的舒适性。轨顶、轨底排热系统与屏蔽门系统作为地铁通风空调系统不可缺少的两部分,其能耗的高低直接影响整个地铁环控系统能耗的高低,进而对地铁运营成本产生影响。

隧道通风系统在正常工况下,其主要作用是排除隧道内热量,保证隧道内温度满足规范要求。在地铁隧道内,列车运行产热量是地铁系统内的主要得热量,占到总得热量的70%~80%。列车的性能、列车运行频率和车站停站时间等将直接影响列车运行产热量的大小,进而影响隧道通风系统能耗的高低。

在空调季,地铁区间隧道得热量包括列车启动和制动热负荷、列车加速阻力热负荷、列车走行热负荷、列车运行坡度热负荷、列车运行曲线热负荷、列车辅助机械热负荷、列车空调设备热负荷和隧道照明热负荷。在非空调季,地铁区间隧道得热量包括列车启动和制动热负荷、列车加速阻力热负荷、列车走行热负荷、列车坡度运行热负荷、列车曲线运行热负荷、列车辅助机械热负荷、列车乘客人员热负荷、列车曲线运行热负荷、列车辅助机械热负荷、列车乘客人员热负荷、列车照明热负荷和隧道照明热负荷。

地铁隧道通风系统的能耗与地铁在隧道内行驶所产生的热量关系密切,通常标准站配置4台功率为90 kW的隧道风机,排热风机通常由2台(可4台较小容量)装机容量为55~75 kW的风机组成。

车站隧道通风系统装机容量约为470 kW,约占车站通风空调系统总装机容量的43%,占比较大,车站公共区大系统约占15%,小系统约占6%,水系统约占36%。

隧道通风系统装机容量大,并不代表其能耗高、年耗电量大,因为其能耗不仅受到系统全年运行模式的影响,也受到设备运转时间的影响。并且,当地的气候条件、地铁系统产热量以及所采取的通风方案也是设备运行时间的影响因素。

以某城市地铁隧道通风系统运行模式为例,正常运行时可完全利用活塞风作用对区间隧道进行通风,即在正常运行时无须开启隧道风机。仅当每天清晨运营前与每天夜间收车后,根据初、近、远期线路实际运行情况、隧道内检修作业情况以及运营管理经验,采用人工控制方式启动早晚通风模式,进行半小时排热/机械冷却通风,其主要作用是利用此时室外冷空气对地铁隧道进行冷却和补充新鲜空气、排除地铁内积聚的热空气,以及隧道夜间维检修作业及日间列车运行所产生的污染物;此外,可以检查设备的状况,确保遇事故时能及时投入使用。对于风亭距离噪声敏感点较近的个别车站,应不启动该站的早晚通风模式,或视情况进行隔站通风,不启动早晚通风模式的车站应关闭活塞风。

当车站隧道发生火灾时,车站隧道排风系统和区间隧道通风系统将协调动作,排热风机和火灾发生侧的隧道风机均开启。

根据对某城市地铁某地下站隧道通风系统进行实测研究,在2012年11月至2013年

8月期间,该站隧道通风系统各设备逐月能耗如图3-9、图3-10和表3-5所示,其中隧道风机启动早晚通风模式,排热风机变频运行。

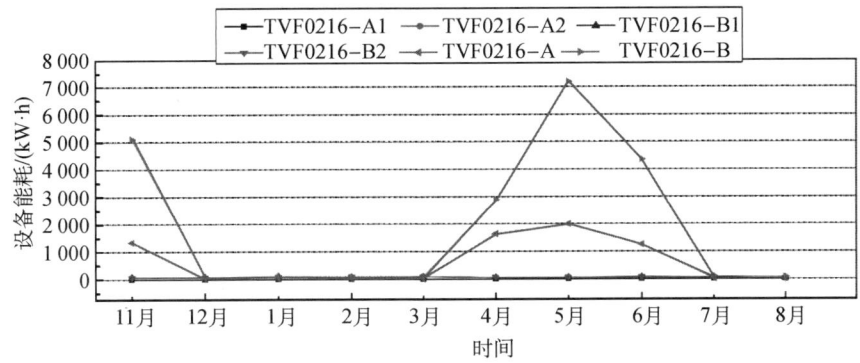

图3-9 某车站隧道通风系统各设备逐月能耗情况

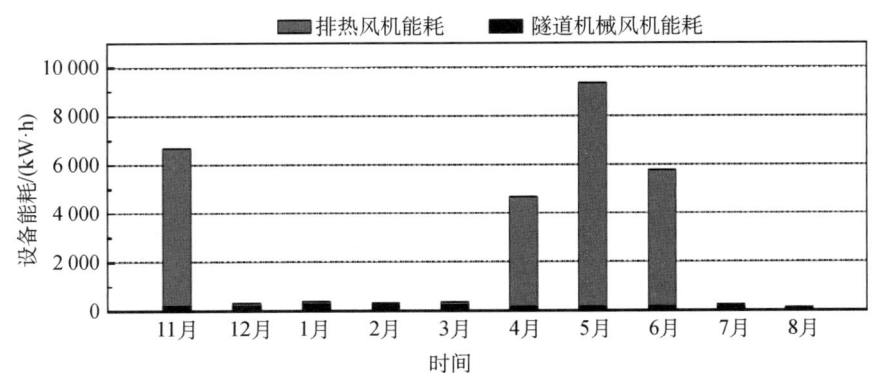

图3-10 某车站隧道通风设备逐月能耗柱状图

表3-5　　　　　某车站隧道通风系统逐月能耗　　　　　单位:kW·h

时间	区间隧道机械风机能耗	排热风机能耗	隧道通风系统总能耗
2012-11	212.08	6 459.07	6 671.15
2012-12	208.36	119.51	327.87
2013-01	273.4	128.26	401.66
2013-02	133.61	97.69	331.3
2013-03	254.69	107.2	361.89
2013-04	154.42	4 520.82	4 675.24
2013-05	151.86	9 202.56	9 354.42
2013-06	162.89	5 616.25	5 779.14
2013-07	149.23	111.64	260.87
2013-08	49.6	71.86	121.46
总和	1 850.14	26 434.86	28 285

由此可见,虽然隧道风机每日均开启,且设备装机容量大,但隧道风机仅用于地铁早晚时段的区间通风,车站隧道风机每月的能耗在 200~280 kW·h。而仅 2012 年 11 月以及 2013 年 4 月、5 月和 6 月运行的排热风机,能耗在 2013 年 5 月最高达到 9 200 kW·h,其他各月能耗在 100 kW·h 左右,隧道风机能耗仅占隧道通风系统总能耗的 6.5%。

根据排热风机运行模式可知,排热风机是否运行与室外温度和隧道温度有关,且运行频率受近、远期行车对数影响。根据隧道通风系统控制策略,近期排热风机运行风量大约为额定风量的 60%,此时隧道风机能耗仅占隧道通风系统总能耗的 6.5%。当远期排热风机按 100%额定风量运行时,排热风机能耗在隧道通风系统能耗中的占比将进一步提高。

区间节能坡的设置与否在隧道通风系统能耗上也有相应体现。

经过模拟计算显示,无坡区间的温度高于设置 U 形坡区间的温度,最大差值为 0.2 ℃,出现在沿行车方向的中后段线路。如果在实际工程应用中,结合线路条件、运行状态等因素设置节能坡,温差将进一步加大。因此,设置合理的节能坡有助于降低隧道通风能耗。

3.2 浅埋区间自然通风排烟

地铁隧道通风的能耗是地铁通风空调系统能耗的重要组成部分,为了节约地铁区间隧道通风的能耗,通过在区间隧道顶部开设通风竖井,采用自然通风方式以满足地铁区间隧道环境要求是一种可能的技术措施。

在目前修建的地铁线路中,有一些区间隧道采用了浅埋设置方式,隧道埋深多在 2~10 m。对于浅埋区间而言,如果采用机械通风,势必会增加系统的运行费用,并且需在车站内设置隧道风机房,也增加了相应的土建费用和配电系统费用。由于浅埋地铁区间多位于城市郊区,且隧道顶部设置有绿化带,周边自然环境较好,可以考虑采用自然通风的方式,系统的可靠性得到提高且运行维护费用可大幅降低。

地铁区间隧道自然通风方式是通过在区间隧道顶部设置一系列的通风竖井来实现列车正常运营通风和隧道火灾通风,无需设置隧道风机。列车正常运营时,通过列车运行产生的活塞效应实现区间隧道与外部空间的通风换气,保证区间隧道正常运行的环境条件。当列车在区间隧道内发生火灾时,火灾烟气在浮升力的作用下由隧道顶部的开孔排出,将逃生通道区域内的烟气温度、烟气浓度和能见度以及隧道顶壁的烟气温度控制在满足人员逃生要求的范围内。

3.2.1 浅埋区间隧道自然通风的优点

(1)车站无需设置隧道风机房、活塞风道和隧道风机,适当设置区间隧道顶部通风竖井,节省机房面积,减少设备和土建投资,简化系统控制,降低运行耗电量,节约运营费用。

(2)正常运行条件下,由于区间隧道的空气直接和外界大气相连,列车所引起的活塞换气量大,可以明显改善区间环境质量。

(3) 在列车阻塞的工况中,区间隧道空气直接和外界大气连接,可以保证区间隧道内的温度满足列车顶部空调器运转温度不高于 45 ℃ 的要求。

(4) 在火灾情况下,只要火灾不是发生于列车的端部,乘客就可以向隧道两边进行疏散,自然通风模式便于乘客疏散,加快其疏散速度。

(5) 火灾报警系统(Fire Alarm System,FAS)、环境与设备监控系统(Building Automatic System,BAS)减少了监控点的数目,简化了控制程序,提高了系统运行的稳定性和可靠性,节约了硬件和软件的投资。

3.2.2 浅埋区间隧道自然通风的缺点

(1) 区间隧道内容易进入雨水和灰尘,加大了排水量,增加了给排水的投资。

(2) 自然通风模式中列车的噪声会通过通风井传出地面,但由于区间隧道的通风井基本上全部位于绿化带、农田和待拆迁房屋区域,且紧邻道路,所产生的噪声对红线外建筑物的影响比道路交通噪声小,而且可以通过适当的处理方法(如栽种灌木等)进行降噪。

3.2.3 浅埋区间隧道自然通风与机械通风的经济性比较

以一个 2 站 2 区间为例,对区间隧道自然通风和机械通风的经济性进行比较(图 3-11、图 3-12)。

1. 机械通风模式

(1) 暖通设备投资。每座车站需要设置隧道风机 4 台、车站车行区排热风道及相应的风阀、控制元件等,设备投资共计 184 万元。每座车站需要设置 2 台排热风机、车站车行区排热风道及相应的风阀、控制元件等,设备投资共计 50 万元。设备投资总数为 467 万元。

(2) 土建投资。每座车站需要 4 条活塞风道和 4 座活塞风井(按 100 万元/座计),共 400 万元。隧道风机房 400 m²(按 7 000 元/m² 计),共 280 万元。每座车站需设排热风道及排热风井 2 座(按 100 万元/座计),共 200 万元。土建投资总额为 1 760 万元。

(3) 运营费用。隧道风机按 90 kW/台计,每天早晚通风时间按 1 h 计算,则设备的运营费用为 2.2 万元/(年·台)(电价按 0.67 元/度计)。排热风机按照 55 kW/台计,每天开启时间按 18 h 计算,则设备的运营费用为 24.2 万元/(年·台)(电价按 0.67 元/度计)。运营费用总额为 114.4 万元。

(4) 其他专业投资。配电专业每站设置用电负荷 360 kW(一级),变压器、电缆、开关等设备投资额为 80 万元。对应增加土建投资 40 m²(按 7 000 元/m² 计),共计 28 万元。其他专业投资总额为 216 万元。

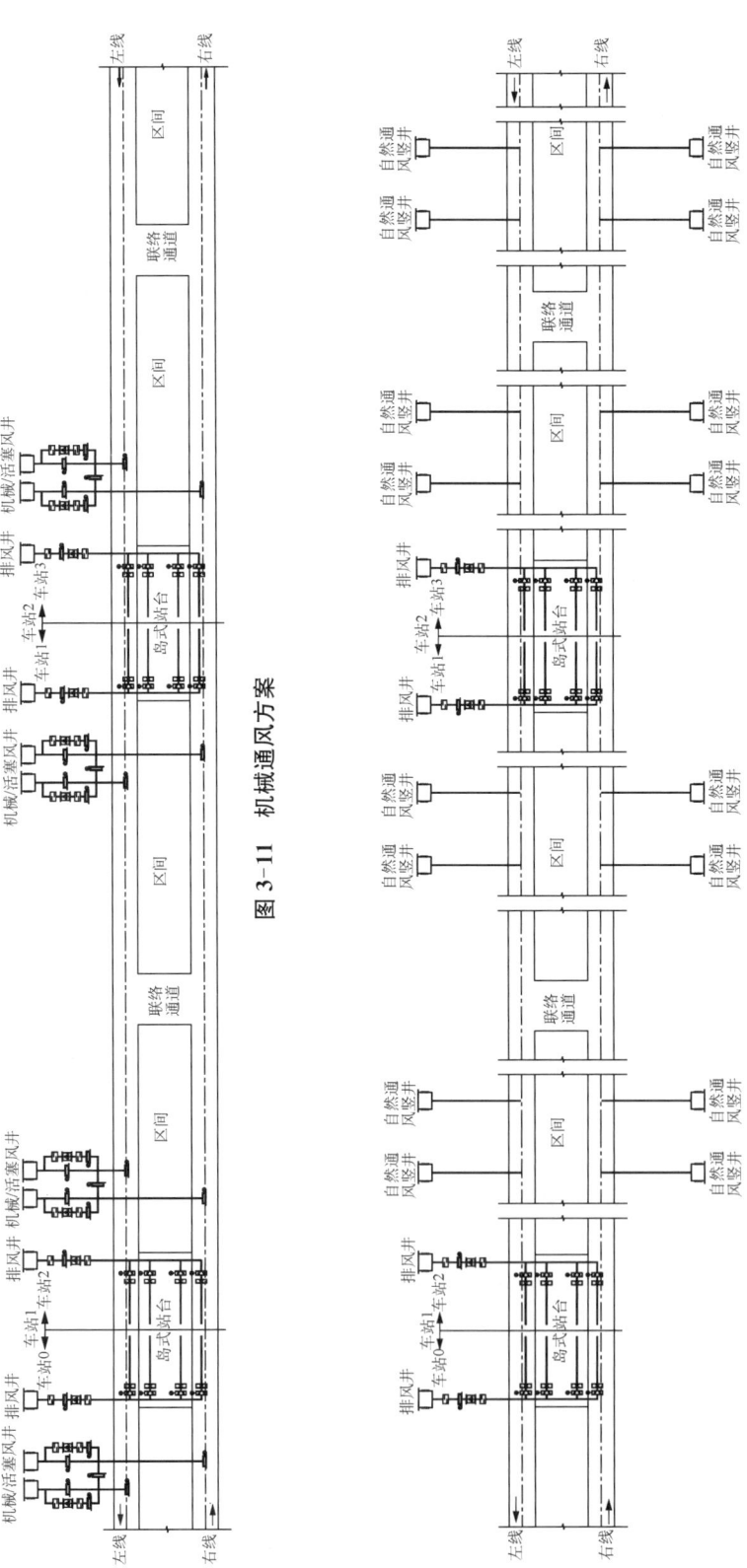

图 3-11 机械通风方案

图 3-12 自然通风方案

2. 自然通风模式

（1）暖通设备投资。采用自然通风方案可以取消车站两端的隧道风机、机房和活塞风井，只需设置排热风机和排热风井。每座车站需要设置2台排热风机、车站车行区排热风道及相应的风阀、控制元件等，设备投资共计50万元。

（2）土建投资。每座车站需要排热风道及排热风井2座（按100万元/座计），共200万元。区间长度按1 200 m计，每个区间自然通风竖井需设置19座，每个通风竖井8.8 m²（按3 600元/延米计），投资额为432万元，考虑2个车站对应2个区间进行比较，总投资额为864万元。

（3）运营费用。排热风机按照55 kW/台计，每天开启时间按18 h计算，则设备的运营费用为24.2万元/(年·台)（电价按0.67元/度计）。运营费用总额为96.8万元。

（4）其他专业投资。浅埋区间隧道给排水专业每个区间增加给排水泵房1处，排水泵房设置2台40 kW水泵，每台水泵每年开启时间为100天，每天按4 h计算，增加设备投资80万元、土建投资20万元，则2个区间增加设备投资160万元、土建投资40万元。每个区间年增加用电32 000 kW·h，每个区间增加运营费用2.15万元，则增加总运营费用4.3万元（按平均电价0.67元/度计）。

3. 自然通风与机械通风的经济性比较

由表3-6可知，与机械通风模式相比，区间隧道自然通风模式在浅埋区间初投资上共节省1 329万元，在年运营费用上共节省13.3万元。在技术和经济上都存在较大优势。

表3-6　　　　　　　　　　　二者经济性比较　　　　　　　　　　单位：万元

项目	机械通风模式	自然通风模式	差额
环控系统土建初投资	1 760	864	896
环控系统设备初投资	467	50	417
其他专业相应初投资	216	200	16
初投资总计	2 443	1 114	1 329
年运营费用	114.4	101.1	13.3

3.3 车站隧道通风系统节能技术

从前面的测试数据可以知道，车站轨顶、轨底排热风机是能耗大户，如何减小排热风机的能耗对车站节能至关重要。在地铁列车运行过程中，车轮与铁轨的摩擦会产生大量的热，尤其是在列车进站时制动将产生更多的摩擦热，这些热直接排放在隧道内。据统计，列车产热的67%都分布在车站隧道。另外，为保持列车客室内的舒适性，通常在列车的顶部设置空调系统，空调冷凝器的大量排热也将直接排入隧道内。摩擦热及冷凝器的排热使得车站隧道内的空气温度升高，而且这一现象在列车停靠站台时尤其严重。车站隧道内大部分热量由列车制动产热和停站过程中冷凝器排热组成，若不及时排除，车站隧道内空气温度会逐渐升高，对列车空调运行产生不利影响。为了及时有效排除列车在制动和停站过程中产生的热量，同时提高排热效率，应尽量避免热量进入区间隧道，因此车站设计时需在车站轨行区的站台下部和轨道上部设置轨顶、轨底排风系统，以达到集中排放列车产生的热量的目的（图3-13）。

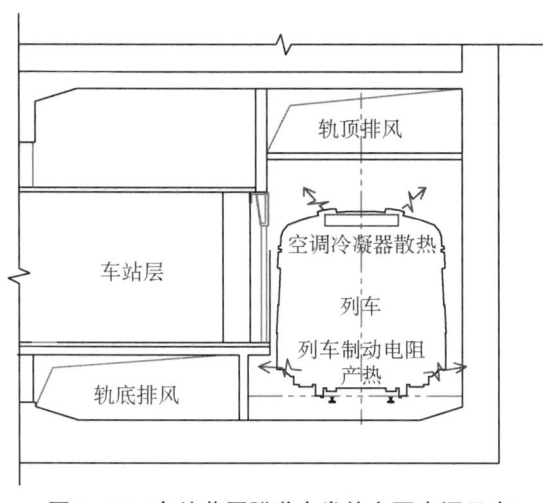

图3-13 车站范围隧道内发热主要来源示意

3.3.1 取消轨底风道的研究

车站隧道内运行环境恶劣，设置于车站隧道内的轨顶、轨底排热风口检修调试困难，只能在夜间列车停运状态的天窗时间进行，且检修空间紧张；另外，车站隧道潮湿，风口金属部件易腐蚀，一旦脱落必然造成行车安全隐患。再者，火灾时需通过风阀关断轨底风道，这对火灾排烟的可靠性也有一定影响。笔者最开始对轨顶、轨底风道的设置沿袭香港的设计，在国内已经有很多实际运行的工程案例后，又开始对车站排热系统进行优化研究，对取消轨底风道的可行性进行研究，以简化设计、修建和运营管理，提高系统运行能效、可靠性和列车运行安全性。

针对广州、武汉、长沙和郑州已开通线路，相关人员进行了大量的实测工作，同时对地铁列车再生制动进行了SES[①]数值模拟分析。

1. 再生制动原理及现状

地铁列车主要采用的制动方式有踏面制动、盘形制动、电阻制动、再生制动以及这四种方式的相互组合。其中，踏面制动和盘形制动统称机械制动，电阻制动和再生制动统称电气制动。

目前生产的大部分地铁列车的制动方式通常是再生制动，即牵引电机从电动机工况转变为发电机工况，将列车动能转化为电能，再反馈给接触网，可提供给相邻运行的列车使用。再生制动的最大优点是节能，但再生电能反馈回直流接触网后并不能都被相邻列

---

① Subway Environment Simulation，地铁环境模拟计算软件的全称。

车使用,当列车运行间隔较大时,只有小部分再生电能被使用,未被吸收的能量由车载制动电阻消耗。制动电阻消耗再生电能会带来隧道和地下车站的温升,增加地下车站空调系统的负荷,造成大量的能源损失,增加运行费用。因此,通常地铁环控系统会在车站设置轨顶、轨底排热系统,以及时排出由车载制动电阻消耗的能量及列车空调冷凝器排热量。通常情况下,列车在高速运行时采用再生制动,低速(5 km/h以下)运行时采用机械制动。处理紧急情况时则以机械制动为主,当再生制动方式制动能量吸收较少或无吸收时,才辅以电阻制动。上述再生制动方式是目前国内地铁车辆采用最多的制动方式,如广州地铁1号线等多条地铁车辆均采用了该制动方式。

再生制动的缺点是当列车发车密度小(即本供电区间只有少量用电的列车)时,再生制动能量不能被相邻列车吸收而使接触网压升高。因此,再生制动要与制动电阻配合使用。随着技术进步,近年来出现了逆变回馈型再生制动能量吸收装置,该装置主要采用电力电子器件构成大功率三相逆变器,该逆变器的直流侧与牵引变电所中的整流器直流母线相联,其交流进线接到交流电网上。当再生制动使直流电压超过规定值时,逆变器启动并从直流母线吸收电流,将再生直流电能逆变成工频交流电回馈至交流电网;当列车发车密度小导致再生制动能量不能被相邻列车吸收而使接触网压升高时,启动逆变装置,将多余再生直流电能逆变成工频交流电回馈至交流电网,此时多余的能量就不需通过制动电阻吸收,制动电阻可取消。

2. 再生制动反馈效率

1) 电阻再生制动

电阻再生制动指的是列车设置车载电阻,制动时牵引电机从电动机工况转变为发电机工况,将列车动能转化为电能,反馈给接触轨或接触网,提供给相邻运行的列车使用,未被吸收的能量由车载制动电阻消耗。其再生制动效率与轨道、行车对数、牵引电动机类型及再生方式等多种因素有关,目前牵引供电专业还无法提供具体的参数。

SES用户手册指出斯德哥尔摩某地铁线路在非高峰期的再生制动反馈效率约为25%;最低为20%,最高超过30%。SES用户手册还对自然再生的制动反馈效率进行了研究,指出当行车间隔为150 s时,制动反馈效率为47%。

广州市地下铁道总公司曾经对广州地铁1号线早晚高峰运行时的再生制动反馈效率进行实测。高峰期间(19对/h),当列车上行时,再生制动馈入电网电能占列车牵引系统输入能量的比率为0.524,制动电阻能耗占列车实际牵引电能(列车实际牵引电能=列车牵引系统输入能量-再生制动馈入电网电能)的比率为0.083 4;当列车下行时,再生制动馈入电网电能占列车牵引系统输入能量的比率为0.496,制动电阻能耗占列车实际牵引电能的比率为0.000 8。低峰期间,当列车上行时,再生制动馈入电网电能占列车牵引系统输入能量的比率为0.47,制动电阻能耗占列车实际牵引电能的比率为0.000 9;当列车下行时,再生制动馈入电网电能占列车牵引系统输入能量的比率为0.42,制动电阻能耗占列车实际牵引电能的比率为 0.031 2。测试结果表明,列车无论是在高峰还是在低峰期间运行,电阻制动实际工作的次数非常少。在高峰期只有上行第 13 个区间有一次明显的电阻制动,制动电阻消耗 10.5 kW·h 电能。低峰期只有下行第 5 个区间有一次明显的电阻制动,制动电阻消耗 3.1 kW·h 电能。广州地铁 1 号线目前列车牵引系统输入能量在制动时有大约 48% 反馈回电网用于其他列车消耗,在"列车实际牵引电能中有大约 2.9% 被制动电阻消耗。

西南交通大学曾之煜的硕士论文提到某城市轨道交通线路不通行车对数下列车制动能量及利用情况,指出初期(12 对/h)、近期(18 对/h)时列车制动再生效率分别为 38.1% 和 47.06%。再生制动效率调研数据归纳如表 3-7 所示。

表 3-7   再生制动效率调研

调研线路或出处	行车对数/(对·h^{-1})	再生制动效率
SES 用户手册	24	47%
SES 用户手册(斯德哥尔摩地铁)	非高峰期	25%
《上海轨道交通节能与环保建设指导意见》(2007 年 1 月 25 日试行)	—	平均 27%
广州地铁 1 号线实测	19	52.40%
广州地铁 1 号线实测	11	42%
上海地铁 2 号线实测	20	44.70%

综上,再生制动效率与行车对数有关,其再生效率通常在 25% 以上。

2) 逆变回馈再生制动

逆变回馈再生制动的原理是当列车发车密度小导致再生制动能量不能被相邻列车吸收而使接触网压升高至一定值时启动逆变装置,将多余再生直流电能逆变成工频交流电回馈至交流电网,此时多余的能量就不需通过制动电阻吸收。当行车对数合适、再生制动能量都被相邻列车吸收时,其再生制动反馈效率与常规再生制动一致;当行车对数较小、多余的再生电能促使接触网压升高时,启动逆变装置,多余的电能通过逆变回馈至交流电网,而不需要启动电阻来消耗多余电能,电阻也不会向隧道散热。

当采用逆变回馈再生制动时,列车散热只由空调冷凝器、克服风阻、机械摩擦阻力产生的热量构成,此时的反馈效率非常高,反馈效率与行车对数无关。对郑州地铁 1 号线的逆变回馈再生制动装置的再生制动效率进行了实测,研究表明,当逆变回馈再生制动与电阻吸收装置并存时,电阻几乎不动作,其再生制动效率通常在 50% 以上。

3. SES 数值模拟

我们以长沙地铁 6 号线为案例进行分析,该线初、近、远期采用 A 型车 6 辆编组,列车最高运行速度为 100 km/h。利用 SES 软件对再生制动效率取 25%、40%、50% 分别进行计算,以确定本工程是否可以取消轨底风道及取消后排热风机配置。对取消轨底风道有如表 3-8 所示建议。

表 3-8　　　　　　　　　　　　取消轨底风道建议

序号	车型	最高速度/(km·h^{-1})	再生制动效率	能否取消轨底风道	排热风机配置/(m^3·s^{-1})
1	A,B	80,100	25%	否	—
2	A,B	80	40%	能	40
3	A,B	100	40%	否	—
4	A,B	80,100	50%	能	30

实际工程中,由于线路、行车、车辆等基础资料有差异,不能完全照搬上述结论,应根据具体情况决定是否取消轨底风道。取消轨底风道后的排热风机配置应根据线路、行车、车辆等资料展开计算确定。

3.3.2　排热风机的运行频率设定

排热风机的运行能耗不仅与近远期列车运行对数、客流有关,同时也受区间隧道内外环境温度影响。正常工况下,排热风机通常采用变频运行,实际运行中根据初、近、远期线路实际运行情况以及运营管理经验,调节排热风机的运行状态,以达到环控设备节能经济运营的目的。当室外温度高于车站隧道温度或低于 12℃时,应关闭排热风机。

目前,很多地铁车站排热风机配备了电控柜并设置有频率控制器,同时设有工频旁通功能。电控柜本地无可编程逻辑控制器(Programmable Logic Controller,PLC)控制模块,风机的频率控制信号由 BAS 系统远程人为给定,且在地铁运营过程中保持不变。

排热风机虽然可以进行频率控制,但频率是人为设定的,不能进行实时调节。实际上,排热系统的风量应该根据实际的排热需求进行改变。例如,当列车处于车站轨行区时,排热需求较大,需要按照设计风量进行排热;而当列车不处于车站轨行区时,排热需求会降低甚至不需要进行排热,此时可以降低排热风机的运行频率或者关闭排热系统。

第一种方式可以和到屏蔽门开关的信号连锁,将屏蔽门开关信号作为变频运行的依据。当屏蔽门打开时,排热风机按 50 Hz 运行;当屏蔽门关闭后,排热风机延时 20 s 后降低到 20 Hz 运行。

第二种方式采用光电传感器检测列车进站。当光电传感器检测到列车车头进站后,排热风机按 50 Hz 运行;当光电传感器检测到列车车尾出站后,排热风机降低到 20 Hz 运行。

第三种方式根据行车对数确定排热风机的变频运行状态。例如,当行车对数在 15~20 对/h 时,排热风量为额定风量的 60%,频率为 30 Hz;当行车对数在 21~25 对/h 时,排热风量为额定风量的 80%,频率为 40 Hz;当行车对数在 26~30 对/h 时,排热风机为额定风量的 100%,频率为 50 Hz。

笔者对典型车站排热系统进行了调研与现场测试。根据该站排热系统的运行现状，提出了基于列车时刻表的排热系统优化控制方案，并对该优化控制方案的节能潜力进行了评估。结果表明，采用全年变频运行的方案，排热风机一年节能率达37%，车站排热风机的节能能力非常可观。

3.4 区间隧道通风系统节能设计

区间隧道通风系统正常工况下运行模式通常按初、近期设计工况，每天早、晚各开启一次，全线隧道风机正(反)转运行30 min。运行模式如下：关闭车站的隧道排风系统(轨顶、轨底)，区间隧道通风系统切换至机械通风状态，开启车站两端的隧道风机(共4台)，同时向隧道内送风或排风，其中相邻车站的风机运行方向相反，在站间区间隧道内形成纵向的推、挽式通风气流进行通风。

其中，早通风作用主要是每天清晨运营前半小时开启通风，利用清晨室外的冷空气对地铁隧道进行预冷却和通风，排除夜间因维检修作业所产生的污染物；晚通风作用主要是在夜间收车后进行半小时的排热和机械冷却通风，用于排除日间列车运行产生的污染物及日间没有完全排除的余热量。早晚通风的另一作用是检查隧道风机等设备的运行状况，以确保突发事故时设备能及时投入使用。

但在进行地铁隧道通风方案设计时，均按远期设计工况及事故工况设计选型。在正常工况运行时，设备容量往往过大，能耗较高，因此该运行模式存在以下问题：

(1) 运行能耗较大。早、晚通风模式中投入运行的区间隧道风机数量多，以一条20个地下车站的地铁线路为例，若每天早晚开启80台(按90 kW/台计)隧道风机，早晚各运行半小时，则每年运营费用高达184万，能耗较大。

(2) 运行噪声影响。受地铁运行时间影响，早、晚通风处于凌晨或夜间，同时隧道风机噪声较大，尽管设计时已对设备噪声进行消声处理，满足国家标准，但依旧容易对活塞风亭周边住户的生活造成噪声干扰，一些已运营的线路就接到不少类似投诉。

因此，无论是从节能角度还是从降噪角度，当前隧道通风系统均有必要进行优化。

3.4.1 早晚隧道通风

以南方某城市地铁线路为研究对象，该地铁线路采用B型车、6辆编组；最大断面客流35 000人/h；最大行车间隔120 s，车站停站时间25 s。该线路隧道通风系统按照双活塞方式布置。

在控制模式模型中选取$5^\#$～$12^\#$站，共8个车站，针对7种不同模式工况，从区间长度和通风量两个方面对每种工况逐一进行分析优化。

1. 通风区段受相邻区段的影响分析

1）模式一工况

开启 5#～8# 共 4 个车站区间内的隧道风机，9#～12# 共 4 个车站隧道风机关闭，其中，5#、7# 站送风，6#、8# 站排风；每个车站开启车站两端的区间隧道风机共 4 台，同时向两条隧道内通风，并将车站排热风机关闭。

2）模式二工况

将 8 个车站区间内的隧道风机全部开启，其中，5#、7#、9#、11# 站送风，6#、8#、10#、12# 站排风；每个车站开启车站两端的区间隧道风机共 4 台，同时向两条隧道内通风，并将车站排热风机关闭。

3）结果比较

从模拟结果比较中可以看出，开启 4 个车站或者 8 个车站，对于 5#～8# 车站相邻区间的气流情况而言是相同的，这就说明在早晚通风模式中，已开启的两个车站区间风速并不受其他车站的通风模式影响。详细的数据对比见表 3-9。

表 3-9　　模式一、二工况区间风量和风速对比

所在位置		区间风量/(m³·s⁻¹)		区间风速/(m·s⁻¹)	
位置	编号	模式一	模式二	模式一	模式二
5# 车站（送风）	70	8.3	5.6	0.34	0.23
	72	6.7	3.9	0.35	0.35
5#—6# 站区间	75	66.5	63.6	2.86	2.73
6#（排风）	85	5.9	3.0	0.25	0.12
	87	6.7	3.2	0.35	0.17
6#—7# 站区间	90	−53.7	−57.3	−2.31	−2.46
7# 站（送风）	100	6.5	2.7	0.27	0.11
	102	5.4	1.3	0.29	0.07
7#—8# 站区间	105	65.6	61.2	2.82	2.63
	106	65.9	61.4	2.83	2.64
8# 站（排风）	115	5.9	1.0	0.24	0.04
	117	7.3	2.0	0.39	0.10
8#—9# 站区间	120	−52.6	−58.3	−2.26	−2.50
9# 站（送风）	130	—	2.0	—	0.08
	132	—	0.9	—	0.05
9#—10# 站区间	135	—	61.1	—	2.62

续表

所在位置		区间风量/(m³·s⁻¹)		区间风速/(m·s⁻¹)	
位置	编号	模式一	模式二	模式一	模式二
10#站(排风)	145	—	0.8	—	0.03
	147	—	2.0	—	0.10
10#—11#站区间	150	—	−58.2	—	−2.50
11#站(送风)	160	—	1.5	—	0.06
	162	—	1.2	—	0.06
11#—12#站区间	165	—	61.6	—	2.65

2. 通风区段长度的影响分析

1) 模式三工况

开启其中的 7 个车站,关闭 9# 车站。其中,5#、7#、10#、12# 站送风,6#、8#、11# 站排风;每个车站开启车站两端的隧道风机共 4 台,同时向两条隧道内通风,并将车站隧道排热风机关闭。

2) 模式四工况

开启其中的 6 个车站,关闭 8#、9# 车站。其中,5#、7#、11# 站送风,6#、10#、12# 站排风。每个车站开启车站两端的隧道风机共 4 台,同时向两条隧道内通风,并将车站隧道排热风机关闭。

3) 结果比较

对模式二至模式四的区间风量与风速进行对比(表 3-10),可以看出:

(1) 在开启 5#~12# 车站的情况下,关闭中间 1 个车站或 2 个车站,对其他区间的风量和风速基本没有影响。

(2) 当增加其中一个通风区段长度时,将会引起并联支路阻力的变化,进而导致风量的重新分配,长度增加的区段风量减少,其他区段的风量略微有所增加。当长度增加 1 倍时,风量大约减少 7%;当长度增加 2 倍时,风量大约减少 10%。

(3) 早晚隧道通风区间风量基本在 57~61 m³/s;区间风速基本在 2.5 m/s。

表 3-10　　　　　　　　模式二至模式四区间风量和风速对比

所在位置		区间风量/(m³·s⁻¹)			区间风速/(m·s⁻¹)		
位置	编号	模式二	模式三	模式四	模式二	模式三	模式四
4#—5#站区间	68	−54.2	−52.9	−58.4	−2.33	−2.27	−2.51
5#—6#站区间	70	63.6	65.1	59.2	2.73	2.79	2.54
6#—7#站区间	90	−57.3	−55.5	−63.2	−2.46	−2.38	−2.72

续表

所在位置		区间风量/(m³·s⁻¹)			区间风速/(m·s⁻¹)		
位置	编号	模式二	模式三	模式四	模式二	模式三	模式四
7#—8#站区间	105	61.2	63.4	54.1	2.63	2.72	2.33
	106	61.4	63.7	54.1	2.64	2.74	2.33
8#—9#站区间	120	−58.3	−55.3	50.4	−2.50	−2.38	2.17
9#—10#站区间	135	61.1	−54.7	54.4	2.62	−2.35	2.34
10#—11#站区间	150	−58.2	63.6	−63.9	−2.50	2.73	−2.75
11#—12#站区间	165	61.6	−59.4	59.1	2.65	−2.55	2.54
12#—13#站区间	180	−56.6	58.2	−58.6	−2.43	2.50	−2.52
平均风量/风速		59.4	59.2	57.5	2.55	2.54	2.48

3. 风量不同对气流组织的影响

1) 当同时减少所有站的通风量时的工况

(1) 模式五工况。

开启隧道通风的4个车站,其中,5#、7#站送风,6#、8#站排风。4个车站只开启车站两端对角的2台风机,分别向2条隧道通风并将车站隧道排热风机关闭。

(2) 模式六工况。

开启隧道通风的4个车站,其中,5#、7#站送风,6#、8#站排风。4个车站只开启车站右端的2台风机,分别向2条隧道通风并将车站隧道排热风机关闭。

(3) 结果比较。

模式五和模式六工况中车站的送排风量比模式一至模式四中的送排风量减少了约一半,相应区间的纵向风量也减少了约一半(表3-11)。

表3-11　　　　　　　　模式二、五、六工况区间风量和风速对比

所在位置		区间风量/(m³·s⁻¹)			区间风速/(m·s⁻¹)		
位置	编号	模式五	模式六	模式二	模式五	模式六	模式二
4#—5#站区间	68	−26.8	−25.1	−54.2	−1.15	−1.08	−2.33
5#—6#站区间	70	34.5	33.3	63.6	1.48	1.43	2.73
6#—7#站区间	90	−27.5	−26.4	−57.3	−1.18	−1.14	−2.46
7#—8#站区间	105	34.2	32.9	61.2	1.47	1.41	2.63
	106	34.4	33.1	61.4	1.48	1.42	2.64
8#—9#站区间	120	−27.0	−25.5	−58.3	−1.16	−1.10	−2.50
平均风量/风速		30.7	29.4	59.3	1.32	1.26	2.55

2) 当个别车站通风量减少时的工况:模式七工况

开启隧道通风的 4 个车站,其中,5#、7# 站送风,6#、8# 站排风;7# 站只开启车站右端的 2 台隧道通风机分别向 2 条隧道通风,其余车站均开启 4 台隧道通风机分别向 2 条隧道通风;并将所有车站的车站隧道排热风机关闭(表 3-12)。

表 3-12　　　　　　　模式二与模式七工况区间风量和风速对比

所在位置		区间风量/($m^3·s^{-1}$)		区间风速/($m·s^{-1}$)	
位置	编号	模式七	模式二	模式七	模式二
4#—5# 站区间	68	−30.9	−54.2	−1.33	−2.33
5#—6# 站区间	70	88.8	63.6	3.82	2.73
6#—7# 站区间	90	−27.7	−57.3	−1.19	−2.46
7#—8# 站区间	105	39.2	61.2	1.68	2.63
	106	39.3	61.4	1.69	2.64
8#—9# 站区间	120	−76.9	−58.3	−3.30	−2.5
平均风量/风速		50.5	59.3	2.17	2.55

由表 3-12 可知,相对模式二,模式七大部分区段的风量均减少。

4. 分析结论

从以上的模拟工况分析可见,周边区段的通风情况对目标通风区段的影响很小,但目标区段内的纵向风量分配会受区间长度和车站送排风量的影响而变化。

在各站均开启 4 台隧道风机的情况下,增加区间长度将会导致换气次数减少,换气时间增加。区间长度与换气时间之间的关系见表 3-13。

表 3-13　　　　　区间隧道换气次数、换气时间与区间长度关系

区间长度/m	换气时间/s	半小时换气次数/次	区间长度/m	换气时间/s	半小时换气次数/次
1 000	400	4.5	2 500	1 000	1.8
1 500	600	3	3 000	1 200	1.5
2 000	800	2.25	4 000	1 600	1.125

注:设隧道断面积为 22 m^2、区间纵向风量为 55 m^3/s(每站开 4 台隧道风机),当车站只开启 2 台隧道风机时,那么换气次数也会相应减半。

3.4.2 区间隧道通风系统节能设计优化

在运行模式优化方面,区间隧道通风系统节能设计在确定早晚通风标准后,可以根据通风区段的长度,结合站间距进行组合,以减少参与的车站数及风机的运行台数,从而降

低能耗。对于个别有噪声投诉风险的车站,也可以按照上述原则来进行调整。同时,应尽量控制隧道通风的运行时间在当地电价的波谷段。

对于早间通风,考虑到隧道风机开启完毕后将直接开始全天的运营,因此其通风时长完全可以按照隧道区间内气体全部置换一次的时间来执行,即通过估算全线隧道区间的空间总体积及单位时间内全线隧道风机的总排风量,计算隧道风机每天早间通风需要运行的时间。

同时,《地铁设计规范》(GB 50157—2013)规定,对建有屏蔽门系统的车站隧道区间,其温度不应该超过 40℃;国内部分设计部门所制定的设计标准要求隧道区间的 CO_2 浓度不应该超过 1.5‰。因此,可由地铁的综合监控系统根据环控系统实时监测的隧道区间温湿度和 CO_2 浓度来判断是否需要启动隧道通风系统。通过这种方式可以完全融合阻塞工况通风和早晚换气通风。根据综合监控系统采集的隧道区间平均温度和 CO_2 平均浓度,经过运算可确定全线哪些站点需要开启隧道通风系统,当隧道区间内环境改善至符合要求后,再实时关闭隧道风机。这样就可兼顾运营质量及节能措施,从而降低因不合理的规章制度带来的能耗。

此外,在调整时应当注意不同区段面积、长度的匹配以及各送排风点的风量匹配。其中,送排风量匹配的影响因素比区段长度匹配的影响因素更为重要,因此应尽量避免送排风量不匹配的情况。

对于设了中间风井的长区间模式,我们需考虑以下两个问题:

(1) 当区间总长度超过 2 km 时,换气时间会比较长。

(2) 中间风井只配置 2 台隧道风机,比车站的配置风量减少一半。如果将中间风井视为与车站相同的送排风来处理,则纵向风量的分配模式与模式七工况相同,这样就会导致中间风井相邻区段的风量分配存在不均衡的情况,并且影响范围较为广泛。

为减少中间风井的影响,可以采用以下两种处理方法:

(1) 当只有一个中间风井(长度一般小于 4 km)时,可关闭中间风井,并且适当延长该区间的早晚通风时间。

(2) 当存在多个中间风井时,长度的不匹配将对风量平衡有较大的影响。当早晚通风时间较长时,可分区段以不同的风量组织分析。

4 控制系统节能技术

4.1 风水一体化控制系统

4.1.1 概述

从运营的安全角度考虑,地铁通风空调系统设备一般按照远期高峰客流进行配置,这导致初期装机容量偏大,运行时存在浪费的现象。地铁车站空调冷负荷是动态变化的,随车站每天各段时间客流的变化而变化,空调系统自动调节能力不足,也会导致空调在运行时浪费能源。因此,有效的地铁车站空调系统节能控制系统,对于节约能源、降低地铁运营成本具有重要意义。

地铁车站通风空调负荷受客流、行车、室外气象参数变化影响大,运营期间内不同时段负荷波动较大。由于风系统与空调水系统相互影响,如果对风系统和空调水系统进行完全独立控制,则系统难以稳定。风水一体化控制系统是一种在变负荷工况下,实现风系统与空调水系统协调工作,使系统整体以较低的运行能耗满足空调区域各项设定参数要求的节能控制系统。

风水一体化控制系统主要由风系统节能控制、水系统节能控制、风水一体化节能控制三部分组成。风水一体化控制系统协同工作实现原理如图4-1所示。风水一体化控制系统主要适用于以水作为冷媒、末端负荷变化较大的集中式空调系统自动控制,以降低空调系统能源消耗,实现整个空调系统以较低的能耗满足功能需求的目的。

风水一体化控制系统可分为风水一体化变温度控制系统及风水一体化变流量控制系统。风水一体化变温度控制系统和风水一体化变流量控制系统可以单独实施,也可以共存于一个系统中,根据不同的运行工况切换运行。

风水一体化变温度/变流量控制系统是一种当末端负荷发生变化时,空调风系统和水系统协同配合,通过系统自动控制改变系统输送介质的温度/流量,使系统整体以较低的运行能耗满足空调区域各项设定参数(温度、湿度、空气品质)要求的空调系统。风水一体化变温度控制系统包括送风变温度输配系统、冷却水变温度输配系统及冷冻水变温度输配系统(图4-2);风水一体化变流量控制系统包括变风量输配系统、冷却水变流量输配系统及冷冻水变流量输配系统。

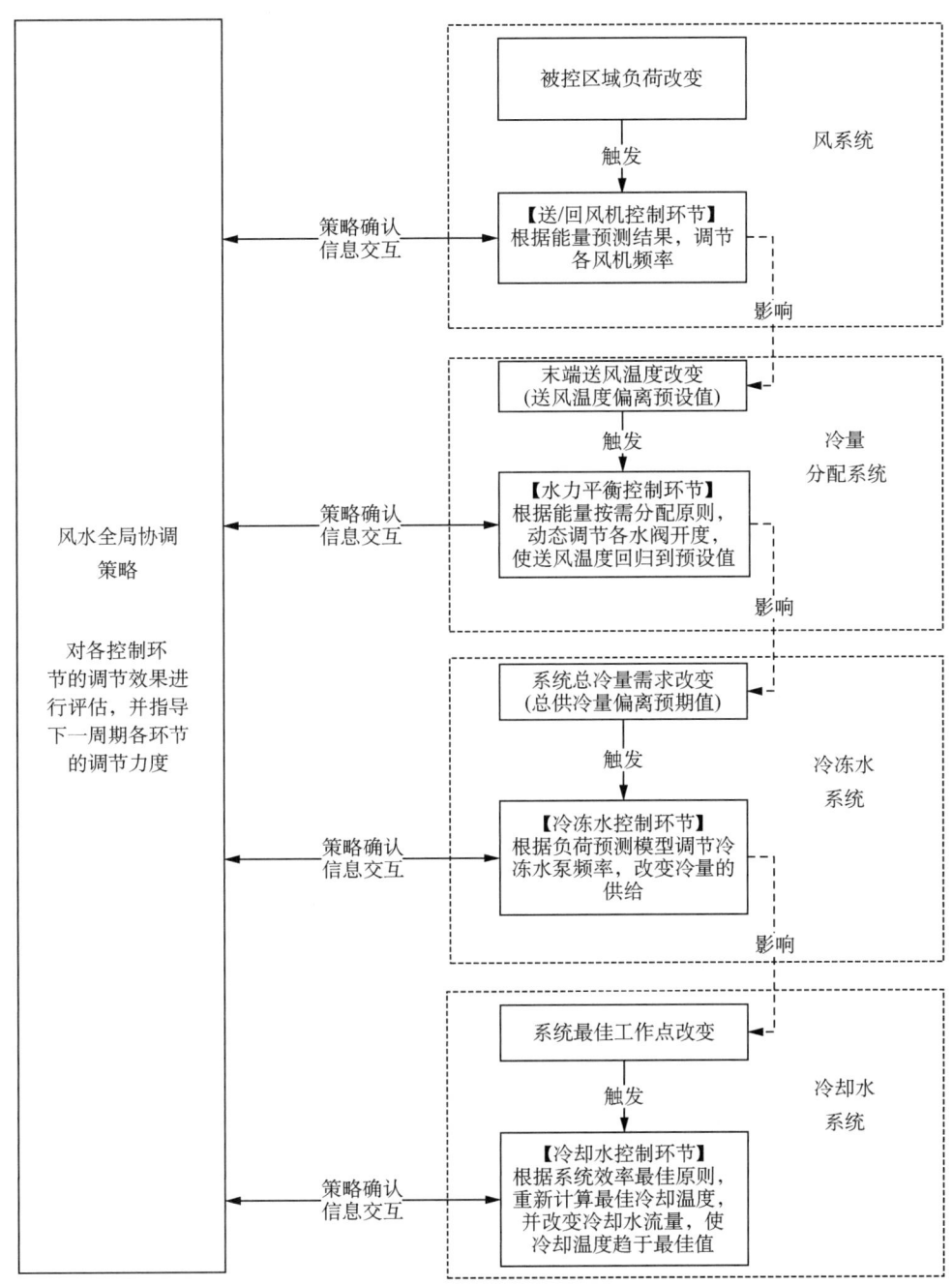

图 4-1 风水一体化控制系统协同工作实现原理

4.1.2 冷冻水节能控制策略

1. 空调冷冻水系统

空调冷冻水是风—水空调系统的重要组成部分,连接着制冷主机和末端空调器,起着

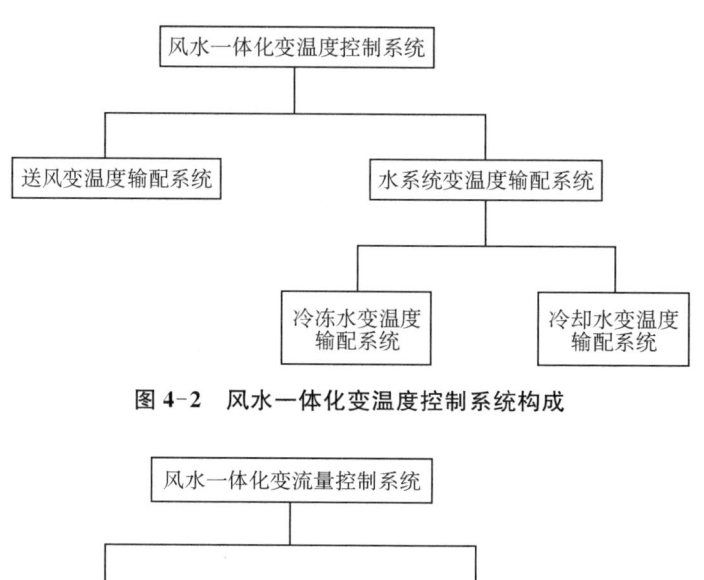

图 4-2 风水一体化变温度控制系统构成

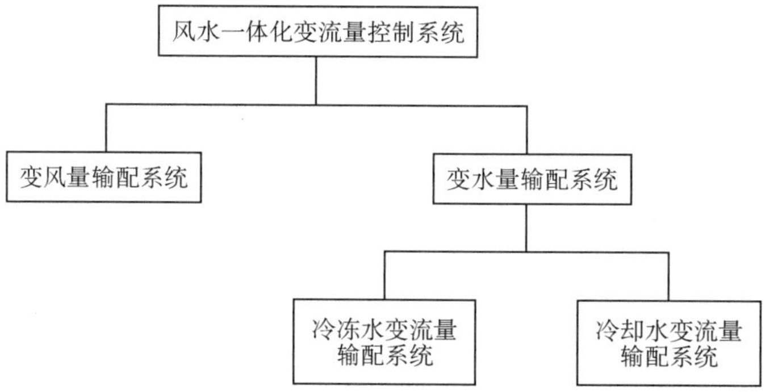

图 4-3 风水一体化变流量控制系统构成

承上启下的作用。空调冷冻水系统的高效运行,对于提升空调系统的能效有着举足轻重的作用。近年来,众多设计者认识到要提升空调系统能效,首先需要考虑如何提升系统整体能效,而不是一味地考虑某一设备或某一部分的能效,因此空调冷冻水系统在设计时既要考虑如何降低自身能耗,同时也需要考虑空调水系统对于制冷主机及空调末端的影响。地铁车站水系统有其自身特点,为了节省空间,一般都是异程式,末端装置的位置差异较大造成了冷冻水侧空调系统能耗过大。主要产生出以下问题:

(1) 输配系统造成的水力损失;
(2) 供给过量造成的小温差现象;
(3) 盘管换热能力不足导致冷冻水供水量过大;
(4) 冷冻水供水温度过高导致冷水机组效率低下。

针对上述问题,提高系统效率的主要途径如下:

(1) 合理设计管路系统,尽量减小管路水力损失;
(2) 采用大温差输配技术,降低输送能耗;
(3) 通过自动控制确保按需供给,避免小温差现象;
(4) 合理计算选型末端设备盘管,提高末端设备换热能力,降低输送能耗;
(5) 采用低温输配技术,降低冷冻水供水温度,提高换热效率并降低制冷主机能耗。

2. 空调冷冻水变流量系统

空调冷冻水变流量系统是通过数学模型预测末端负荷变化或将冷冻水供水量与末端设备需求联系起来，控制系统自动调节冷冻水输配水量，实现按需供冷，以降低系统能耗的一种控制方案。

冷冻水输配水量的调节主要依赖于各类传感器、冷冻水泵及末端控制阀。冷冻水泵采用变频控制；冷冻水末端控制阀种类繁多，主要有电动二通阀、动态平衡电动调节阀、动态冷量调节阀等。

动态冷量调节阀变流量系统是风水一体化变流量控制系统中冷冻水控制方案中的一种，主要适用于末端负荷动态变化的风—水空调系统的空调冷冻水一次泵变流量系统控制。动态冷量调节阀变流量系统是风水一体化变流量控制系统的一部分，需与其他部分共同协作运行，确保整个系统在满足功能的基础上高效运行。动态冷量调节阀变流量系统的实施基于以下两个条件：

（1）变风量输配系统在末端空调器送风温度不变的前提下，通过改变送风量，调节室内环境的温湿度达到设计工况。

（2）冷冻水变流量输配系统稳定冷冻水供水温度不变，通过改变输配水量，维持末端空调器的送风温度在设计值范围内。

1）动态冷量调节阀

（1）阀门构成。

动态冷量调节阀构成如图4-4所示，由流量传感器、温度传感器、电动调节阀和DDC控制器四个部分组成。

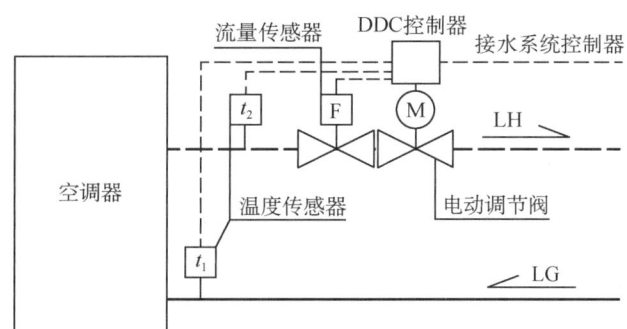

图4-4 动态冷量调节阀

① 流量传感器。流量传感器设置在冷冻水回水管上，用于测量末端管道冷冻水的瞬时流量。

② 温度传感器。温度传感器分别设置在冷冻水的供（t_1）、回（t_2）水管道上，用于测量供/回水管道的实时温度。

③ 电动调节阀。电动调节阀采用可电动调节的等百分比特性调节阀。等百分比特

性调节阀能使阀门开度和散热器换热量之间保持良好的线性关系,减少系统调节的波动时间,使系统较快地趋于稳定。

④ DDC控制器。DDC控制器集成于调节阀执行器上,内置数据处理单元,能根据外部输入信号或预先设定值控制阀门的开度、流量或输送热量。集成DDC控制器的调节阀具备远程控制和现场手动控制功能,调节范围为设计值的30%～100%。

(2) 阀门功能。

动态冷量调节阀可以检测、存储和远传冷冻水供/回水温度、流量、阀门开度等信息,具有流量控制、冷量控制、温差控制功能。

① 流量控制。动态冷量调节阀根据接收到的流量信号,通过流量传感器检测和DDC控制器计算,调节阀门的开度,为设备提供需求的水量。当动态冷量调节阀未收到调整流量信号时,即使阀门前后压差发生变化,阀门也能维持流量不变。

② 冷量控制。动态冷量调节阀根据接收到的冷量信号,通过测量供/回水温度差和冷冻水流量,DDC控制器自动计算,调整阀门的流量,为设备提供需求的冷量。当动态冷量调节阀未收到调整冷量信号时,即使阀门前后压差或者供/回水温度发生变化,阀门也能维持对设备提供的冷量不变。

③ 温差控制。动态冷量调节阀可以进行温差管理控制,通过将供/回水温差与设定值进行对比,调整阀门的流量,使供/回水温差维持在设定温差范围内。温差控制具有优先管理权限,在流量控制或冷量控制调整进程中,当供/回水温差偏离设定范围时,不再执行流量控制或冷量控制信号。

2) 系统运行原理

当空调区域负荷需求发生变化时,风系统控制器通过计算得出设计送风状态下空调区域所需的送风量,控制空调机组变频改变送风量。水系统控制器以空调器出风温度为判断依据,根据当前冷冻水供/回水温度、冷冻水量,计算出空调机组所需冷冻水变化量,并命令动态冷量调节阀调节流量,使空调机组送风温度稳定在设计值。若其他空调机组需求负荷无变化,动态冷量调节阀能自动调节维持各自机组的冷冻水量不变。水系统控制器巡检所有动态冷量调节阀的开度信息,根据设定程序调节冷冻水泵变频,为冷冻水系统提供所需水量。

3) 系统控制流程

冷冻水变流量系统控制流程如图4-5所示。

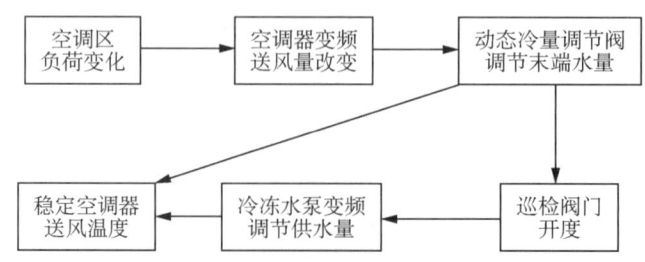

图4-5 冷冻水变流量系统控制流程

(1) 动态冷量调节阀控制。

当末端空调器送风温度偏离设计值时,动态冷量调节阀通过调节冷冻水量,稳定送风温度在设计偏差范围内,其控制流程如图 4-6 所示。

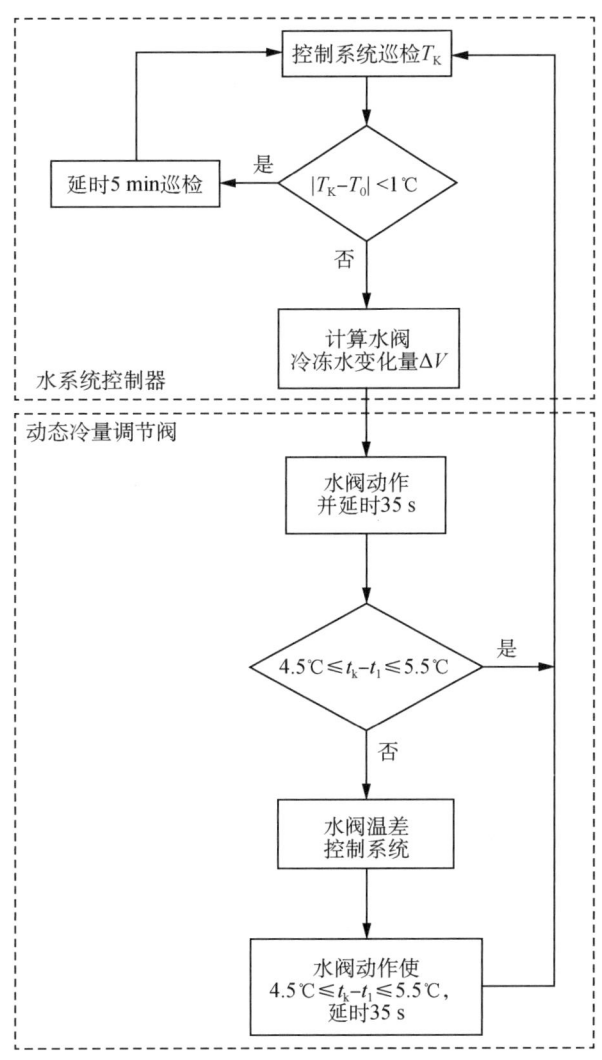

T_0—空调器干管设计送风温度,℃;T_k—当前时刻空调器干管送风温度,℃;t_1—冷冻水设计供水温度,取 7℃;t_2—冷冻水设计回水温度,取 12℃;t_k—当前时刻冷冻水回水温度,℃;V_k—当前时刻空调器冷冻水供水量,m^3/s;ΔV—当前时刻空调器冷冻水变化量,m^3/s

图 4-6 动态冷量调节阀控制流程

① 水系统控制器对比空调器干管送风温度 T_k 与设计值 T_0。

② 当 $T_k - T_0$ 处于 $-1 \sim 1$℃时,判定系统稳定,出风温度在正常波动范围内,延时 5 min 巡检 T_k 后,重复步骤①。

③ 当 $T_k - T_0$ 处于 $-1 \sim 1$℃外时,判定当前冷冻水供水量 V_k 不满足空调器冷量需求

（过剩或不足）。控制系统计算空调器所需冷冻水变化量 ΔV，并将信号下达至动态冷量调节阀。ΔV 计算公式如下：

$$\Delta V = \frac{t_k - t_2}{t_2 - t_1} V_k \tag{4-1}$$

④ 动态冷量调节阀根据控制系统的流量信号调整冷冻水流量，35 s（阀门单次调节最长时间）流量稳定后，动态冷量调节阀巡检冷冻水回水温度 t_k。

a. 当 $4.5℃ \leqslant t_k - t_1 \leqslant 5.5℃$ 时（设计温差为5℃，允许温差波动0.5℃），判定温差在设计波动范围内，重复步骤①。

b. 当 $t_k - t_1 > 5.5℃$ 时，判定出现大温差现象，供水量不足；当 $t_k - t_1 < 4.5℃$ 时，判定出现小温差现象，供水量过剩。在这两种情况下，动态冷量调节阀温差管理系统启动，自动调节流量，使 $4.5℃ \leqslant t_k - t_1 \leqslant 5.5℃$。35 s 后流量稳定，重复步骤①。

⑤ 直至 $T_k - T_0$ 在 $-1 \sim 1℃$ 时，判定系统稳定，水系统控制器延时 5 min 巡检空调器干管送风温度 T_k。

（2）冷冻水泵变流量控制。

① 总流量法。总流量法冷冻水泵控制流程如图4-7所示。

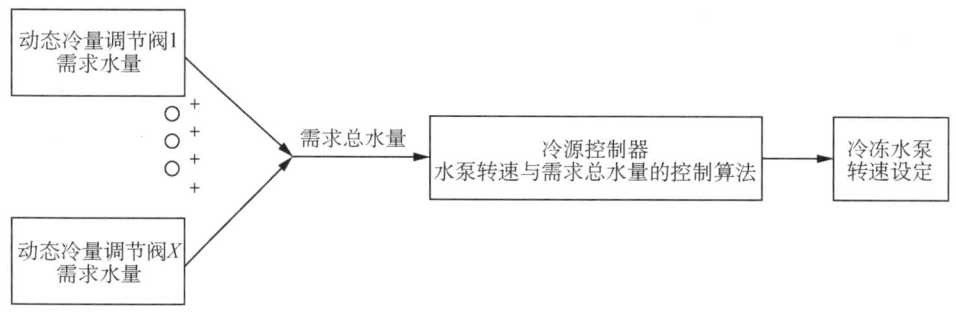

图4-7 总流量法冷冻水泵控制流程

a. 当一个或多个动态冷量调节阀需调节水量时，由水系统控制器计算出下一时刻末端所有动态冷量调节阀的需求水量，并求和得出总需求水量。

b. 根据总需求水量计算冷冻水泵对应的频率。

c. 水系统控制器向水泵控制柜发出变频指令，冷冻水泵按照计算频率运行。

此方法控制逻辑简单，虽能确保提供系统所需总冷冻水水量，但不能保证系统输送能耗最优。

② 开度控制法。开度控制法是通过调节系统输送水量调整末端水阀的开度，使末端水阀的开度保持在合理范围内，在确保末端空调器冷冻水需求的基础上，降低空调冷冻水系统输送能耗。冷冻水泵开度控制法控制流程如图4-8所示。

a. 控制系统巡检所有末端阀门的开度。

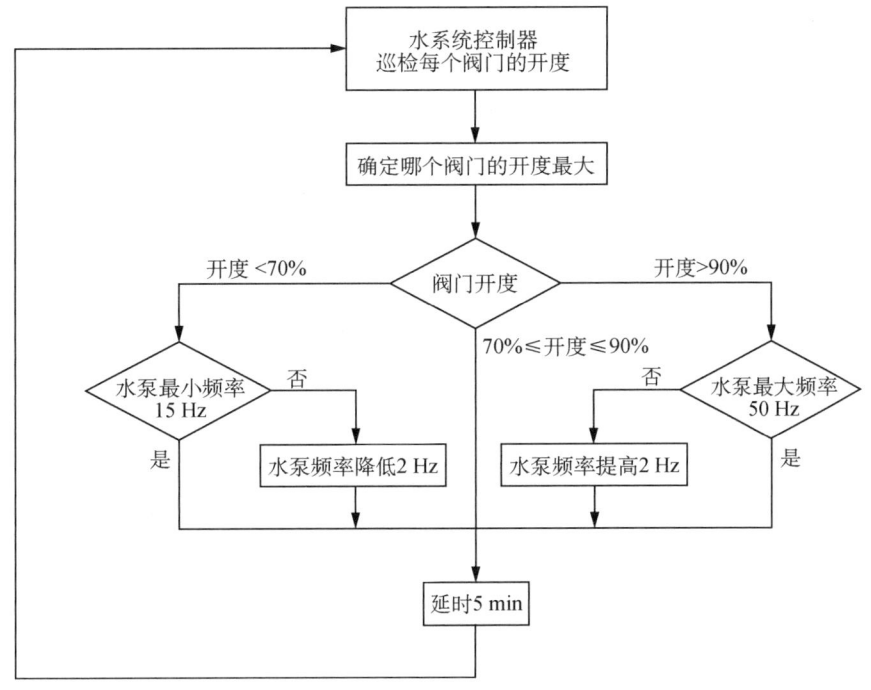

图 4-8 冷冻水泵开度法控制流程

b. 确定开度最大的阀门。

c. 当阀门开度在 70%～90% 时,水泵运行频率不变。

d. 当阀门开度小于 70% 时,若水泵运行频率大于 15 Hz(最低运行频率),频率降低 2 Hz(可设置),控制系统延时 5 min 后重复步骤 a;若水泵运行频率等于 15 Hz,水泵频率不变,控制系统延时 5 min 后重复步骤 a。

e. 当阀门开度大于 90% 时,若水泵运行频率小于 50 Hz(最高运行频率),频率提高 2 Hz(可设置),控制系统延时 5 min 后重复步骤 a;若水泵运行频率等于 50 Hz,水泵频率不变,控制系统延时 5 min 后重复步骤 a。

开度控制法在满足末端各环路压力和流量需求的同时,使系统的输送能耗处于较低水平。

(3) 冷水机组安全保护。

为保护冷水机组的安全运行,防止蒸发器冻结,机组对蒸发器侧有最低流量限制。变频冷水机组蒸发器侧流量的下限值一般为额定流量的 30%(不同产品间存在差异)。

① 流量保护原理。变流量系统冷水机组流量保护主要通过压差旁通阀实现,旁通阀采用带有流量传感器的电动调节阀,设置于分水器和集水器之间的联通管上。阀门具有开启、关闭、远传流量信号、接收流量信号、调节流量的功能。当末端空调器需求水量大于冷水机组冷凝器流量下限值时,控制系统命令旁通阀处于关闭状态。当末端空调器需求水量小于冷水机组冷凝器流量下限值时,控制系统命令旁通阀开启,并通过调整旁通阀流

量,使冷冻流量处于冷水机组安全流量范围(图 4-9)。

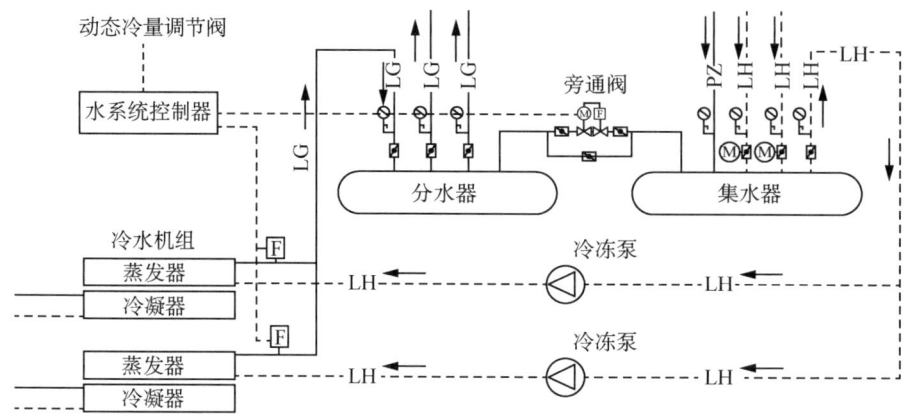

图 4-9 冷水机组蒸发器流量保护原理

② 流量保护控制流程。冷水机组流量保护控制流程如图 4-10 所示。

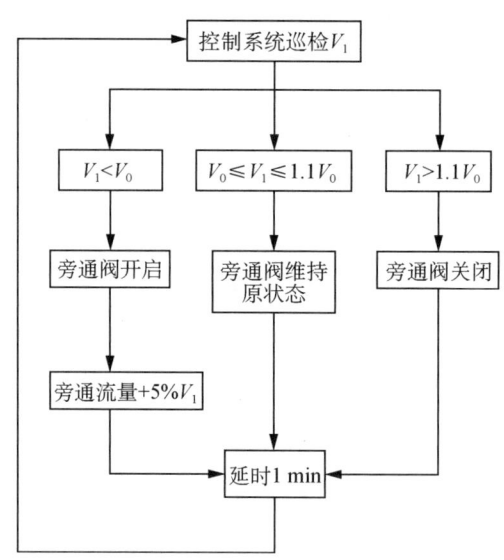

V_0—冷冻水系统设计最低流量,取 1.2 倍设备标定最低值;V_1—冷水机组蒸发器实时流量

图 4-10 冷水机组流量保护控制流程

a. 控制系统巡检冷水机组蒸发器流量 V_1,与设计最低保护流量 V_0 对比。

b. 当 $V_1 < V_0$ 时,控制系统命令压差旁通阀开启,阀门旁通流量增加 5% V_1,延时 1 min 后重复步骤 a。

c. 当 $V_0 \leqslant V_1 \leqslant 1.1V_0$ 时,控制系统命令旁通阀维持原状态,并延时 1 min 后重复步骤 a。

d. 当 $V_1 > 1.1V_0$ 时,控制系统命令旁通阀关闭,并延时 1 min 后重复步骤 a。

4）系统水力平衡

（1）水力失调与水力平衡。

① 水力失调。

水力失调是水力失衡引起运行工况失调的一种现象。水利失调表现为末端设备流量偏离设计值，使系统和设备效率降低，造成能源消耗增加。水利失调可分为静态和动态两种类型。

a. 静态水力失调是水系统自身固有的，它是管路系统特性阻力系数的实际值偏离设计值导致的。

b. 动态水力失调是非水系统自身固有的，而是在系统运行过程中产生的。动态水力失调是因某些末端设备的阀门开度改变，在导致流量变化的同时，管路系统的压力产生波动，从而引起互扰使其他末端设备流量偏离设计值的一种现象。

② 水力平衡。

水力平衡的基本要求是：

a. 在设计工况下所有末端设备均应达到设计流量。

b. 系统中任何一组末端设备进行调节时，不会影响其他末端设备的正常运行。

c. 水系统平衡阀两端的压差不能有太大变化。

水力平衡可分为静态和动态两种类型。

a. 静态水力平衡。若水系统中所有末端设备的调节阀均处于全开位置，所有末端设备流量均能达到设计值，则可认定该系统已到达静态水力平衡。

b. 动态水力平衡。对于变流量系统而言，除须达到静态水力平衡外，还须较好地实现动态水力平衡，即在系统运行过程中，各个末端设备的流量均能随负荷变化达到瞬时要求流量，末端设备的流量只随设备负荷变化而变化，不受系统压力波动的影响。

（2）水力平衡设计。

① 水力平衡设计要求。

a. 尽可能通过系统布置和管径选择，减少并联环路之间的压力损失差值。系统管路布置时，应尽量保证平直顺畅，减少管道转弯和频繁变化高差。

b. 异程式水系统并联环路的不平衡率不宜大于15%；当超过时，应设置必要的流量调节或水力平衡装置。

② 水力平衡计算步骤。

a. 流量。根据已知冷负荷 Q 和规定供/回水温差 Δt，计算出每段管道的流量。

b. 管径。根据管道流量和允许流速范围，计算各管段的管径。管道流速选择时，管道比摩阻宜控制在 $100 \sim 300 \ \text{Pa/m}$，且不应超过 $400 \ \text{Pa/m}$。空调房间内空调水管道流速满足表4-1要求。

表 4-1　　　　　　　　　空调房间内空调水管道流速范围

管径/mm	20	25	32	40	50	65
流速/(m·s^{-1})	0.4~0.6	0.4~0.7	0.5~0.8	0.5~0.9	0.6~1.1	0.7~1.2
管径/mm	80	100	125	150	200	250
流速/(m·s^{-1})	0.8~1.4	0.9~1.6	1.1~1.8	1.2~2.0	1.5~2.5	1.7~2.9

c. 压力损失。根据流量和所选的管径,计算出各管段、管件的压力损失 ΔP。

d. 环路平衡验证。根据已得出的管道和管件压力损失、阀门和末端设备阻力,求出各并联环路的压力损失。根据最不利环路总压损 ΔP_1 与最有利环路总压损 ΔP_2,计算系统的不平衡率:

$$不平衡率 = \frac{\Delta P_1 - \Delta P_2}{\Delta P_1} \times 100\% \tag{4-2}$$

当水系统管路不平衡率大于15%时,可通过增大最不利环路管径或减小最有利环路管径,使之满足不平衡率不大于15%的要求。

③ 平衡阀选用注意事项。

a. 静态水力失调是由空调水系统自身的管路特性决定的,应尽量通过系统管路布置和管径选择使之达到不平衡率要求。当无法满足时,可使用手动平衡阀和自动流量平衡阀实现静态水力平衡。

b. 动态水力失调是空调水系统运行过程中产生的,通常通过电动二通阀、动态平衡电动调节阀、动态冷量调节阀等实现系统动态水力平衡。

c. 水系统平衡阀优先选用功能齐全的多功能平衡阀,如动态平衡电动调节阀、动态冷量调节阀等。

d. 平衡阀宜选用阀权度大的阀门。考虑到阀门的可调性和平衡阀阻力对系统能耗的影响,平衡阀阀权度一般取 0.30~0.50。

4.1.3　冷却水节能控制策略

1. 冷却水系统的工作原理

空调系统工作流程由以下三个环节构成:

(1) 冷量制造环节,主要由冷水机组、冷却塔、冷却水泵及相应的冷却水供/回水管网组成。

(2) 冷量输配环节,主要由冷冻水泵及相应的冷冻水供/回水管网组成。

(3) 冷量使用环节,主要由空调器、回排风机以及相应的空调送回风管组成。

空调系统换热过程如图 4-11 所示。根据空调系统的工作流程可知,冷冻水循环的作用是将室内环境的热量吸收进入空调系统；而冷却水循环的作用是将空调系统的热量（包括冷冻水吸收的热量和冷水机组消耗能量所产生的热量）排放到室外环境中去。

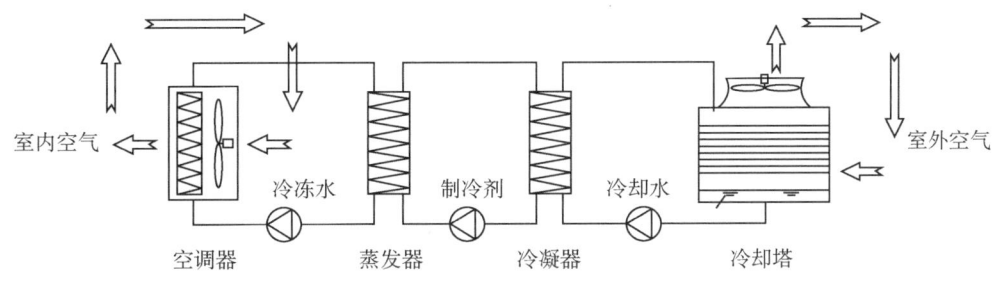

图 4-11 空调系统换热过程

冷却水循环过程中有两个重要的环节：一是在冷凝器中吸热，二是在冷却塔中放热。因此，冷却水的运行必然受这两个环节的影响。其中，冷凝器中热量的多少取决于蒸发器中由于制冷产生的热量的多少，这部分就相当于末端负荷的大小，所以冷凝器温度（冷凝器中点温度）受末端负荷和蒸发器温度的影响。而冷却水在冷却塔中的冷却过程是与大气进行热量交换的过程，这个过程受到大气气象条件的综合影响很大，其冷却效果随室外大气的温度、湿度、风速等多种因素的变化而不同，呈现出强烈的时变特性和不确定性。

2. 冷却水系统变流量运行的必要性

由冷却水系统工作原理可知，冷却水需要排走的冷凝热为空调区域的负荷与压缩机消耗的冷量和，计算公式为

$$Q = c_p \rho G (T_{out} - T_{in}) \tag{4-3}$$

式中　Q——冷却水排走的热量，kJ/h；

　　　G——冷却水的流量，m^3/s；

　　　c_p——水的定压比热容，J/(kg·K)；

　　　ρ——水的密度，kg/m^3；

　　　T_{in}——冷凝器冷却水进水温度，℃；

　　　T_{out}——冷凝器冷却水出水温度，℃。

显然，当空调系统的负荷发生变化时，需要通过冷却水排走的热量 Q 也在变化，如果冷却水的流量 G 始终保持不变，则冷凝器的冷却水进出水温差将发生变化，导致冷却水可能在大流量、小温差的低效率状态下运行。水冷式冷凝器的冷却水流量设计，通常是按照所需的最大散热量考虑的，因此，其额定流量通常为所需的最大流量。地铁空调系统在实际使用过程中，满负荷运行时间一般较少，大部分时间都在部分负荷下运行。如果冷却水流量一直在满负荷下运行，是很不经济的。

3. 冷却水系统变流量控制方法

1) 冷却塔风机变频控制

地铁车站空调冷却水系统中冷却塔风机功率比较小,且降低冷凝器进水温度有利于提高冷水机组的制冷性能。为提高冷水机组性能,应使冷却塔出水温度尽可能逼近室外空气湿球温度,即根据冷却塔出水温度与湿球温度的逼近度控制冷却塔风机的运行频率。当温差(逼近度)大于3℃(可根据工程实际情况调整)时,提高冷却塔风机频率;反之,降低冷却塔风机频率。另外,在冷却塔风机变频控制时,应保证冷却塔出水温度高于冷水机组允许的最低冷却水温度值 $T_{保护}$。冷却塔风机频率控制流程如图4-12所示。

2) 冷却水泵变频控制策略

目前,针对冷却水泵变频控制的方法主要有定温差控制法和冷凝温度控制法。定温差控制法是以冷却水进出水温差为设定值进行变流量控制的(即维持冷凝器进出水温差不变)。冷凝温度控制法是以冷却水出水温度为控制变量间接地控制冷水机组冷凝温度,冷凝温度控制法主要是通过以冷凝器出水温度为设定值进行控制的(即维持冷凝器出水温度保持不变)。

(1) 变频调节控制策略选择分析。

① 空调负荷率的影响。

冷却水的作用是吸收冷凝器中制冷剂冷凝时放出的热量,在冷却塔中与室外空气充分接触并进行热湿交换,降低温度后再回到冷凝器中,从而形成制冷循环。制冷剂在冷凝时放出的热量主要由压缩机做功和冷水机组负荷两部分组成。因此,冷水机组负荷 Q、冷却水流量 G、冷凝器的进水温度 T_{in} 与冷凝器的出水温度 T_{out} 之间的关系可由式(4-4)表示:

$$Q\left(1+\frac{1}{COP}\right)=c_p \rho G(T_{out}-T_{in}) \qquad (4-4)$$

式中,COP 为冷水机组的能效。

由式(4-4)可以看出,在室外气象参数一定的情况下,当冷却塔风机采用逼近度进行控制时,不同冷却水流量下的冷却塔出水温度大致相同,即冷凝器进水温度 T_{in} 是一个确定值。当选取合适的温差值时,定温差法控制下的冷凝器出水温度 T_{out} 与冷凝温度控制法下的冷凝器出水设定温度值 T_{out} 是一致的,因此,当室外气象参数一定、空调负荷发生变化时,采用定温差控制法和冷凝温度控制法调节冷却水流量的节能效果是一致的。

② 室外湿球温度的影响。

在空调负荷一定的情况下,当室外湿球温度降低时,冷机、冷却水泵、冷却塔风机都有可能受益。由于冷却塔风机采用逼近度进行控制,冷凝器进水温度随着室外湿球温度降

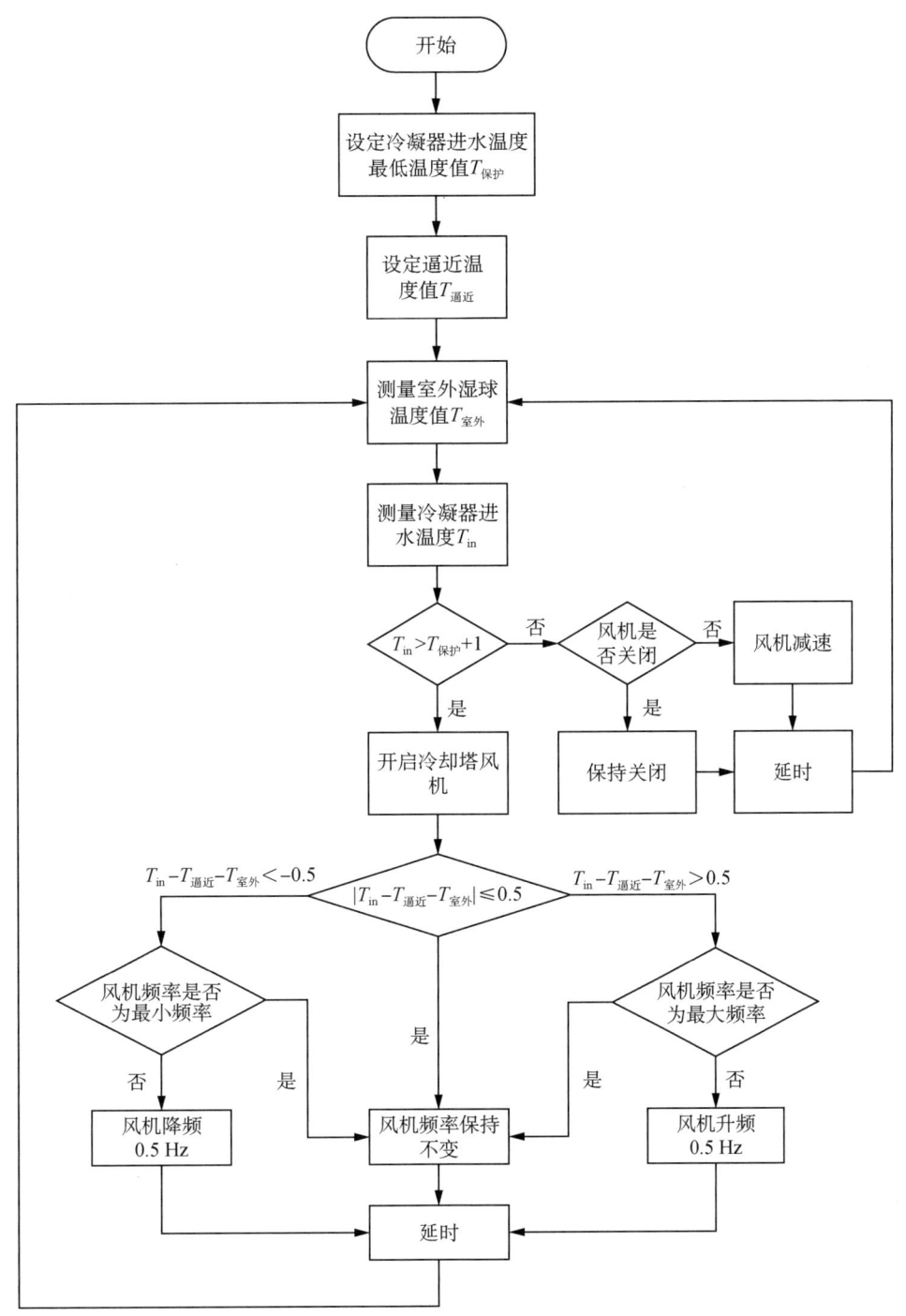

图 4-12 冷却塔风机频率控制流程

低而降低。由式(4-4)可以看出,当冷却水流量采用定温差法控制时,T_{in} 与 T_{out} 同时下降,$T_{out}-T_{in}$ 维持不变,因此冷却水流量也不会发生变化,但是冷水机组冷凝温度下降有利于冷水机组能效的提高。当采用冷凝温度控制法时,T_{out} 维持不变,$T_{out}-T_{in}$ 变大,冷却水流量降低,冷却水泵功率降低,冷凝温度变化不大甚至升高,冷水机组节能受益很少。

③ 水泵功率与冷机功率比值变化的影响。

冷却水变流量的节能效果主要受到冷机负荷率、冷机变流量性能、水泵及冷机电功率的影响。相关研究表明,当冷却水泵功率与冷机功率比值较大(10%以上)时,冷却水泵节能量大于因冷凝温度升高而增加的压缩机能耗,此时冷凝温度控制法节能效果最明显;当冷却水泵功率与冷机功率比值较小(小于10%)时,定温差控制法节能效果最明显;当功率比为10%时,冷凝温度控制法与定温差控制法节能效果相当。

(2) 冷却水泵变频控制策略。

地铁通风空调系统冷却水泵功率与冷机功率比值一般介于15%～20%,因此冷却水泵变频控制建议采用冷凝温度控制法。

冷却水泵最高运行频率为50 Hz,最低运行频率为30 Hz(冷却水泵频率的保护限值可按冷水机组的允许限值设定),冷凝器出水温度设定为37℃(可根据具体工程进行设定),冷却水泵控制流程如图4-13所示。

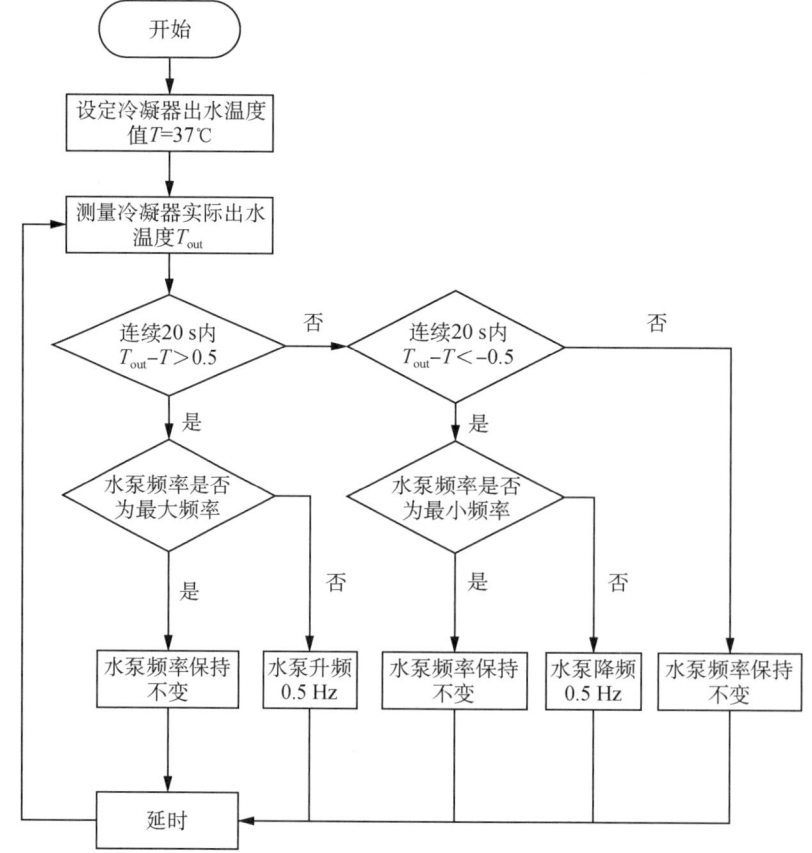

图4-13　冷却水泵频率控制流程

4. 冷却水系统的优化控制

采用冷凝温度控制法对冷却水系统流量进行调节,虽然有一定节能效果,但并不是最优的控制方法。最优控制方法应使冷水机组、冷却塔、冷却水泵的整体能耗最低。

1) 冷却水最佳温度

对于制冷主机,冷凝器的冷却水平均温度 T_Q[即中点温度,$(T_{out}+T_{in})/2$] 是冷却空调水系统的重要运行参数,T_Q 过高或过低对冷水机组都是不利的。如果 T_Q 过高,将使制冷剂蒸汽与冷却水之间的温差减小,导致传热、排热能力不足,使冷凝温度和冷凝压力升高,引起冷水机组效率下降。如果 T_Q 过低,使制冷剂蒸汽与冷却水之间的温差增大,导致传热、排热过快,又会造成冷凝温度和冷凝压力过低,引起热力膨胀阀前后压力差不足,使制冷剂流量过小,导致蒸发器缺液而无法正常工作。

冷量制造环节能耗主要包括冷水机组、冷却水泵和冷却塔三部分的能耗。这三者的能耗都与冷却水的温度密切相关。在一定范围内,降低冷却水温度有利于提高冷水机组效率、降低冷水机组的能耗,但冷却水温度的降低必将增大冷却水流量和冷却塔风量,导致冷却水泵和冷却塔的能耗升高。相反,升高冷却水温度,可能会降低冷水机组的效率、增大冷水机组的能耗,但可以适当减小冷却水流量和冷却塔风量,从而降低冷却水泵和冷却风机的能耗。

显然,当冷水机组、冷冻水泵、冷却水泵、冷却塔等设备确定后,在某一空调负荷和某一湿球温度下,冷却水温度不同,冷水机组的能耗是不同的,冷却水泵与冷却风机的能耗也是不同的,因而系统的总能耗也是不同的。但可以想到,在冷却水允许的最高温度与最低温度之间,一定存在一个使冷量制造环节能耗最低的温度 T_{Qm}。

2) 冷却水最佳温度的不固定性

在地铁车站空调季各种室外气象工况和冷水机组不同负荷工况下,使冷水机组、冷却水泵、冷却风机的综合能耗最低的冷却水温度(即最佳温度 T_{Qm})并不是一个固定不变的温度,它是随着各种因素的综合影响而变化的。

影响空调系统冷却水最佳温度 T_{Qm} 的因素很多,主要包括:①冷水机组排放的冷凝热;②室外环境温度;③室外环境湿度;④冷却水流量;⑤冷凝器传热特性;⑥冷却塔散热特性;等等。

在这些因素中,毫无疑问,冷水机组的冷凝热是影响冷却水温度高低的最主要因素。由能量的转化与守恒定律可知,空调系统的冷凝热等于冷冻水所吸收的空调房间的热量和冷水机组转移这些热量所消耗的功而产生的热量之和,也就是冷却空调水系统的排热负荷。冷凝器的排热量计算公式如下:

$$Q_k = Q_0 + N_1 \tag{4-5}$$

式中 Q_k——冷凝器的排热量,W;

Q_0——压缩机的制冷量,W;

N_1——压缩机消耗的功率,W。

由于空调末端负荷的变化,冷水机组冷凝热发生变化,冷却水的荷载也随之变化。当冷水机组在部分负荷下运行时,冷却水的排热荷载减少,如果仍然维持冷却水流量不变,冷却水温度 T_Q 必然会降低。可以想到,在一定的室外气象工况下,冷水机组的负荷越低,冷却水温度也越低。

在整个供冷空调季节内,不仅空调负荷在随时变化,室外气象条件也在不断变化。其中,影响最大的是湿球温度,它的变化会直接影响冷却塔对冷却水的散热效果,从而引起冷却水温度的改变。湿球温度越低,冷却水蒸发散热的效果越好,则冷却水的温度将越低。

在实际制冷循环中,由于影响冷却水温度因素的多样性和变化的随机性,冷却水最佳温度 T_{Qm} 具有明显的动态特征和复杂性特征,并不是固定不变的。

在全年各种不同的空调工况(即变负荷工况)条件下,要使空调系统冷量制造环节能耗始终保持最低,显然是一个系统综合优化控制的问题,即变负荷工况下冷却水温度的寻优——寻找冷却水的最佳温度 T_{Qm}。这个最佳温度 T_{Qm} 既要使冷却水循环与冷冻水循环、制冷剂循环在负荷上匹配,即冷却水的排热与冷凝器释放的冷凝热匹配,又要使其与环境因素相适应,这才能确保空调系统始终保持高效运行,能耗最低。

3) 空调制冷系统综合性能优化控制

冷凝温度控制法将冷凝器出水温度设定为一个固定值,以冷凝器出水温度为控制目标对冷却水量进行调节。由于冷却水的最佳温度值 T_{Qm} 并不是固定不变的,它是随着各种因素的综合影响而变化的,因此在绝大多数情况下,冷凝温度控制法并不是最优的控制方法。

在用水输送冷量的空调系统中,空调制冷系统消耗的功率一般包括三部分:①空调冷源(即冷水机组)消耗的功率 N_1;②冷冻水系统(即冷冻水泵)消耗的功率 N_2;③冷却水系统(即冷却水泵与冷却塔)消耗的功率 N_3。空调制冷系统消耗的总功率 N 为

$$N = N_1 + N_2 + N_3 \tag{4-6}$$

空调制冷系统综合性能优化控制,就是以整个制冷系统总能耗最少为目标,由于冷冻水系统(即冷冻水泵)消耗的功率 N_2 一般取决于空调负荷和服务质量,当空调负荷一定时,只要找到冷量制造环节能耗(即 N_1+N_3)的最小点,就找到了系统总功率 N 的最低点。

因此,空调制冷系统综合性能优化控制目标就是寻找各种负荷工况下冷却水的最佳温度值 T_{Qm},并以此调节冷却水泵转速和冷却风机转速,使冷却水系统运行于该温度值,从而保证整个制冷系统消耗的总功率 N 最小。

空调制冷系统综合性能优化控制流程如图 4-14 所示。

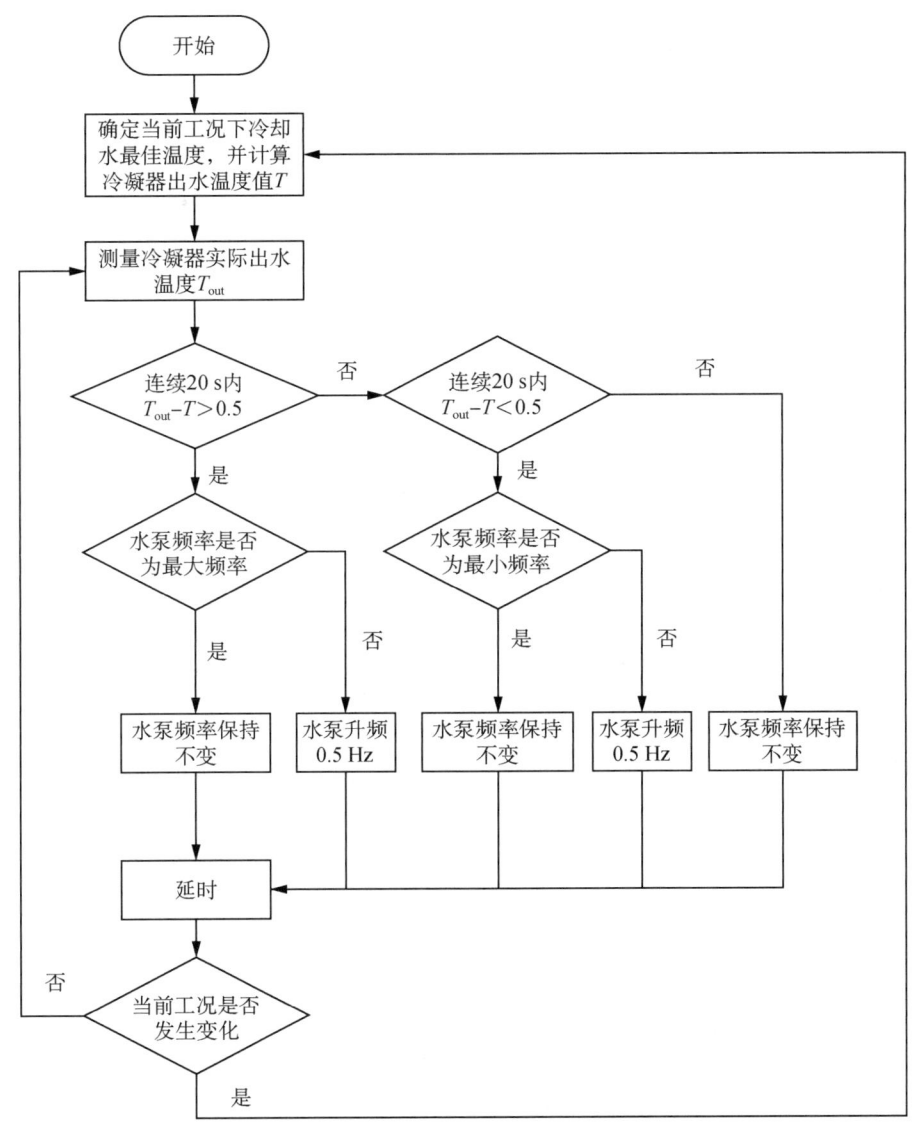

图 4-14 空调制冷系统综合性能优化控制流程

4) 冷却水最佳温度的确定

冷却水温度与诸多因素有关,这些因素都有时变性,再加上冷凝器、冷却塔、冷却水泵传热特性或效率特性的变化,使得空调制冷系统冷却水温度的优化控制成为一个较复杂的问题。传统的控制方式或简易的控制方式都不可能实现系统运行效率优化控制的目标。

逆卡诺定理表明,空调制冷系统的性能系数 COP_s 也是冷冻水温度 T_D 和冷却水温度 T_Q 的函数。在某一负荷率下,有:

$$COP_s = f(T_D, T_Q) \tag{4-7}$$

对于某一具体的空调制冷系统，寻找其冷却水最佳温度 T_{Qm}，就是寻找制冷系统能效比 COP_s 在其负荷率下的最大值。

通常情况下，随着负荷率的变化，制冷系统能效比 COP_s 也在变化，但在每一负荷率下，都存在一个冷却水的最佳温度 T_{Qm}，使系统能效比 COP_s 达到该负荷率下的最大值。

既然 COP_s 随着冷却水温度 T_Q 的变化而变化，且存在一个最大值点，那么只要将 T_Q 作为自变量，在每一个 T_D 值将 COP_s 对 T_Q 求偏导数并令偏导数等于零，就能找到使 COP_s 达到最大值 COP_{sm} 的 T_{Qm} 点。

$$\frac{\partial COP_s}{\partial T_Q} = 0 \tag{4-8}$$

求解即可以得到各种负荷（各种 T_D 值）条件下对应于最大值 COP_{sm} 时所需要的冷却水温度 T_{Qm}。T_{Qm} 为冷却水在冷凝器换热管的中点处的温度。

5）冷却水系统自适应优化控制策略

经前述分析，影响地铁空调系统冷却水最佳温度 T_{Qm} 的因素很多，主要包括冷水机组排放的冷凝热、室外环境温湿度、冷却水流量、冷凝器传热特性及冷却塔散热特性等。很明显，采用数学模型对最佳冷却水温度 T_{Qm} 进行精确求解是一件非常困难的事情，基于精确模型的传统控制方法难以解决这种复杂问题。

在具体的空调系统中，根据冷水机组能耗模型、冷却水泵能耗模型和冷却塔能耗模型，通过仿真平台初步建立不同室外湿球温度、不同蒸发器中点温度 T_D、不同负荷率、不同冷凝器中点温度 T_Q 下的制冷系统能效分布数据库。

在满足控制要求的前提下，为方便数据统计，在存储数据时对相应变量的变化幅度按级别进行划分。室外湿球温度按每 0.5℃ 划分一个级别，蒸发器中点温度 T_D 按每 0.25℃ 划分为一个级别，负荷率按每 5% 划分为一个级别，冷凝器中点温度 T_Q 按每 0.25℃ 划分为一个级别。根据制冷系统能效分布仿真数据库，在不同的工况（室外空气湿球温度、蒸发器温度 T_D、负荷率）下均能够找到一个最佳的冷凝器中点温度 T_{Qm}，可以使得制冷系统的能效达到最大，并建立对应的关系。

当空调系统实际运行时，系统根据当前实测的室外空气湿球温度、蒸发器温度、负荷率，与初始数据库中的数据进行对比，确定当前工况下能够取得的最大制冷能效值，并寻找其对应的冷凝器中点温度，将此作为当前工况下冷凝器出水温度的优化控制目标 T_{Qm}，对冷却水泵进行变频控制，调节冷却水流量以使制冷系统能效达到最大。同时，系统会采集当前工况中与控制有关的各运行参数，包括蒸发器进出水温度、冷凝器进出水温度、室外湿球温度、冷水机组功率、冷却水泵及冷却塔风机功耗等，根据运行效果对数据库中的数据进行不断修正，进一步改进控制决策，以获得更好的控制效果，即自学习功能。

因此，在自适应控制系统工作过程中，系统本身将不断地检测系统的运行参数或运行指标，根据参数的变化或运行指标的变化校正控制参数或控制作用，使系统运行至或接近最优工作状态。

在控制过程中,自适应控制系统可以依据被控对象的输入输出数据进行学习和再学习,不断地辨识模型参数并进行修正。随着控制过程不断继续,控制系统会变得越来越准确,越来越接近于实际,最终将自身调整到一个最优的工作状态,实现被控过程性能的综合优化。

5. 变流量工况下的安全保护

空调节能控制应满足的最基本前提条件之一,就是确保空调系统冷水机组和外围设备的运行安全。因此,必须有可靠的技术措施保证变流量工况下空调系统运行的安全性和稳定性。

变流量工况与定流量工况的区别主要体现在水系统的流量、温度和压力上,因此,一般也应从流量、温度和压力等方面实施技术保护。

1) 冷凝器的低流量保护

对于冷凝器来讲,适当的冷却水流量可以保证冷水机组的制冷系统在较好的状态工作,保证机组的工作效率。当水流量过低时,冷凝压力会升高,制冷量下降,严重时可能导致压缩机发生故障。一般情况下,冷水机组均带有冷凝器水流开关(靶式流量开关或压差式流量开关),并已调整到最合适的保护设定点。

由于冷却水泵的启停控制并非受制冷机组控制器所控制,因此,有必要在冷水机组冷却水管路上增设水流检测元件,对冷水机组冷却水流量进行监测及必要的保护控制。

可根据冷水机组允许的冷却水流量范围,选配适当的水流检测开关安装于机组冷却水管路上。当检测开关发出冷却水流报警时,控制系统自动提高冷却水流量。

当控制系统调试时,应根据冷水机组允许的最小冷却水流量整定冷却水泵的最低转速,以保障在变流量运行时,冷却水流量不会低于冷水机组所要求的安全流量。

2) 冷凝器出水高温保护

由前所述,冷却水温度过高或过低对冷水机组运行都是不利的,因而,当冷却水变流量运行时,必需增加对冷却水温度的限值保护功能,当冷却水温度超过正常工作范围时,需对冷却水采取有效的控制措施,以避免冷水机组发生喘振或不能正常工作等现象。

冷水机组运行过程中,若冷却水流量骤然减小至安全流量以下,可能引起冷凝器出水温度波动或升高,导致冷凝器压力过高,制冷效率下降,冷水机组产生喘振现象等,对冷水机组的安全运行带来威胁。为防止这种情况发生,有必要在冷水机组冷凝器出口管路上增设水温检测元件,对冷凝器出水温度进行监测并进行必要的保护控制。

一方面,控制系统应采取措施防止冷却水流量低于安全流量的情况发生。另一方面,选配适当的温度检测元件安装于冷凝器出口管路上,当检测到冷凝器出水温度高于设定值时,控制系统自动增大冷却水流量,使冷凝器出水温度降低,避免冷凝压力过高。

当冷水机组从运行状态停机时,冷却水泵应延迟运行一段时间再停机,让冷却水带走冷凝器中的残余热量,以防止残余热量损坏冷凝器。

在某些地区过渡季节或冬季使用空调制冷时,由于冷却水温度有可能低于冷水机组允许的最低水温,因此,还应设置冷却水进水低温保护。当检测到冷凝器进水温度低于设定值时,应采取措施先提高冷却水温度,当冷却水温度达到允许的最低水温后,才能启动冷水机组。同时,为了降低能耗,此时不应启用冷却塔,冷却水可通过冷却塔的旁通管进行循环。当运行一段时间,冷却水的温度升高到一定值后,冷却水才通过冷却塔进行循环,且当水温继续升高到允许的高限值后,再开启冷却塔风机为冷却水散热降温。

4.2 变风量控制技术

4.2.1 概述

1. 基本概念

变风量空调系统是全空气空调系统的一种形式,它由单风管定风量系统演变而来。相对于定风量空调方式,所谓变风量有两层含义:一是空调系统的风量可变,二是各空调区域末端的风量可变。

与定风量空调系统和风机盘管加新风系统相比,变风量空调系统具有区域温度可控、室内空气品质好、部分负荷时风机可调速节能和可利用低温新风冷却节能等优点。

2. 基本原理

在空调系统中,定风量系统一般维持全年的风量固定不变,并且是按房间最大热湿负荷确定送风量。但在大多数实际情况下,房间热湿负荷不可能经常处于最大值,在全年的大部分时间低于最大值,为了维持室温设计水平,必须减少送风温差,其方法是通过再热或混合,以热量抵消部分冷量;同时,当室内负荷不是最大负荷时,送风量大于实际需要量,为了输送多余风量,风机需要多消耗电能。

变风量系统使全年保持送风温度不变,当实际负荷减少时,根据空调区域的负荷变化,通过末端装置改变送风量来适应房间负荷变化。其基本原理是通过变风量箱调节送入各房间的风量(或者进入末端风机盘管的冷水量)及温度或新回风混合比,并相应调节空调机组(Air Handing Unit,AHU)的风量或新回风混合比来控制某一空调区域温度,满足室内人员对房间不同温湿度的要求或其他工艺要求,并自动适应室外环境对建筑物内温湿度的影响,真正达到按需而供。与定风量空调系统的运行调节相比,其最大优点是节能——不需要或很少需要末端再热,因而避免或减少了由冷热量抵消而引起的能量损失。随着系统风量的减少,变风量系统能够根据实际送风量自动调节送风机的转速,大幅减少风机的运行能耗,从而节约能源和运行费用。同时,变风量系统能实现单个房间的温度控制,室内空气均匀,没有像风机盘管冷凝水和霉变的问题,维护工作少。变风量系统对于室内负荷变化大的房间或系统中各房间负荷相差悬殊的情况,优越性更为显著。

对于空调房间,根据房间冷负荷,可以得到房间的送风量为

$$Q = C\rho L(t_\mathrm{n} - t_\mathrm{s}) \tag{4-9}$$

式中 C——空气的比热容,kJ/(kg·℃);

ρ——空气的密度,kg/m³;

L——送风量,m³/s;

t_n——室内温度,℃;

t_s——送风温度,℃;

Q——吸入或放入室内的热流量,kW。

当房间负荷发生变化时,送风量保持不变而送风温度随之变化的空调系统就是常规的定风量空调系统。当负荷发生变化时,送风温度不变而送风量随之变化的空调系统就是变风量空调系统(VAV)。

变风量空调系统由变风量空调机组和变风量空调系统末端两部分组成,变风量空调系统末端根据控制区域的热负荷,通过调节风门的开启比例控制末端的送风量。变风量空调机组则根据各变风量空调系统末端的需求,通过风机变频控制总的送风量。

4.2.2 变风量空调系统的分类

变风量空调系统主要包括单风道、双风道和多区域三种。按调节原理,变风量空调系统可以分成节流型、风机动力型、双风道型和旁通型四种基本类型。

1. 节流型

节流型变风量箱是最基本的变风量箱,其他如风机动力型、双风道型、旁通型等都是在节流型的基础上变化发展起来的。所有变风量箱的"心脏"就是一个节流阀,加上对该阀的控制和调节元件以及必要的面板框架就构成了一个节流型变风量箱。

一般地,节流阀有三种基本类型,即百叶型、文丘里型和气囊型。百叶型的调节原理和百叶风阀的调节原理一样,在小风量的情况下,一般做成单叶风阀(蝶阀),通过调节风阀的开度来调节风量;文丘里型的调节原理是在一个文丘里式的套管内装上一个可以沿轴线方向滑动的滑块,通过滑块的位移改变通过气流的截面积以达到调节风量的目的;气囊型的原理则是通过静压调节气囊的膨胀程度来实现风量的调节。

一个合格的节流阀,应具备以下功能:①调节曲线平滑度,应尽可能呈线性;②全闭时,空气泄漏量在一定的静压作用下不能太大;③低噪声。目前,各家公司都为达到这三项性能而尽出高招。

节流型变风量空调系统具有以下缺点:①增加了系统的能耗;②增加了系统的噪声;③增加了系统的复杂性。当采用变静压控制方式时,应给出实际阀位信号,基于目前的技

术发展水平,要经济、简单地实现有相当大的难度。

2. 风机动力型

风机动力型是目前在北美等地被广泛推崇的变风量箱,可能是由于它的出现和自控水平的提高,人们改变了在20世纪六七十年代对空调变风量系统的偏见。

风机动力型是在节流型变风量箱中内置加压风机的产物。风机驱动式有两种形式,即串联风机型和并联风机型。

所谓串联风机型是指风机和变风量阀串联内置,一次风既通过变风量阀,又通过风机加压。串联风机型风机驱动式变风量系统末端装置由一次冷空气风阀、执行器、风机和电机、控制器组成。串联风机型的特点是:一次空气处理装置(中央空调机组)是变风量,而送入空调房间的空气是定风量。一次冷空气风阀根据房间温控器的指令调节一次风量和二次热空气(回风)预先混合,当房间负荷减少时,为维持室内设定的温度,一次冷风相应减少,二次热空气增加,再通过装置内的送风机送出,总送风量仍然不变,当房间有人时,风机连续运转。

所谓并联风机型是指风机和变风量阀并联内置,一次风只通过变风量阀,而不需通过风机加压。并联风机型风机驱动式变风量系统末端装置由一次冷风风量调节阀、执行器、风机和电机、控制器组成。并联风机型的特点是:一次空气处理装置(中央空调机组)是变风量,而送入空调房间的空气也是变风量。一次冷风风量调节阀根据房间温控器的指令调节一次冷风量,当房间负荷减少时,为维持室内设定的温度,一次冷风相应减少,与一次冷风并联的风机投入运行,将二次热空气(回风)抽入末端装置与一次冷风混合,再送入室内。房间温度进一步下降,辅助加热器投入运行。

3. 双风道型

双风道型一般由冷热两个变风量箱组合而成,采用双风管送风,一根风管送热风,一根风管送冷风,通过变风量系统末端装置混合后送入室内。其因初投资昂贵和控制较复杂而较少得到使用。

双风道型变风量系统的优点有:可进行个别控制;能同时进行供冷和供暖,不需要进行季节转换;对于建筑物的间隔变更,有较大的灵活性。

双风道型变风量系统也存在一定缺点:双风道造成一次投资增加、所占空间较大,冷热混合造成能源浪费,湿度控制困难。

4. 旁通型

旁通型是利用旁通风阀来改变房间送风量的系统。旁通型变风量空调系统末端装置一般由分流器式风阀、执行器、旁通风口和控制器组成。当房间处于设计负荷时,末端装置中的分流风阀将一次空气送入空调房间中;当房间负荷发生变化时,空调机组送入房间的空气通过风管、末端装置或送风口,将部分处理过的空气在进入房间之前旁通到回风中,改变送入房间的风量,达到变风量和控制室内温度的目的。其由于并不具备变风量系统的全部优点,因而在有些论文中被称为"准"变风量系统。该系统的主要特点是投资较低,可以在不控制风机转速的前提下控制室内温度,同时风管内的静压也不会发生变化,系统简单,控制方便,维护容易;但节能却很小,因为有大量送风直接旁通返回空调设备,风机能耗减小效果不明显,所以目前使用也不多。

旁通型变风量空调系统主要用于中、小型空调系统,尤其是与屋顶式空调机、单元式空调机等带直接式蒸发器的空调设备配套,由于空调机是定风量,因此避免了冻结的危险,同时由于控制简单,一次投资低于其他末端装置。

此外,变风量空调系统按区间可以分为单区和多区系统,按风管内静压控制方式可以分为定静压控制、变静压控制、直接数字式控制和静压不控制系统等。

4.2.3 变风量空调系统的特点

变风量空调系统的最大优点是节能显著,素有"节能之王"的美称;由于该系统通过调节送入房间的风量来适应负荷的变化,同时在确定系统总风量时还可以考虑一定的同时使用情况,所以能够降低风机运行能耗和减少风机装机容量;此外,该系统还具有使用舒适、灵活、可用新风作冷源等优点。

有关变风量空调系统的节能问题,国外做了大量的研究。近几年来,国内也加大了研究力度。相关研究表明,变风量空调系统的节能效果相当显著。由于地铁车站内空调系统在全年大部分时间里是在部分负荷下运行,而变风量空调系统可以根据空调负荷的变化及室内参数要求的变化,通过改变送风量来调节室温以满足要求,配以合理的自动控制,空调和制冷设备只按实际负荷需要运行,因此可大幅减少送风风机的动力耗能和运行费用,大幅节约了冷量,也有助于减少风机装机容量。

风机的风量和功率之间的关系如下:

$$\frac{N_0}{N} = \left(\frac{G_0}{G}\right)^3 \qquad (4-10)$$

式中 N——风机功率;
N_0——变动点的风机功率,W;
G——风机风量;
G_0——变动点的风机风量,m^3/h。

从式(4-10)中可以很明显地看出,当送风量减少时,风机的功率也大幅降低。当送风量为设计工况的90%时,风机所需功率仅为设计工况的72.9%,可节省17.1%的耗电量。有关研究表明,和定风量空调系统相比,变风量空调系统的全年空气系统输送能耗一般可节约1/3,设备容量减少20%~30%,节能50%左右。另外,对不同的建筑物同时使用系数可取0.8左右,可以节约空调系统总装机容量的10%~30%。

变风量空调系统的末端装置送风散流器诱导比高,室内空气分布均匀,同时变风量空调系统还能实现各局部区域的灵活控制,可以根据负荷的变化或个人的舒适要求自行设置工作环境温度,不用再加热方式或双风管方式就能适应各种室内舒适要求或工艺设计要求,完全消除再加热方式或双风管方式带来的冷热混合损失。与一般定风量空调系统相比,能更有效地调节局部区域的温度,实现温度的独立控制,避免在局部区域产生过冷或过热现象,并由此可以减少制冷和供热负荷15%～30%。由于风量减小是通过风机转速降低实现的,可使系统噪声大幅降低。

变风量系统实际上不需做复杂的风量平衡调试,就可以得到满意的平衡效果,末端装置上的风量调节器可以手动设定在预先确定的、需要的空气量上,系统风量平衡只要调节新风、回风和排风阀门就可以了。若采用直接数字控制的变风量空调系统,可以实现计算机联网运行,接入到楼宇自控系统中,从而提高楼宇智能化程度。变风量空调系统属于全空气系统,具有全空气系统的优点,可以利用新风消除室内负荷,没有风机盘管凝水问题和霉菌问题,且灵活性较好。

虽然变风量空调系统有很多优点,但根据国外文献介绍,大部分变风量空调系统或多或少地暴露出一些问题,如变风量空调系统不像其他空调系统那样始终能保证室内换气次数、气流组织和新风量等。当风量过低而影响气流组织时,该系统只能以末端再热来代替进一步降低风量。

变风量空调系统的主要缺点有:由于增加了系统静压、室内最大风量和最小风量、室外新风量等的控制环节,设备本身的造价会有所提高,系统的初投资比较大;对于室内湿负荷变化较大的场合,如果采用室温控制而又没有末端再热装置,往往很难保证室内温度的要求;和定风量再热系统相比,变风量系统对室内相对湿度的控制质量要差一些;室内的噪声偏大,系统中较大的噪声源除了送、回风机外,主要是末端装置产生的噪声;当房间的负荷变小,送风量减少到一定程度时,人员办公房间内会缺少新风,室内人员感到憋闷。

4.2.4 变风量空调系统的构成

1. 变风量装置

变风量空调系统的运行主要依靠变风量装置设备来根据室内要求提供能量控制其送风量。同时向DDC(直接控制系统)控制器传送自己的工作状况,经DDC分析计算后发出控制风机变频器信号,根据系统要求风量改变风机转速,节约送风动力。

最常用的变风量装置主要由室内温度传感器、电动风阀、控制用DDC板、风速传感器等部件构成。控制系统多为各设备厂家自己开发,大部分采用可换式通用设备。

2. DDC控制器

根据系统中各变风量装置的动作状态或风管的静压值(设定点),分析计算系统的最佳控制量以指示变频器动作,这是 DDC 控制器的主要功能。除 DDC 式变风量空调系统外,其他各种变风量空调系统的控制方法均设置独立式系统控制器。

3. 变频风机(空调机)

变风量空调系统常采用在送风机的输入电源线路上加装变频器的方法,根据 DDC 控制器的指示改变送风机的转速,满足空调系统的需求风量。

4.2.5 地铁车站大系统空调节能控制策略

目前地铁车站,以公共区空调系统为例,一般采用全空气系统定风量一次回风系统,该系统主要由组合式空调器、回排风机、最小新风机及风阀等设备组成。通风空调设备集中布置在站厅两端通风空调机房内,每端一般各设置 2 台组合式空调器,1 台最小新风机和 2 台回/排风机(兼排烟风机),各负担车站一半公共区负荷(图 4-15)。

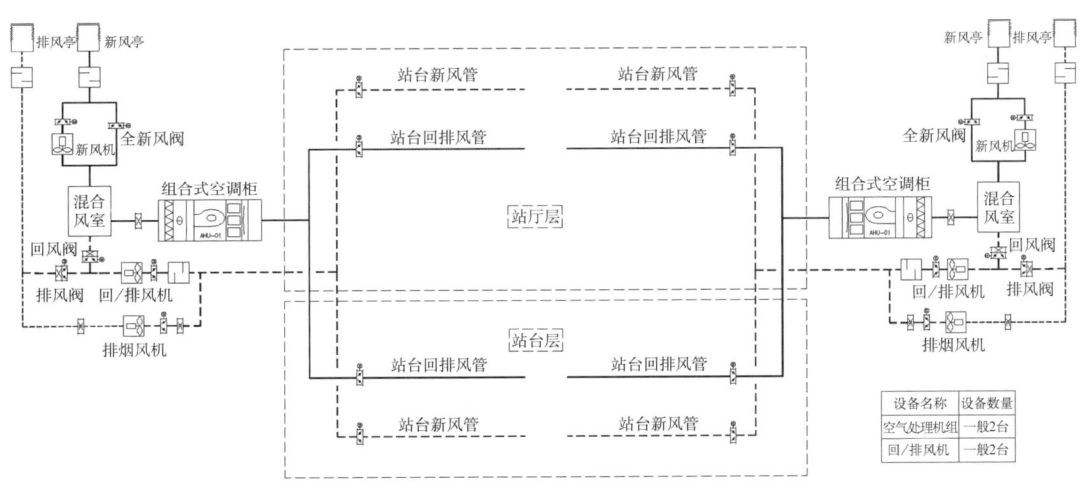

图 4-15　地铁车站大系统通风空调系统原理

1. 常用控制方法

地铁车站大系统空调常用的控制方法主要有定静压控制法、变静压控制法、总风量控制法、焓值控制法(PID 调节)和模糊控制法等。

1) 定静压控制法

根据静压是否变化,静压控制方法分为定静压控制和变静压控制两种方式,静压控制方式直接影响系统风机的能耗,尤其是在部分负荷下,能耗区别十分显著。由于受气动执行机构的限制,最初的变风量系统多采用定静压控制方式,静压传感器大多安装在主风道距离风机出口 2/3 处。

定静压控制风机转速的原则是保证距离风机出口最远的区域有足够的送风量,要求送风管道保持一定的静压值。静压值的取值方法是保证在最不利的负荷条件下,有足够的送风量提供给各空调区。一般来说,静压设定值越低越好,但同时也要保证提供足够的空调舒适度,满足各空调区域的负荷变化要求。静压值过高,会造成风机转速较大,能耗增加,且风管的泄漏较多,末端风阀调节处噪声加大;而静压值过小,可能造成风量不足,室内温湿度不能满足要求。

定静压控制方法是变风量空调系统最早发展起来的、比较成熟的一种控制方法,变风量空调系统中房间温度控制环节和空调机组温度及风量控制环节分开设置,控制比较简单。

在定静压控制方法中,由于系统送风量是由压力测点的静压值来控制,在实际工程中定压点的位置较难确定,基本按照经验设定在主风道距送风机 2/3 处,这使得有些变风量空调系统的初调节较困难。同时,压力测点的静压设定值设定在设计风量条件下所需的资用压力,而在实际的变风量空调系统的运行时间内,各个末端的实际风量均小于设计风量。这使得静压设定值比实际的需要偏高,因此风机的风量过高,而各变风量空调系统末端风阀为保证合适的风量又都处在一个较小的开启度位置上,增加了系统的阻力,达不到较好的节能效果。同时,末端的阀位较小使得末端的噪声明显增加,不利于空调区域室内环境舒适。

2) 变静压控制法

随着直接数字控制器的使用和变频风机成本的日益降低,变静压控制方式得到广泛应用。控制系统可以把末端风阀的开启状况(反映室内的环境温度)和空气处理机组送风量(系统提供的冷负荷)控制结合起来考虑,使制冷系统的供冷量与实际的需求尽可能地匹配,达到既保证室内的舒适度要求,又尽可能节能的目的。变静压方式是根据各区的变风量空调系统末端的开启状态来决定静压设定值的大小。当工作区流量不足,变风量空调系统末端开启的数目超过一定数量(一般为 2 个或 3 个)后,静压设定值增加;当工作区流量满足时,静压值减小。这种控制方式能保证系统提供最小的静压设定值,既可以减少通过管道的风量泄漏和风机能耗,又可保证在风量减少后仍能很好地控制末端风阀。

由于变静压控制法是根据各区的实际运行情况来设定风机的转速大小,因此,静压的传感器不一定非要像定静压方式那样安装在管道的远端,而且节能效果很明显。由于必须使用风阀开度传感器,增加了变风量空调系统末端的成本。同时,由于使用静压控制,压力的波动会造成调节时间过长,同时还存在着系统稳定性的问题。变静压控制法采用的是反馈控制,而且是阶段性改变风机的送风量,因此,必须确定合理的延迟时间,以保证风机转速调节效果已对末端的流量调节产生作用。此方面若不合理,则会由于静压的频繁改变而引起系统调节频繁,造成控制失败。

3) 总风量控制法

定静压控制和变静压控制两种方式都属于静压控制方式,但由于压力控制环节和末端流量控制环节存在一定的耦合特性,所以容易引起系统的压力调节震荡现象。如果摆脱压力控制,又能很好地实现对风机的变频调节,则可克服震荡现象。因此,国内学者便提出了基于总风量的控制方式。

所谓总风量控制就是根据各末端设定的风量之和调节送风机转速,以满足各空调区域所要求的风量。针对地铁车站公共区,站厅两端空调机组根据负荷变化调节送风机和回风机的转速。

在地铁车站大系统的空调系统中,设计工况下各个末端的风量相等,且变化一致,因此可以根据回风总管的回风温度来设定所需的送风量,其送风机转速和频率控制关系式可以简化如下:

$$f_{送s} = \frac{G_{送s}}{G_{送d}} f_d \tag{4-11}$$

式中　$G_{送s}$——运行工况下的送风量,m^3/h;

$G_{送d}$——设计工况下的送风量,m^3/h;

$f_{送s}$——运行工况下送风机设定频率,Hz;

f_d——设计工况下的设计频率,Hz。

在地铁车站大系统中,新风量通常恒定,新风量的选取按每个乘客每小时需供应的新鲜空气量不应少于 $12.6\ m^3$,且系统的新风量不应少于总风量的 10% 为标准。考虑车站采用屏蔽门系统,因此,新风量的最大值一般会是屏蔽门漏风量,而回风量只根据送风量的变化而变化。通过推导可得回风机的频率为

$$f_{回s} = f_{送s} + \frac{G_{新}}{G_{送d} - G_{新}}(f_{送s} - f_d) \tag{4-12}$$

式中　$G_{新}$——新风量,m^3/h;

$G_{送d}$——设计工况下的送风量,m^3/h;

$f_{送s}$——运行工况下送风机设定频率,Hz;

f_d——设计工况下的设计频率,Hz;

$f_{回s}$——运行工况下回风机设定频率,Hz。

从式(4-12)可以看出,回风机在运行工况下的设定频率与送风机运行工况下的运行频率、送风机设计工况下的送风量和新风量有关。在地铁车站空调系统中,新风量恒定,因此,回风机在运行工况下的频率只与送风机在运行工况下的频率有关,且呈线性关系。地铁车站大系统送排风示意如图 4-16 所示。

4) 焓值控制法(PID 调节)

正常情况下,大系统采用焓值控制法,根据季节变化设有空调工况小新风、空调工况全新风和非空调工况全通风三种基本运行模式;夜间列车停止运营后,停止大系统及其水系统的运行。将车站的同一个空调空间作为一个监控对象进行环境温湿度的控制,即对车站大系统按照同时控制车站两端的空调系统处理。控制回路基本按串级控制方式对车站站厅和站台的室温进行比例、积分、微分(Proportional, Integral, Differential, PID)调节,使室温稳定在舒适水平上(图 4-17)。

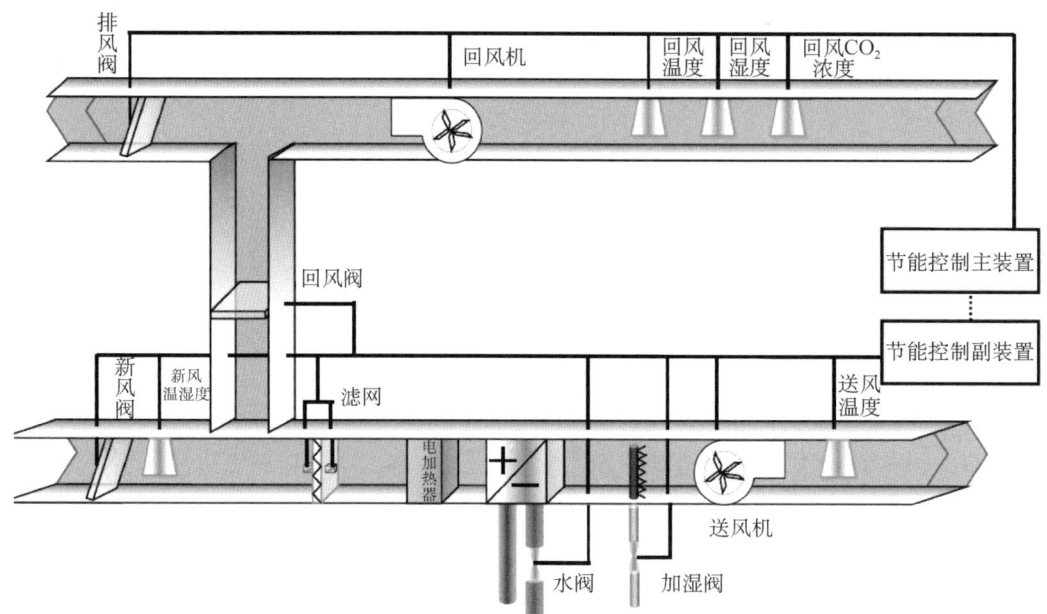

图4-16 地铁车站大系统送排风示意

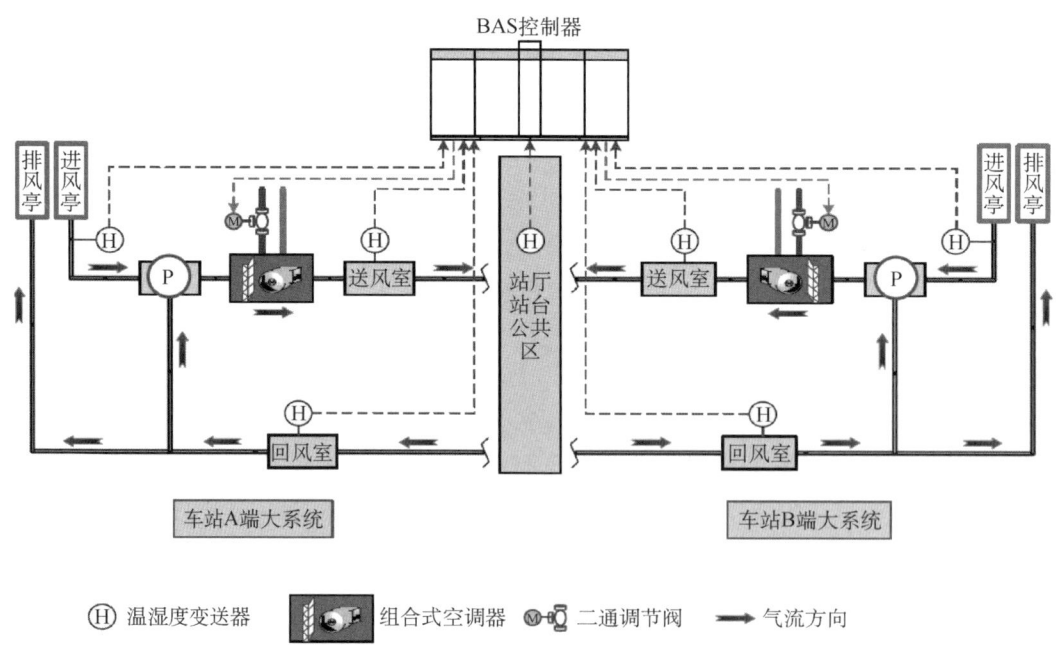

图4-17 地铁车站大系统控制流程

PID调节是目前应用最为广泛的一种调节器控制策略。PID控制器就是根据系统控制器的输出与输入误差信号之间的关系,利用比例、积分、微分计算出控制量进行控制的。PID控制器的控制量参数整定是整个控制系统设计的核心内容,它的目标是根据被控过程的特性确定PID控制器的比例系数、积分时间和微分时间的大小。PID控制器参数整

定的方法很多,概括起来主要有以下两种:

(1) 理论计算整定法。它主要是依据系统的数学模型,经过理论计算确定控制器参数。这种方法所得到的计算数据未必可以直接采用,还必须通过工程实际进行调整和修改。

(2) 工程整定法。它主要依赖工程经验,直接在控制系统的试验中进行,且方法简单、易于掌握,在实际工程中被广泛采用。

将站厅/站台的回风温度作为外环的反馈,与回风温度设定值比较并经 PID1# 输出,作为内环的设定温度,与空调器的送风温度比较后,由 PID2# 输出,作用于电动二通调节阀执行器,调节空调器冷冻水量,从而及时使站厅/站台的室温达到设计值(图 4-18)。此方式对干扰响应速度较快,并能反映室内外的较多干扰因素,是目前比较成熟的控制方式。

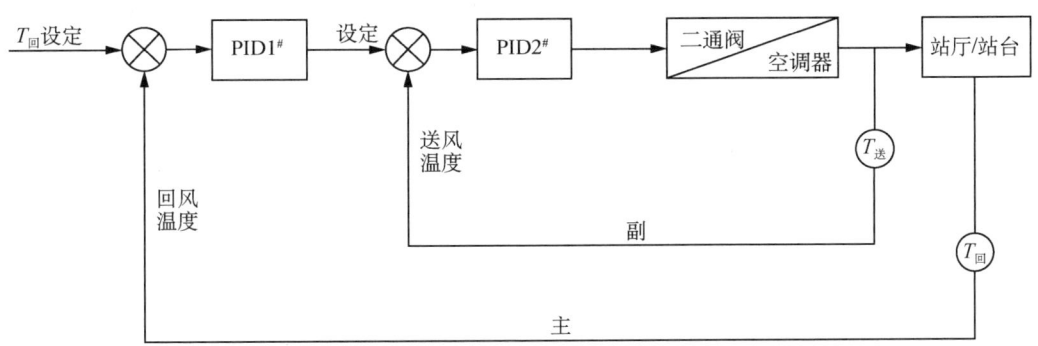

图 4-18　地铁车站大系统 PID 调节基本流程

5) 模糊控制法

模糊控制法一般通过对系统各种工艺参数及设备参数的采集,计算并记录空气处理机组的输出能量趋势序列,结合系统特性、循环周期等推理预测未来时刻系统的负荷,从而确定系统最佳运行参数,实现对区域温度的精确控制,在保证被控区域服务质量的前提下,最大限度地降低系统能耗。简而言之,应用模糊控制法通过推理预测未来时刻系统的负荷来调整变频器的频率,从而改变风机的转速,达到节能目的(图 4-19)。

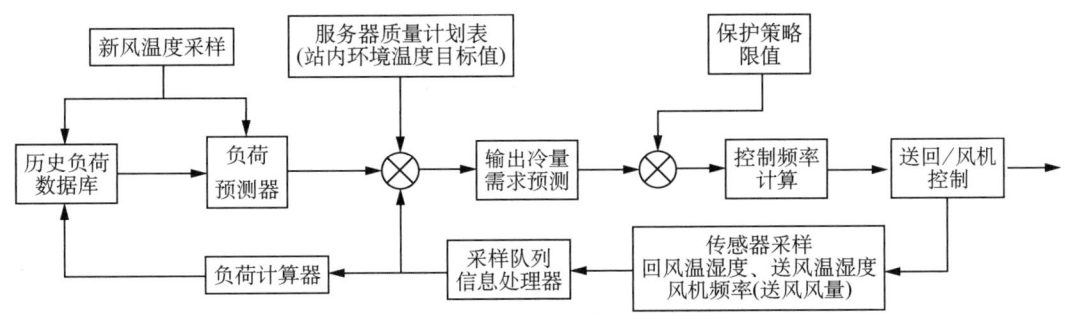

图 4-19　模糊控制法基本流程

图 4-20 中采用的是模糊控制模块,它包含 3 个子程序:①模糊化子程序,进行输入量的

论域变换,将输入的精确量转化为模糊量;②模糊推理子程序,根据模糊规则库查出对应的输出值;③解模糊子程序,将模糊推理得到的控制量(模糊量)变换为实际可用于控制的精确量。

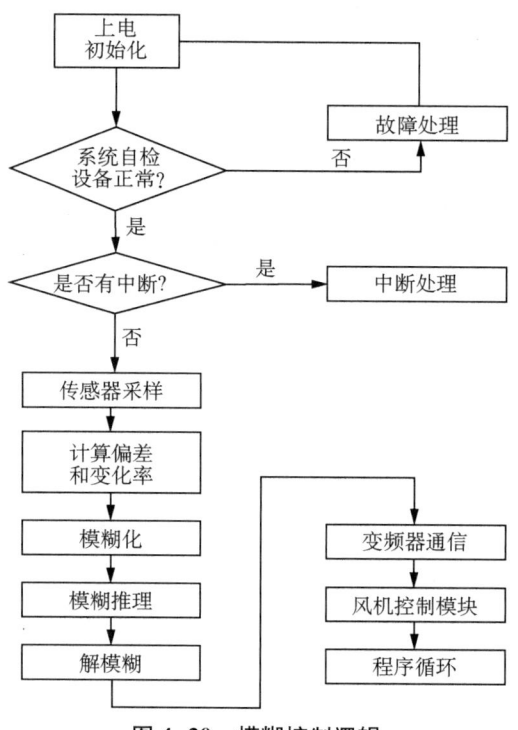

图 4-20 模糊控制逻辑

2. 车站大系统各工况转换

1)空调季节小新风工况

当外界空气焓值大于车站空调大系统回风空气焓值时,采用小新风空调运行。一部分排风排出车站外,另一部分回风循环使用。

2)空调季节全新风工况

当外界空气焓值小于或等于车站空调大系统回风空气焓值,但外界空气干球温度大于空调送风温度时,采用全新风空调运行。室外新风经空调器处理后送至空调区域,排风则全部排至车站外。

3)非空调季节工况

当外界空气干球温度小于空调送风温度时,停止冷水机组运行,外界空气不经冷却处理直接送至车站公共区。排风则全部排出车站外。

3. 车站大系统各工况控制要求

各工况确定后,公共区风系统根据公共区的CO_2浓度,对比焓值与目标值,判定设备是否需要变频。若需要变频,频率变化的幅度根据公共区焓值的变化率计算得到,从而根据实时负荷需求动态控制负荷输出来实现节能。组合式空调器或柜式空调器电机开机频率为 30 Hz,运营期间每 10 min(后期可根据运营数据进行调整)根据系统测量数据进行计算、比对,判断是否需要进行变频控制,以及其运行频率是否需要变化。

4.2.6 地铁车站小系统空调节能控制策略

正常情况下,对于车站小系统,将一个柜式空调器及其风路作为一个控制回路。对其所供冷的各类房间,根据设计和调试运行的实际情况,同时结合房间工作性质及重要程度,确定温、湿度控制方案。不能确定时按本风路的最不利点,即末端房间参数进行控制。控制回路基本按串级控制方式对车站设备区房间的室温进行 PID 调节,使室温稳定在舒适并满足相关设备运行环境要求的水平上(图 4-21)。

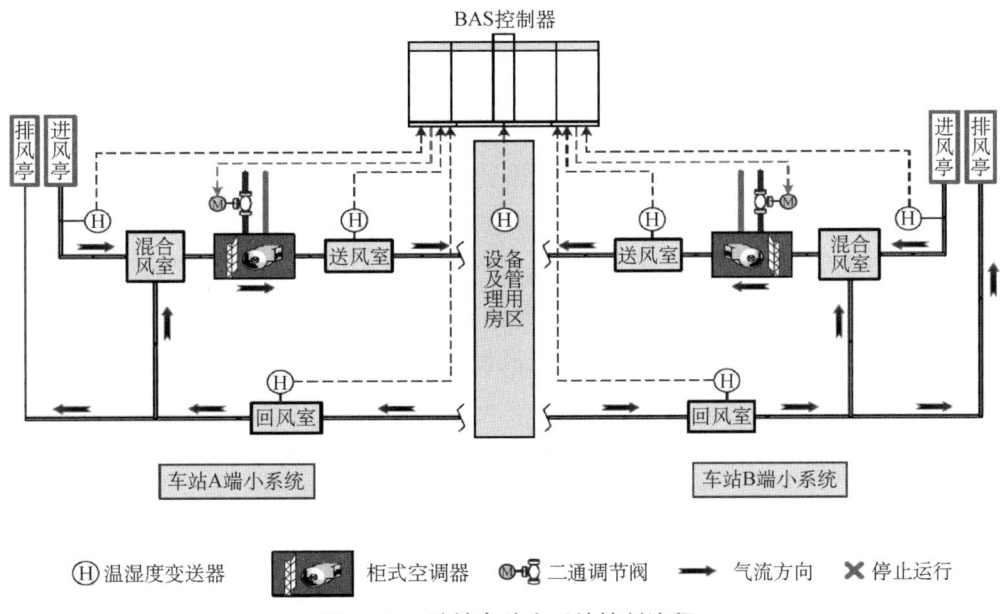

图 4-21 地铁车站小系统控制流程

将设备及管理用房的回风温度作为外环的反馈,与回风温度设定值比较并经 PID1# 输出,作为内环的设定温度,与空调器的送风温度比较后,由 PID2# 输出,作用于电动二通调节阀执行器,调节空调器冷冻水量,从而及时使设备及管理用房的室温达到设计值(图 4-22)。

小系统空调送/回风排风机控制系统能通过对系统设备参数的采集与分析,结合变风量末端装置系统提供的参数信息,确定系统最佳运行参数,实现区域温度的精确控制,同时最大限度地降低系统能耗,具体方法如下。

1. 总风量控制法

节能控制系统需要具有通过总风量控制法进行风机变频控制的功能,系统内各变风

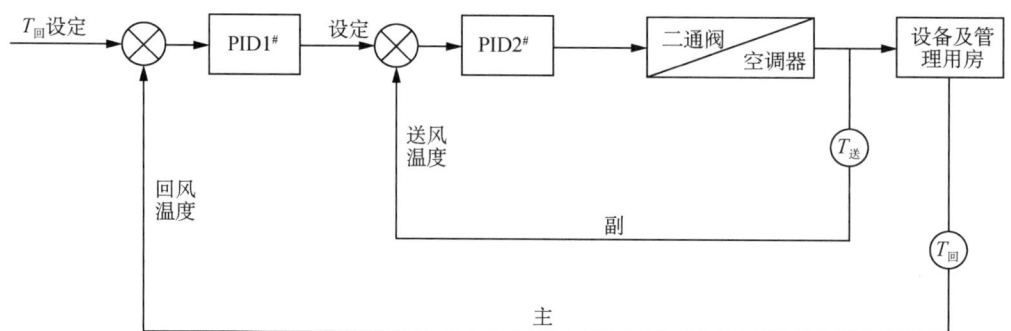

图 4-22 地铁车站小系统 PID 调节基本流程

量末端装置将本身负担区域的需求风量给予节能控制系统,节能控制系统需要能够实时累加计算系统内各变风量末端装置的需求总风量,结合空调小系统风量特性曲线,自动调节风机频率,使系统实际风量能够与需求总风量匹配。

2. 变静压控制法

节能控制系统同时需要具有通过变静压控制法进行小系统空调风机变频控制的功能,需要在风机送风道中安装静压传感器,并设定管道静压控制值,风机能够根据静压测量值与设定值的对比,实现风机变频运行功能。当管道静压测量值高于设定值时,风机降频;当管道静压测量值低于设定值时,风机升频。同时,变风量末端装置系统将每个末端装置的风阀开度数据给予节能控制系统。具体过程如图 4-23 所示。

(1) VAV 控制柜检测已经运行的各变风量末端装置的开度(变风量末端装置的开度由 VAVB[①] 控制器反馈风阀阀位获得)。

(2) 当检测到只要有一个变风量末端装置阀位开度大于 90%(暂定值)时,系统认为静压设定值过低,应增加风管中的压力传感器设定值(风道静压点),例如将风道静压值增加 5 Pa,按新的静压值控制风机转速。当系统在新的静压值下运行后进行下一轮巡检时,最大阀位开度在 70%～90%,则保持此频率不变。

(3) 当检测到所有运行的变风量末端装置的最大阀门开度小于 70%(暂定值)时,系统认为静压设定值过高,需降低静压值,减小风管中的压力传感器设定值(风道静压点),例如将风道静压值减小 5 Pa,按此静压值控制风机转速,直到至少有一个阀位开度保持在 70%～90%,系统保持此频率不变。

3. 变风量末端装置开度的控制

变风量末端装置开度控制流程如图 4-24 所示。

---

① VAVB: Variable Air Volume Box,可变风量盒。

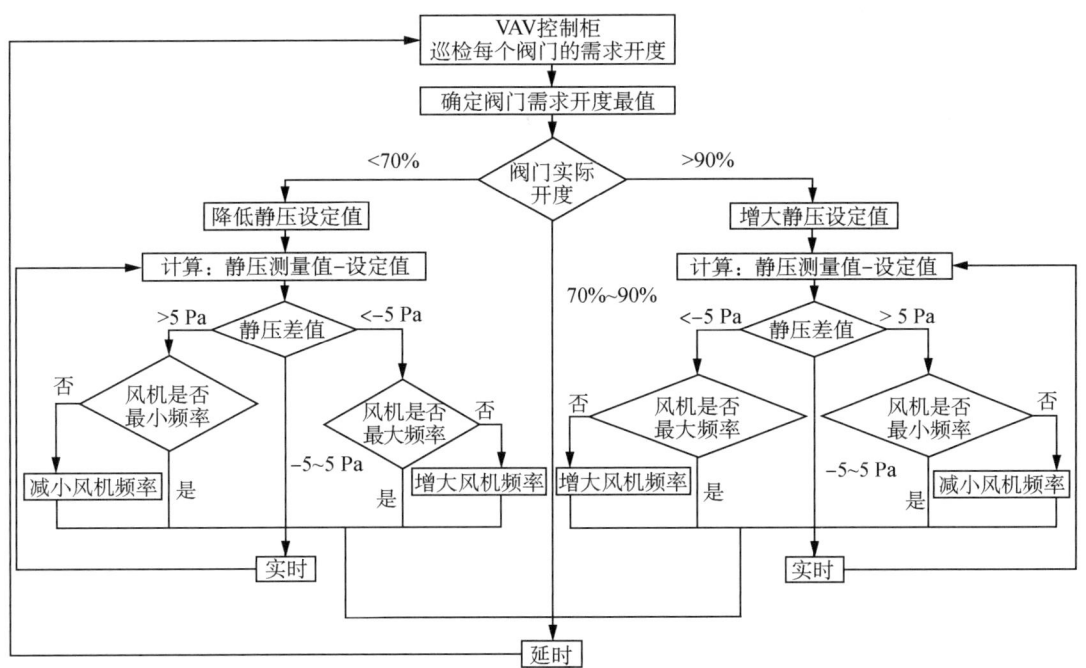

图 4-23 变静压控制法流程示意

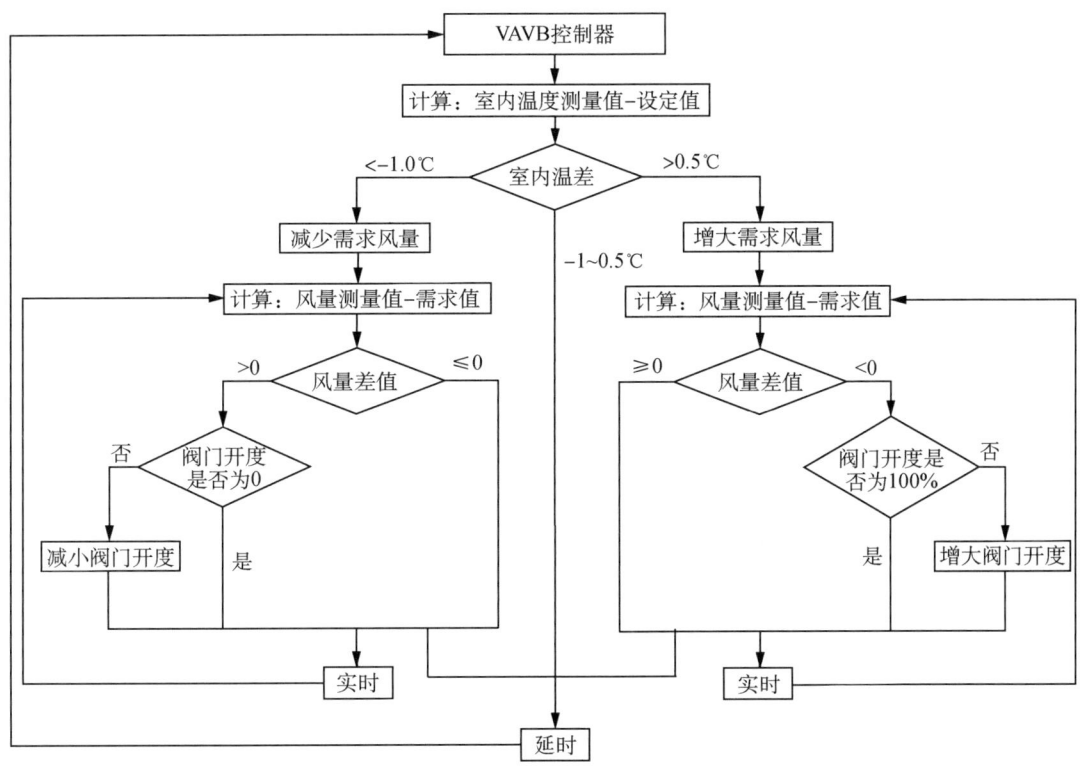

图 4-24 变风量末端装置开度控制流程示意

（1）VAVB控制器计算室内温度实测值和设定值的差值（室内温度实测值通过温度传感器反馈获得）。

（2）当检测到室内温度实测值大于设定值0.5℃（暂定值）时，室内风量过小，则增大室内需求风量，按新的需求风量控制风阀开度。当系统在新的需求风量下运行后进行下一轮巡检时，室内温度实测值与设定值之差在−1.0~0.5℃，阀门持此开度不变。

（3）当检测到室内温度实测值小于设定值1.0℃（暂定值）时，室内风量过大，则减小室内需求风量，按新的需求风量控制风阀开度。直到室内温度实测值与设定值之差在−1.0~0.5℃，阀门保持此开度不变。

5 照明系统节能技术

5.1 照度计算

照度是指投射到被照物体表面上单位面积的光通量,是衡量照明质量最基本的技术指标。不同的光源和灯具对照度影响程度是不一样的,给人的感受也不同,照度太低或者太高都不合适。合适的照度能够缓解眼部疲劳、提高工作效率,合理的照度设计能够降低电耗,实现节能的目标。

灯具及光源是直接影响照度的因素,必须在照明设计中进行准确计算,不然就会出现两种情况:①未使用高效灯具及光源,达不到照度要求;②使用了高效灯具及光源,照度却远远超过标准值,未达到节能的效果。

常用的照度计算方法主要有利用系数法、逐点计算法和单位容量法三种,除手工计算外,还可以用照明设计软件进行照度模拟,以下分别进行介绍。

5.1.1 利用系数法

利用系数法考虑了直射光和反射光两部分所产生的照度,主要用于计算均匀布置照明灯具的室内一般照明,其计算结果为水平面上的平均照度,是受照表面上的光通量与房间内光源总光通量之比,也是光通量的直射分量和反射分量在水平面上产生的总照度。

根据利用系数和照度的定义,并考虑灯具使用期间光通量因光源及环境而衰减的因素,可得出工作面上的实际平均照度为

$$E_{av} = \frac{n\Phi UM}{A} \tag{5-1}$$

式中 n——安装灯具的数量,个;

Φ——每个灯具的光通量,lm;

U——利用系数;

M——减光损失系数,受光源本身使用期间光通量衰减程度、灯具及环境污染程度的影响,一般取值为 0.7;

A——房间受照面面积,m^2;

E_{av}——平均照度,lx。

灯具的利用系数与其形式、光视效能和配光曲线有关。照明房间面积大而正,光通量

越多,利用系数就越高。灯具悬挂越高,反射光通量越多,利用系数也越高。在工程应用中,根据照明环境以及灯具的维护情况,选择合适的减光损失系数。通常,利用系数法假设工作面上所有计算点的照度均相同是无法满足一些特殊场合照度的,所以只能算出照明场地的平均照度值以及灯具的个数,而不能充分反映出照明场地的均匀性。

5.1.2 逐点计算法

逐点计算法是通过光源照射各点的光通量的直射分量得出被照点的照度。此方法一般应用在水平、垂直以及倾斜面的照度计算。逐点计算法比较准确,因此可以计算车站的一般照明和局部照明等,但不适用于墙面及天面反射性能好的场所的照度计算,其数学模型如图 5-1 所示。

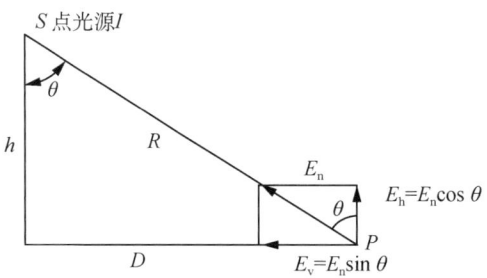

E_h—点光源照射在水平面 H 的 P 点上产生的照度,lx;E_v—点光源的垂直照度,lx;
E_n—点光源在与照射方向垂直的平面上产生的照度,lx;I—照射方向上的光强,cd;
R—点光源至被照面计算点的距离,m;θ—被照面的入射光线与法线的夹角;
h—被照射点与灯具的垂直高度,m;D—被照射点与灯具的水平距离,m

图 5-1 逐点计算法数学模型

1. 照度的距离平方反比定律

$$E_n = \frac{I_\theta}{R^2} \tag{5-2}$$

式(5-2)表明,在某点光源灯具、安装高度都已定的情况下,我们就能计算出该灯具在地面产生的水平面照度值。

2. 照度的余弦定律

如果光线和被照面的法线构成 θ 角度照射在被照面上,水平照度 E_h 计算公式如下:

$$E_h = \frac{I_\theta}{R^2} \cos\theta \tag{5-3}$$

点光源的垂直照度 E_v 为

$$E_v = \frac{I_\theta}{R^2}\cos\beta = \frac{I_\theta}{R^2}\sin\theta \tag{5-4}$$

如果光源的安装高度为 h,则 E_h 和 E_v 分别为

$$E_h = \frac{I_\theta}{R^2}\cos\theta = \frac{I_\theta}{\left(\dfrac{h}{\cos\theta}\right)^2}\cos\theta = \frac{I_\theta}{h^2}\cos^3\theta \tag{5-5}$$

$$E_v = \frac{I_\theta}{R^2}\sin\theta = \frac{I_\theta}{\left(\dfrac{h}{\cos\theta}\right)^2}\sin\theta = \frac{I_\theta}{h^2}\cos^2\theta\sin\theta \tag{5-6}$$

上述公式反映了点光源 E_h,E_v,R 及 θ 各参数之间的关系。如果是多个光源一起照射,则水平面、垂直面上的点照度值分别叠加。

5.1.3 单位容量法

单位容量法可以看作利用系数法的简化,使用单位容量法与利用系数法得出的结果比较接近,不过过程方法会简洁很多。这种方法耗时较短,所以在实际中也得到广泛应用。单位容量法一般用于初步设计阶段的简单估算,其计算公式如下:

$$W = \frac{nP}{S} \tag{5-7}$$

式中 W——达到最低照度值,单位面积应当配置的照明负荷容量,W/m^2;

n——达到最低照度值应当配置的灯具个数,个;

P——单个灯具所消耗的功率,W;

S——照明空间的总面积,m^2。

5.1.4 软件模拟计算

利用系数法、单位容量法计算较简单,但是精度较低;逐点计算法精度较高,但计算烦琐,耗时耗力。随着计算机技术飞速发展,复杂的计算都能通过计算机完成,准确而且迅速。目前,国际上知名的照明产品生产商都研发出设计和计算的照明软件,并且结合自身照明产品得到大力推广。

5.2 照明功率密度

照明功率密度值作为衡量照明系统节能的关键指标,其是否满足节能标准影响整个照明耗能的高低。目前我国各种照明标准均将功率密度值(Lighting Power Density,

LPD)作为照明的节能评价指标。

LPD 限值是国家依据节能方针从宏观上作出的规定,照明设计中实际的 LPD 应小于或等于标准规定的 LPD 限值。如果二者相等,说明是"合格"的设计;如超出,则是"不合理"设计。因此,设计师要努力优化方案,力求降低实际 LPD,使之小于甚至大幅小于标准规定的 LPD 限值,做出"良好"或"优秀"的节能设计。地铁照明 LDP 须满足《城市轨道交通照明》(GB/T 16275—2008)、《建筑照明设计标准》(GB 50034—2013)和《建筑节能与可再生能源利用通用规范》(GB 55015—2021)的要求,地铁车站、区间等在满足照度均匀度以及眩光、色温和显色性要求的前提下,LPD 须在规范规定范围之内。

LDP 的计算公式如下:

$$LDP = \frac{\sum P}{S} \tag{5-8}$$

式中　$\sum P$ ——房间内装设光源(含镇流器)的功率和,W;
　　　S——房间面积,m^2。

LDP 的大小主要取决于平均照度的大小和所用光源与灯具的效率。当平均照度一定时,所用光源与灯具的效率越高,LPD 就越小。因此,对 LPD 限值作出规定,将促使照明设计全面考虑照明质量和能效,促进照明设计水平的提高,加速更高效的光源、灯具等照明设备的推广应用。

降低 LPD 可采取的其他措施有:

(1) 设计的照度计算值可略低于规定的照度标准值,但不应低于其 90%。作业面周围的照度可以低于作业面的照度,一般允许降低一级。

(2) 通道和非作业区的照度可以降为作业面照度的 1/3 或以上。

(3) 对于装饰性灯具,按其功率的 50% 计算 LPD。减少装饰性灯具,可降低 LPD。

(4) 当条件允许时,可适当降低灯具安装高度,以提高利用系数。

5.3　照明节能措施

针对地铁照明系统进行节能降耗研究,应先将重点放在系统设计上,前期设计是否合理在很大程度上决定电能使用率以及最终运营效果。基于国家相关规定与标准,在满足照明基本功能的前提下,进一步对照明产品进行择优选择,降低实际运行电力损耗。要明确,系统节能设计并不是以牺牲照明效果为目的,无论采取任何节能措施,均需要保证系统照度、眩光、色温、显色性等视觉效果技术指标满足标准要求。一切设计均需要从实际需求出发,结合地铁照明需求,基于国家标准,确定设计优化要点。

5.3.1 设备节能

传统荧光灯的发光原理为当灯丝有电流通过时,灯管内灯丝发射电子,灯管内部温度升高,管内水银蒸发,这时如果在灯管两端加上足够的电压,管内的氩气将会发生电离,灯管有氩气放电过渡到水银蒸汽放电。传统荧光灯的发光原理决定了其发光效率低、能耗高以及寿命短的特点。

发光二极管(Light Emitting Diode,LED)被称为"第四代光源",是未来"绿色照明"的主角。LED采用固体冷光源技术,封装的材料是环氧树脂,抗震性好,LED灯管内没有灯丝结构,使用的是直流驱动的半导体材料,发光过程中发热少,正常使用年限在6年以上。LED灯具有低碳环保、结构可靠、体积微小、启动速度快、显色性良好、使用寿命长、能耗低等特点,在新建地铁照明中得到快速推广应用。

根据多个地铁项目照明改造工程的实测数据,将地铁照明灯具由荧光灯替换成LED灯,达到相同的照度、均匀度、色温和显色性条件,LED灯的安装容量约为荧光灯的50%,即LPD降低约50%。

目前LED光源的光效在140~160 lm/W,且还在提升中。加上LED灯寿命长、维护工作量小,其使用成本大幅降低。因此,在地铁中全面推广使用LED灯将是地铁照明能效提升的关键措施。

近几年,随着直流照明技术的日趋成熟,直流照明配电陆续在一些城市的地铁照明中试点应用。直流照明配电具有安全性高、控制灵活、线路损耗小、灯具寿命长的优势,同时直流照明配电可配合光伏发电系统使用,使得新能源的利用率得以大幅提高,直流照明配电将是未来地铁照明的主流配电方式。

5.3.2 控制节能

传统的地铁照明由BAS系统控制,车站的照明按5种模式运行,分别为正常模式、节电模式、火灾模式、维修模式和停运模式。

(1)正常模式,用于正常运营时的客流高峰期和节假日。

(2)节电模式,用于正常运营时的非客流高峰期。

(3)火灾模式,用于车站或车站相邻区间火灾。消防控制室确认火灾后,强制切断有关部位的非消防电源,接通警报装置、火灾应急照明灯和疏散标志灯,转入火灾模式。在火灾模式下,BAS只监不控(即只显示系统的工作状态)。火灾发生区域分为车站和区间,车站又分为公共区和设备区。火灾模式时,广告照明瞬时切断,车站工作照明(公共区工作照明、设备区工作照明)延时切断,延时时间可调。

(4)维修模式,用于区间设备检修。当区间照明非常亮的线路需要进行区间设备维修时,打开区间照明灯具。

(5)停运模式,用于停止运营时间段。停运模式时间根据运营公司实际运营时间表确定，一般为地铁停运后 10 min 至第二天运营前 10 min。

传统的 BAS 控制方式有一定的照明节能效果，但要想进一步提升照明能效，则需要借助智能照明控制系统。

智能照明控制系统是基于计算机技术、自动控制、网络通信、现场总线、嵌入式关键技术等多种技术的分布式控制管理系统，可以实现照明设备智能化集中管理与控制，具有定时控制、联动控制、场景模式、远程控制等功能，控制方式智能灵活，从而能达到较好的节能效果，有效延长灯具的寿命，管理维护方便，可以改善工作环境和提高工作效率。智能照明控制系统为照明行业提供一套提高科学管理水平、节能减排、精简人员、节省运营成本和提高服务质量的信息化建设及智能控制的系统解决方案。

智能照明控制系统在保证灯具正常运行的情况下，让灯具以最佳功率照明，不仅可以减少因为过压产生的眩光，让光线更加舒适，还能够降低能耗。智能照明控制系统可以在照明和混合电路中运用，还能够在各种复杂的电网环境及负载情况下连续稳定地运行，适应性强，大幅提升了灯具寿命和降低维保费用。

智能照明控制系统具有以下特点：

（1）照明的自动化控制。使用智能照明控制系统，各项照明工作将按系统预先设置的程序进行工作，各种照明模式将会按照设置进行切换。

（2）控制模式的多样化。系统可实现单点、多点、区域、群组控制，场景预设，定时开关，亮度调节，红外探测，光感控制，消防联动，集中监控，远程控制等智能控制任务。

（3）紧急手动功能及断电保存功能。开关模块具备手动开关功能，在紧急情况（如线路及模块损坏）下，对照明回路进行开关灯的手动操作，从而不影响整套系统的使用。电源突然断电后，模块能保留原有的设置数据，来电就能正常工作。

（4）可提高灯具使用寿命。影响灯具使用寿命的主要因素之一是电压，如果能够让灯具工作电压得到合适的降低，会使灯具使用寿命得到延长。智能控制系统可以有效地控制冲击电压和浪涌电压，灯具便不会由于电压过高而损坏。智能调光控制系统使用的是缓开启调光控制，有效降低了对灯具的冷态冲击，延长灯具使用时间，减少大量光源的损坏，降低灯具更换次数，节省了成本。

（5）节约能源。智能照明控制系统能够对控制范围内的灯具进行智能调光。例如，当室外光线较亮时，室内灯具会调低亮度；当室外光线较暗时，内部的灯具会自动调亮，这样可以有效利用各种自然光线达到节能的效果。地铁站台层 LED 灯具、出入口的灯具等由于得到智能控制而实现节能的效果。

（6）综合控制。系统对各区域照明进行综合监控，利用各种类型的控制模式将不同的独立控制功能模块用一根计算机数据线进行综合控制，实现对各区域照明系统灯具的智能化管理和控制。

智能照明系统设备还设有监视功能，可以查看到不同区域配电箱的设备运行情况，其若发生故障，可立刻在控制中心被发现，有利于运营管理。

目前国内地铁设置的智能照明控制系统,大部分还是采用回路控制,没有完全发挥出智能照明控制系统的节能效果,且国内大部分地铁的设计照度一般都是偏高的。LED照明灯具的大规模推广应用,为实现单灯调光控制提供了条件,通过调节LED驱动电源占空比,可以很方便地调节LED灯的亮度,从而达到调节车站照度的目的。采用单灯调光控制的智能照明控制系统,可实现恒照度控制,即使设计时的照度偏高,也可以通过调光将车站照明照度控制在设定值。同时,当光源老化输出光通量减少时,可以通过增加驱动电源占空比,保证灯具输出光通量不变,从而实现照度恒定,既满足了照度要求,也节约了电能。车站公共区的照度值可以结合人流量进行设置,在一些特定场合,如人员较少的走廊、检修平台、地沟、风道等,还可以采用人员跟随控制。当人员走动时,附近的几盏灯自动点亮,稍远的灯自动熄灭或变暗,照亮区域始终保持在人体周围(图5-2)。

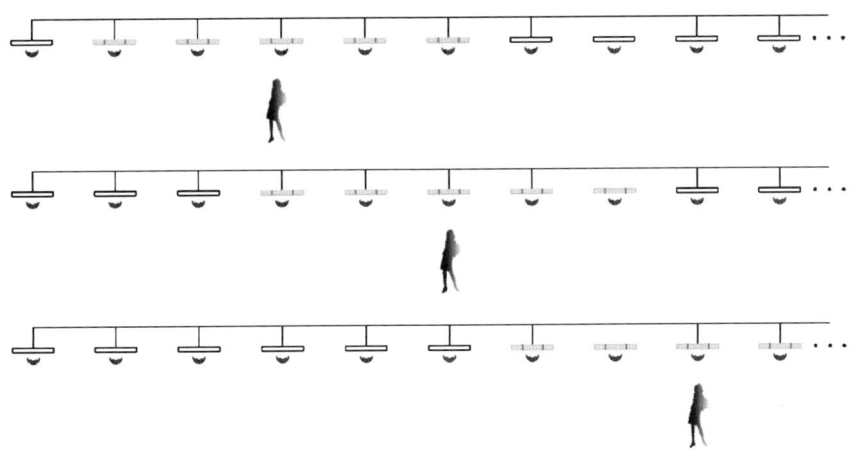

图5-2 人体跟随控制示意

高架车站、地下车站出入口及车辆基地的照明控制可采用带环境光补偿的恒照度控制方式。在相关区域安装照度传感器,当周围环境光较亮时,该区域的灯具就会降低亮度输出;当周围环境光较暗时,该区域的灯具就会提高亮度输出。通过动态调节灯具的亮度输出,从而达到利用环境光补光的方式,实现节能和区域亮度恒照度的效果。带环境光补偿的恒照度控制方式示意图如图5-3所示。

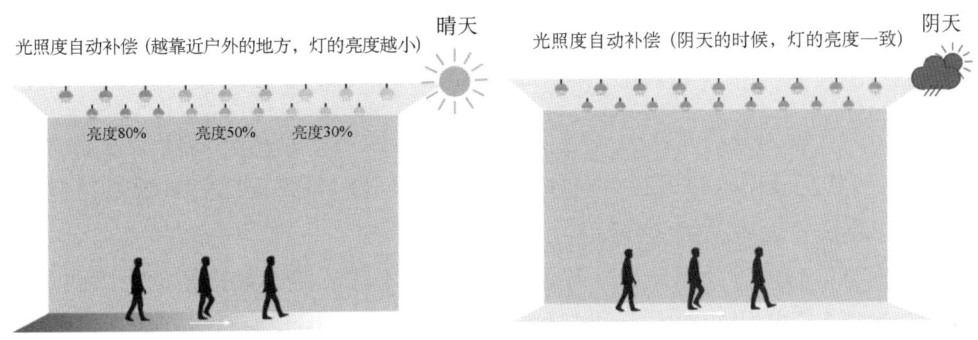

图5-3 带环境光补偿的恒照度控制方式示意

5.3.3 精细化设计节能

设计的不精细之处往往会导致很多设备不能独立控制或者控制方式不合理，造成能源浪费。例如，将车站走廊和设备区楼梯间的照明灯设计为声控，在民用建筑中完全正确，但在地铁车站中因环境相对封闭，通风空调设备运行噪声和车辆噪声较大，声控的灯具几乎是常亮的。因此，只有在前期设计中充分考虑节能控制措施，才能在运营之后让运营人员充分利用这些措施来实现节能控制。地铁车站照明精细化设计主要体现在以下方面：

（1）室外及出入口灯具独立控制。室外导向灯箱及出入口飞顶照明应独立设置回路，独立控制，白天原则上是灭灯运行。很多地铁因室外和出入口灯具跟出入口通道共用照明回路，白天无法关灯，导致电能白白浪费。

（2）应急照明可控。应急照明不设开关，平时常亮，不仅导致能源的巨大浪费，也缩短了灯具的使用年限。因此，要想节约能源，设备区应急照明必须就地可控，公共区和区间应急照明必须远程可控。

（3）区间照明可控。国内相当一部分地铁的区间照明设计为不可控，即平时常亮，不仅带来能源的浪费和灯具使用年限的缩短，也对司机的视线构成一定干扰。因此，区间照明应设计成远程可控。正常运行时，区间灯具不亮；当需要进行区间设备检修时，才远程打开区间照明（切换到区间维修模式）。

（4）走廊及楼梯间照明延时自动熄灭。走廊及楼梯间一般采用就地设翘板开关控制，从目前的运行情况来看，基本都是常亮的。走廊及楼梯间照明采用延时自动熄灭的开关可有效节约电能。

（5）风道、风机房灯具在入口处集中控制。一般设备房的灯具都是在入口处独立控制，但风道、风机房很多时候是在灯具下方设开关，导致运营使用不便，灯具经常处于常亮状态。将风道、风机房灯具开关设置在入口位置，使用方便，有利于节能。

（6）屏蔽门光带智能控制。屏蔽门光带采用 LED 灯，功率大、亮度高，部分地铁甚至站台层正常照明不开，仅靠屏蔽门光带照明即可满足站台层照度要求。因此，需降低屏蔽门光带的灯具功率，并将光带照明纳入智能照明控制，与列车进出站信息进行联动。平时屏蔽门光带处于低亮度状态，当系统检测到列车即将到站时，屏蔽门光带逐渐提高亮度至全亮，列车离站后光带自动渐变至低亮状态。这样，屏蔽门在满足照明的同时，也可以起到警示作用。

（7）回路的合理划分。车站公共区及出入口通道照明回路的合理划分为节能控制提供了可能性，公共区及出入口通道灯具应按纵向划分回路，且每回路灯具数量尽量不超过 20 盏，以便在地铁停运后预留部分灯具用于值班照明。

（8）对照明负荷进行分类计量。有了分类计量，才有节能的数据依据，才可以对相关的人员、部门进行考核，并以考核促进节能意识培养。

6 自动扶梯节能技术

6.1 公共交通型自动扶梯节能部件的研究

6.1.1 自动扶梯的节能因素

自动扶梯输送乘客的过程是做功,将一定数量的乘客输送到另一楼层,所需的能量由驱动主机的电机提供,而用于输送单位载荷所需的能量是恒定不变的,因此,自动扶梯输送载荷所需的恒定能量是无法节省的,但电机动力通过减速箱传递给驱动链,再通过梯级链传递给梯级,其间由于摩擦所消耗的能量是可以被节省的。扶梯的能耗计算见式(6-1):

$$W_{能耗} = P_{输入} \cdot T = \frac{P_{输出} \cdot T}{\eta_1 \cdot \eta_2} = \frac{(W+F) \cdot v \cdot T}{\eta_1 \cdot \eta_2} \tag{6-1}$$

式中 $W_{能耗}$——自动扶梯运行所耗能量,kW·h;

$P_{输入}$——电网输入功率,kW;

$P_{输出}$——电机输出功率,kW;

T ——自动扶梯运行时间,h;

η_1——自动扶梯的机械传动效率;

η_2——自动扶梯的电机效率;

W ——载荷,kN;

F ——自动扶梯上下水平段和倾斜段的阻力之和,kN;

v ——自动扶梯运行速度,m/s。

由式(6-1)可知:在地铁车站中,由于载荷 W(即乘客)和运行时间 T(即地铁车站营业时间)是不能被节省的,自动扶梯运行时来自导轨的阻力 F 也是一定的,因此自动扶梯的能源效益主要与机械传动效率 η_1、电机效率 η_2 和运行速度 v 有关。因此,在城市地铁车站的自动扶梯节能设计中,重点考虑电机效率、机械传动效率和扶梯的空载运行模式(空载速度)三大因素,需对自动扶梯所采用的电机、减速器及变频器进行选型。

6.1.2 电机的选型

常用的电机有三相交流异步电机与直流同步电机,它们各自有着独特的优势和适用场景。

(1) 三相异步电动机的优势:①维护成本低。三相异步电动机没有刷子,因此无需进行刷子更换和维护。与此相比,直流同步电动机需要定期更换刷子。②费用较低。三相异步电动机的制造和安装成本相对较低,且通常比同等功率的直流同步电动机便宜。③安装简单。三相异步电动机不需要复杂的控制器和调速器,安装起来相对简单。④可靠性高。三相异步电动机结构简单,因此故障率低,寿命长。

(2) 直流同步电动机的优势:①高效率。由于直流同步电动机不会有旋转磁场损耗,因此其效率相对较高。②精度高。直流同步电动机的转速和位置可以通过精确的电子控制实现,因此适用于需要高精度定位和速度控制的应用。③转矩稳定。由于直流同步电动机采用了感应式励磁,其转矩稳定,适用于需要连续稳定输出转矩的应用。

综上所述,三相异步电动机适用于低成本、维护简单和可靠性要求高的场景,而直流同步电动机则适用于高精度定位和速度控制、连续稳定输出转矩的场景。由于在地铁运营环境中,对自动扶梯的高精度定位、速度精准控制等要求较低,更看重的是产品的高可靠性、低投资及易于维护等,因而,地铁车站自动扶梯的电机首选三相易于交流异步电动机。

1. 鼠笼式三相异步电动机

1) 鼠笼式三相异步电动机效率

地铁车站中的客流存在明显的高峰和低谷,以杭州地铁 1 号线客流变化为例(表 6-1),高峰时间段(17:00—19:00,07:00—09:00)的客流占全日总客流的比例为 41.11%,早上(06:00—07:00)、夜晚(23:00—24:00)客流占全日总客流的比例均不足 2%,其他时段的客流占比在 4%~7%。

表 6-1　　　　　　　　　　杭州地铁 1 号线某日客流统计

时段	客流量/人次	比例
23:00—24:00	22 011	1.37%
22:00—23:00	45 587	2.84%
21:00—22:00	62 301	3.88%
20:00—21:00	76 713	4.77%
19:00—20:00	108 853	6.77%
18:00—19:00	159 933	9.95%
17:00—18:00	171 818	10.69%
16:00—17:00	61 364	3.82%
15:00—16:00	69 829	4.34%
14:00—15:00	102 381	6.37%
13:00—14:00	44 749	2.78%

续表

时段	客流量/人次	比例
12:00—13:00	88 081	5.48%
11:00—12:00	55 963	3.48%
10:00—11:00	73 455	4.57%
09:00—10:00	109 169	6.79%
08:00—09:00	**176 762**	**11.00%**
07:00—08:00	**152 188**	**9.47%**
06:00—07:00	**26 219**	**1.63%**
合计	1 607 376	100.00%

由于地铁车站中的客流存在明显的高峰和低谷,所以自动扶梯在上下班时间也存在客流高峰,除高峰外的大部分时间则都处于轻载或空载的运行状态,特别是在夜晚。在轻载情况下,如果自动扶梯电机能保持较高的效率,则将有效降低自动扶梯的能耗。要求自动扶梯电机在25%~50%负载区间具有较高的效率,这是电机选型需要重视的问题。

《自动扶梯和自动人行道的制造与安装安全规范》(GB 16899—2011)规定:公共交通型自动扶梯适应每周运行约140 h,且在任何3 h的间隔内,持续重载(120 kg/梯级)时间不小于0.5 h,其载荷应达100%的制动载荷。由于存在连续满载的情况,所以其电机功率配置要高于普通自动扶梯。《地铁设计规范》(GB 50157—2013)规定:地铁应采用重载公共交通型扶梯,其在任何3 h的间隔内,持续重载(120 kg/梯级)时间需要按不小于1 h来考虑。其电机的功率配置相应提高,一般要高于普通自动扶梯的30%。因此选用在25%~50%负载区间效率高的电机,显得尤其重要。

电机的转差率是异步电动机能否在低负载时具有高效率的一个重要参数。三相异步电动机转子转速与旋转磁场产生的同步转速差异是保证异步电动机旋转的必要条件,旋转磁场的同步转速 n_1 与电动机转子转速 n 相差程度用转差率 S 表示,它们之间的关系见式(6-2):

$$S = (n_1 - n)/n_1 \tag{6-2}$$

式中,S 在0~1范围内变化。

转子电路电动势、电流、频率、感抗和功率因数都与转差率有关。转子转速越接近同步转速,则转差率越小。一般在额定负载时,转差率小的异步电动机的铁耗、铜耗和轴承摩擦损耗占电机输入功率的比例低,故而效率高,且在低负载区的效率也较高。

图6-1是A品牌6极15 kW电机的效率曲线,转差率为3%,在负载率为25%时电机效率达77.1%。图6-2是B品牌6极15 kW电机的效率曲线,转差率为1.8%,在负载率为25%时电机效率达83.3%。可见,后者在低负载时的效率要比前者高6%左右。根据前文自动扶梯的节能情况可知,6%的效率提高能使扶梯的能耗相应降低6%。

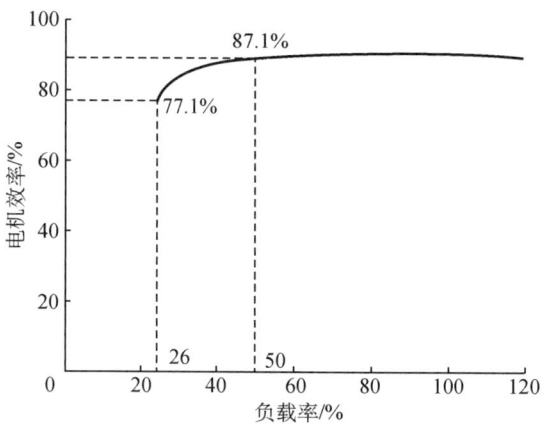

图 6-1 A 品牌电机效率曲线

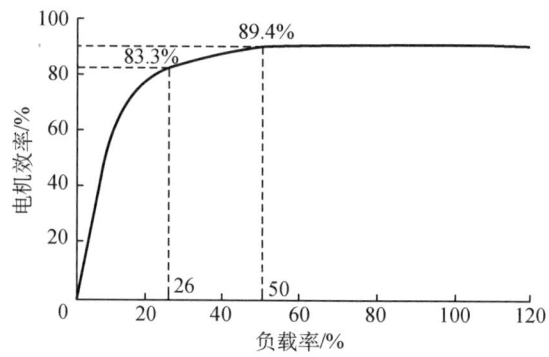

图 6-2 B 品牌电机效率曲线

为了采用高效率封闭式鼠笼式感应电动机,要求电机的转差率不大于 4%,实际使用中各种功率电机的平均转差率在 3% 以下,这保证了自动扶梯在低负载时具有较高的电机效率。以广州地铁为例,从已投入使用的近 600 台自动扶梯来看,以平均提升 8 m 的高度计算,提高 2%～7% 效率,意味着年节电量可达 100 万～350 万 kW·h。

2) 地铁车站自动扶梯设计中采用的电机参数

根据上文分析,城市地铁车站自动扶梯选型设计中要求自动扶梯厂家采用满足以下参数的电机:封闭式鼠笼式高效率感应电动机,连续工作型,自带风扇冷却,额定转差率不大于 4%,额定功率因数大于 0.86,启动电流低于额定电流的 3.5 倍。功率因数 $\cos\varphi$、效率 η、转速 n、堵转电流/额定电流、堵转转矩/额定转矩和最大转矩/额定转矩等主要电机参数满足国际电工委员会(International Electrotechnical Commission,IEC)对封闭式鼠笼式感应电动机的标准要求。

电机绝缘等级为 F 级;外壳防护等级:室内梯为 IP54,室外梯为 IP55(电机的端子防护等级为 IP65);能在 50℃ 的环境温度下连续工作。

2. 自动扶梯电机主要型号

1）国内

目前国内地铁车站中的自动扶梯所采用的电机型号主要有天津佳利、海安宏菱和上海林泉先锋,具体技术参数分别见表6-2—表6-4。

表6-2　　　　　　　　　　　天津佳利电机主要技术参数

序号	项目		技术参数		备注
			额定速度	检修速度	
1	制造厂名		天津佳利电梯电机厂		
2	型号		TM 系列		
3	绝缘等级		F 级		
4	外壳防护等级		IP54(室内)/IP55(室外)		
5	功率	$H=5$ m	13.5 kW	3 kW	
		$H=9$ m	2×10.5 kW	4.8 kW	
		$H=11$ m	2×13.5 kW	5.4 kW	
6	频率		50 Hz	10 Hz	
7	电流	$H=5$ m	28.5 A	10.8 A	
		$H=9$ m	2×24 A	19.8 A	
		$H=11$ m	2×28.5 A	21.6 A	
8	功率因素	$H=5$ m	0.8	0.2	
		$H=9$ m	0.8	0.21	
		$H=11$ m	0.8	0.2	
9	效率	$H=5$ m	0.87	0.60	
		$H=9$ m	0.90	0.62	
		$H=11$ m	0.87	0.60	
10	转差率		≤4%		
11	额定转速		960 r/min, 1 440 r/min		
12	牵引力矩		(9 550×功率)/转速		
13	制动力矩		≤180 N·m		
14	启动电流		按功率		

续表

序号	项目	技术参数		备注
		额定速度	检修速度	
15	启动方式	变频启动		
16	电机选型功率裕度	>5%		
17	工作制	S1		

注：H 为扶梯提升高度，额定速度为 0.65 m/s，检修速度为 0.13 m/s。

表 6-3　　　　　　　　　　海安宏菱电机主要技术参数

序号	项目		技术参数		备注
			额定速度	检修速度	
1	制造厂名		海安宏菱		
2	型号		ZYDEA		
3	绝缘等级		F 级		
4	外壳防护等级		IP55		
5	功率	$H=5$ m	15 W	2 W	
		$H=9$ m	18.5 W	2.5 W	
		$H=11$ m	22 W	3 W	
6	频率		50 W	50 W	
7	电流	$H=5$ m	30 A	3 A	
		$H=9$ m	37 A	3.7 A	
		$H=11$ m	43 A	4.3 A	
8	功率因素	$H=5$ m	0.84	0.50	
		$H=9$ m	0.84	0.50	
		$H=11$ m	0.85	0.50	
9	效率	$H=5$ m	0.91	0.40	
		$H=9$ m	0.92	0.40	
		$H=11$ m	0.92	0.40	
10	转差率		≤3%		
11	额定转速		970 r/min		
12	牵引力矩		>2.5 N·m		
13	制动力矩		>2 N·m		
14	启动电流		70 A		

续表

序号	项目	技术参数		备注
		额定速度	检修速度	
15	启动方式	变频启动		
16	电机选型功率裕度	80%		
17	工作制	S1		

注：H 为扶梯提升高度，额定速度为 0.65 m/s，检修速度为 0.13 m/s。

表 6-4　　　　　　　　　上海林泉先锋电机主要技术参数

序号	项目		技术参数		备注
			额定速度	检修速度	
1	制造厂名		上海林泉先锋公司		
2	型号		FTMS160/6-15		电机 11 kW
			FTMS160/6-16L		电机 15 kW
3	绝缘等级		F 级		
4	外壳防护等级		IP55		接线端子防护等级 IP67
5	功率	$H=5$ m	15 kW	2.2 kW	
		$H=9$ m	2×11 kW	3.0 kW	
		$H=11$ m	2×15 kW	4.0 kW	
6	频率		50 Hz	10 Hz	
7	电流	$H=5$ m	33 A	5 A	
		$H=9$ m	51 A	7 A	
		$H=11$ m	66 A	9 A	
8	功率因素	$H=5$ m	0.80	0.42	
		$H=9$ m	0.80	0.37	
		$H=11$ m	0.80	0.35	
9	效率	$H=5$ m	0.86	0.15	
		$H=9$ m	0.86	0.14	
		$H=11$ m	0.86	0.13	
10	转差率		3.7%		11 kW
			3.5%		15 kW
11	额定转速		965 r/min		

续表

序号	项目	技术参数		备注
		额定速度	检修速度	
12	牵引力矩	111 N·m		$H=11$ m, $v=0.65$ m/s
13	制动力矩	139 N·m		
14	启动电流	51 A		11 kW
		66 A		15 kW
15	启动方式	星-三角启动/变频启动		
16	电机选型功率裕度	20%		$H=11$ m
17	工作制	S1		

注:H 为扶梯提升高度,额定速度为 0.65 m/s,检修速度为 0.13 m/s。

2) 国外

目前国外地铁车站中的自动扶梯所采用的电机型号主要以芬兰 KCI、德国 OMS 和 ATB 以及日本株式会社安川为主,下面对其技术参数进行介绍,具体见表 6-5—表 6-8。

表 6-5 芬兰 KCI 电机主要技术参数

序号	项目	技术参数	备注
1	制造厂名	芬兰通力公司	
2	型号	MF16 LC200	
3	绝缘等级	F 级	
4	外壳防护等级	IP55	
5	额定功率	15 kW	
		18.5 kW	
		2×15 kW	
		2×18.5 kW	
		2×30 kW	
6	额定电流	17.3 A	
		21 A	
		2×17.3 A	
		2×21 A	
		2×35 A	
7	功率因素	0.86	
8	额定效率	0.92	

续表

序号	项目	技术参数	备注
9	转差率	2.67%	
10	额定转速	1 460 r/min	
11	启动电流	87 A	
		87 A	
		2×87 A	
		2×87 A	
		2×87 A	
12	空气开关容量（主电源断路器）	30～40 A	
		37～50 A	
		56～80 A	
		56～80 A	
		56～80 A	

表 6-6 德国 OMS 电机主要技术参数

| 序号 | 项目 | 技术参数 | | 备注 |
		额定速度	检修速度	
1	制造厂名	德国 OMS		
2	型号	ECH2		
3	绝缘等级	F 级		
4	外壳防护等级	IP55		
5	功率 $H=5$ m	11.9 kW	0.43 kW	
	$H=9$ m	19.9 kW	0.58 kW	
	$H=11$ m	24.1 kW	0.69 kW	
6	频率	50 Hz	10 Hz	
7	电流 $H=5$ m	28.5 A	6.27 A	
	$H=9$ m	38.3 A	10 A	
	$H=11$ m	49.5 A	11.2 A	
8	功率因素 $H=5$ m	0.92	0.52	
	$H=9$ m	0.94	0.56	
	$H=11$ m	0.90	0.50	

续表

序号	项目		技术参数		备注
			额定速度	检修速度	
9	效率	$H=5$ m	0.89	0.71	
		$H=9$ m	0.91	0.70	
		$H=11$ m	0.91	0.69	
10	转差率		4%		18.5 k 电动机
11	额定转速		1 440 r/min		
12	牵引力矩		122.7 N·m		
13	制动力矩		240 N·m		
14	启动电流		90 A		
15	启动方式		变频启动/星-三角启动		正常变频启动
16	电机选型功率裕度		120%		$H=9$ m
17	工作制		S1		额定负载运行

注：H 为扶梯提升高度，额定速度为 0.65 m/s，检修速度为 0.13 m/s。

表 6-7　　德国 ATB 电机主要技术参数

序号	项目		技术参数		
			$v=0.65$ m/s	$v=0.50$ m/s	$v=0.13$ m/s
1	制造厂名		德国 ATB		
2	型号		AF/RF 系列		
3	绝缘等级		F 级		
4	外壳防护等级		IP55		
5	功率	$H=5.5$ m	12.43 kW	9.56 kW	4.97 kW
		$H=9$ m	20.07 kW	15.44 kW	8.02 kW
		$H=12$ m	26.51 kW	20.39 kW	10.6 kW
6	频率		50 Hz	38.5 Hz	10 Hz
7	电流	$H=5.5$ m	25.2 A	22 A	17.2 A
		$H=9$ m	38 A	33 A	19.1 A
		$H=12$ m	49 A	38 A	25 A
8	功率因数	$H=5.5$ m	0.80（满载时）	0.72（满载时）	0.5
		$H=9$ m	0.83（满载时）	0.82（满载时）	0.5
		$H=12$ m	0.83（满载时）	0.82（满载时）	0.5

续表

序号	项目		技术参数		
			$v=0.65$ m/s	$v=0.50$ m/s	$v=0.13$ m/s
9	效率	$H=5.5$ m	0.91(满载时)	0.91(满载时)	0.872
		$H=9$ m	0.91(满载时)	0.91(满载时)	0.870
		$H=12$ m	0.91(满载时)	0.91(满载时)	0.879

注:H为扶梯提升高度。

表 6-8　　日本株式会社安川电机主要技术参数

序号	项目		技术参数		
			$v=0.65$ m/s	$v=0.50$ m/s	$v=0.13$ m/s
1	制造厂名		株式会社安川电机		
2	型号		FEF 系列		
3	绝缘等级		F 级		
4	外壳防护等级		IP55(室外梯)/IP54(室内梯)		
5	功率	$H=5.5$ m	12.43 kW	9.56 kW	4.97 kW
		$H=9$ m	20.07 kW	15.44 kW	8.02 kW
		$H=12$ m	26.51 kW	20.39 kW	10.6 kW
6	频率		50 Hz	38.5 Hz	10 Hz
7	电流	$H=5.5$ m	25.2 A	22 A	17.2 A
		$H=9$ m	38 A	33 A	19.1 A
		$H=12$ m	49 A	38 A	25 A
8	功率因数	$H=5.5$ m	0.80(满载时)	0.72(满载时)	0.5
		$H=9$ m	0.83(满载时)	0.82(满载时)	0.5
		$H=12$ m	0.83(满载时)	0.82(满载时)	0.5
9	效率	$H=5.5$ m	0.91(满载时)	0.91(满载时)	0.872
		$H=9$ m	0.91(满载时)	0.91(满载时)	0.870
		$H=12$ m	0.91(满载时)	0.91(满载时)	0.879

注:H为扶梯提升高度。

6.1.3　减速器的选型

选择与三相交流异步电动机相匹配的减速器时,需要考虑以下几个因素。

(1)扭矩:减速器的扭矩输出必须大于或等于扶梯所需的最大扭矩。

(2)转速:减速器的输出转速必须与扶梯的要求匹配。

(3)负载类型:减速器必须能够适应扶梯上的负载类型,例如轴向载荷、径向载荷和弯曲载荷等。

（4）载荷：根据扶梯上的载荷情况，选择相应的减速器。

因此，在选择与三相交流异步电动机相匹配的减速器时，需要确定扶梯上的载荷情况，包括质量、人数和运行速度等因素，并根据这些因素选择适当的设计减速器。例如，当扶梯上安装载荷较大的货物或者人数较多时，设计需要选择承载能力更高的减速器，以确保其安全运行。在选择减速器时，还需要考虑其质量、可靠性、耐久性和维护成本等因素，以确保减速器能够长期稳定运行并具有较长的寿命。

1. 减速器效率

自动扶梯的机械传动效率主要由减速器传动效率、驱动链、梯级链和扶手带驱动链的传动效率构成。链传动是目前自动扶梯的固定结构，因此提高扶梯机械传动效率的主要途径是采用高传动效率的减速箱。传统的自动扶梯减速箱多为蜗轮蜗杆结构，其传动效率低，最高仅约86%。而采用齿轮减速箱，其传动效率可提高至94%以上。其中，采用伞齿轮+斜圆柱齿轮二级减速器的传动效率可提高至94%；采用斜圆柱齿轮二级减速器的传动效率可达96%；采用行星齿轮减速器的传动效率也可达96%。

以广州地铁为例，公共交通重载型扶梯均配用齿轮减速箱，从已投入使用的近1 000台扶梯来看，以平均提升高度8 m计算，提高10%以上的传动效率，意味着年节电量可为500万kW·h以上。

2. 自动扶梯减速器主要型号

目前我国公共交通重载型扶梯采用的传动效率在94%以上的减速器型号主要有西门子弗兰德、德国OMS和SEW。

1）西门子弗兰德减速器

该类型主机齿轮箱采用蜗轮蜗杆+斜齿轮传动的设计型式，可有机地将蜗轮蜗杆传动和斜齿轮传动的优点结合起来。蜗轮蜗杆传动具有噪声低、传动平稳、减振动性好、随输入转速提高与速比减小而效率提高等特点；斜齿轮传动具有在较小的空间内传递较大的力矩、低速时也能保证较高的传动效率的特点，但转速对噪声的影响比较大。因此，将蜗轮传动放在第一级，斜齿轮传动放在第二级，使蜗轮传动的速比大大减小，这样既具备蜗轮传动的优点，保证了较高的效率，还减小了斜齿轮传动的噪声。更重要的是，这样的设计型式大大降低了齿轮箱的高度，为扶梯提供了更多的安装空间。下面以CG26-135齿轮箱为例，齿轮箱的中心距、材质等参数详见表6-9。

第一级蜗轮蜗杆传动的速比为6.6，当输入转速为1 000 r/min时，效率最高为86%；第二级齿轮传动的速比约3.94，效率为99%，那么总效率为0.86×0.99=86%。

表 6-9　　西门子弗兰德减速器技术参数

型号		CG26-112	CG26-135	CG26-170
中心距	高速轴	112 mm	135 mm	170 mm
	低速轴	145 mm	175 mm	225 mm
齿轮模数	高速轴	—	—	—
	低速轴	Mn=4	Mn=4	Mn=5
齿轮材质	蜗杆	16MnCrS5	16MnCrS5	16MnCrS5
	蜗轮轮缘	CuSi12Ni	CuSi12Ni	CuSi12Ni
	斜齿轮	17CrNiMo6	17CrNiMo6	17CrNiMo6
齿轮热处理	蜗杆	渗碳淬火	渗碳淬火	渗碳淬火
	斜齿轮	渗碳淬火	渗碳淬火	渗碳淬火
齿轮表面硬度	蜗杆	HRC56-60	HRC56-60	HRC56-60
	斜齿轮	HRC59-62	HRC59-62	HRC59-62
允许输出扭矩		3 200 N·m	6 360 N·m	11 000 N·m
允许配用功率		18.9 kW	37.2 kW	68 kW

2) 德国 OMS 减速器

该类型减速器采用先进的立式高效斜齿轮双级传动结构,机械效率高于94%。其技术参数详见表6-10。

表 6-10　　德国 OMS 减速器技术参数

型号	ESC2-15
制造商	德国 OMS 公司
原产地	德国
中心距	141 mm
减速比	1∶24.5
效率	96%
噪声	61 dB(A)
传动副类型	斜齿轮(双级齿轮减速)
油位检查	油标
油量	11 L
合成油	克房伯合成油 EP220
换油间隔时间	10 000 工作小时

3) 德国 SEW 减速器

该类型减速器采用高精度全齿轮传动。全齿轮采用锻钢材料,表面经过渗碳硬化处理,通过优化设计和精密加工,确保轴平行度和定位的精度,使齿轮具有很高的侧面负载能力、运行负载能力和齿根强度。具有在较小的空间内传递较大的力矩、低速时也能保证较高的传动效率等优点,传动效率在94%以上。其技术参数详见表6-11。

表6-11 德国SEW减速器技术参数

型号		K97
中心距	高速轴	213 mm
	低速轴	(339+284) mm
齿轮模数	高速轴	m2
	低速轴	m6
齿轮材质	高速轴	SCM415
	低速轴	SCM415
齿轮热处理	高速轴	渗碳淬火
	低速轴	渗碳淬火
齿轮表面硬度	高速轴	HRC58-62
	低速轴	HRC58-62
允许输入扭矩		150 N·m
允许配用功率		15 kW
减速箱允许油温		85 K
传动副类型		斜齿轮+伞齿轮
传动效率		95%

6.1.4 变频器的选型

1. 变频器的选择

要选择与三相交流异步电动机匹配的变频器,需要考虑以下几个因素。

(1) 电机参数:需要确定电机的额定功率、额定电压、额定电流、额定频率等参数,这些参数通常可以在电机的型号规格表中找到。

(2) 变频器参数:需要确定变频器的额定功率、额定电压、额定电流、额定频率等参数,这些参数也可以在变频器的型号规格表中找到。

(3) 控制方式:需要确定控制电机转速和功率的方式,例如开环控制或闭环控制。在开环控制中,变频器将根据输入的频率控制电机的转速;在闭环控制中,变频器将使用反馈信号来控制电机的转速,以确保它与期望转速一致。

(4) 环境因素:需要考虑变频器和电机将在哪种环境下运行,例如温度、湿度、粉尘等。这些因素可能会影响设备的性能和寿命,因此需要选择适合的设备来适应环境。

(5) 负载特性:需要了解所需驱动的负载特性,例如它是恒定转矩负载还是变负载,以及是否需要控制电机的加速和减速时间。这些因素将影响变频器的选择,因为某些变频器可能无法满足特定的负载特性要求。

一旦确定了这些因素,就可以根据电机和变频器的参数选择合适的设备。常见的变频器制造商通常会提供工具或软件,以帮助用户选择合适的变频器。通常,需要将电机参数输入软件中,并选择所需的控制方式和环境条件,软件将给出建议的变频器型号和参数。需要注意的是,这些建议仅供参考,最终选择仍需根据实际需求和经验进行。

自动扶梯中变频器的选择方法如下。

(1) 依据不同的功率和防护等级选择不同型号的变频器。

(2) 变频器容量选型可参考以下内容:

提升高度为 5.1 m(室内梯),选用变频器型号 FC301,功率为 13.5 kW,启动力矩为 180%,加速转矩为 140%,过载转矩为 160%(60 s),I_n=32 A,I_{max}=51.2 A。

提升高度为 9.9 m(室外梯),选用变频器型号 FC301,功率为 24 kW,启动力矩为 180%,加速转矩为 140%,过载转矩为 160%(60 s),I_n=44 A,I_{max}=70.7 A。

2. 自动扶梯变频器主要型号

目前我国地铁车站中自动扶梯所采用的变频器型号主要有丹麦的丹佛斯和芬兰的瓦萨,主要参数分别见表 6-12 和表 6-13。

表 6-12   丹麦丹佛斯变频器主要参数

制造商	丹佛斯
型号	FC301/FC302 系列
适用电机容量	H≤4 m(15 kW) 4 m<H≤6 m(18 kW) 6 m<H≤7.5 m(22 kW) 7.5 m<H≤8.98 m(30 kW) 8.98 m<H≤12 m(37 kW) 12 m<H≤14 m(45 kW) 14 m<H≤17.1 m(55 kW)
额定输出容量	18~55 kW
额定输出电流	38~73 A
与电机额定电流的选配比	1.26:1
额定效率	0.98
功率因数	0.98
IP 防护等级	IP55
最高工作温度	55℃
防结露方法	增加涂层,符合 IEC7213-3

注:H 为扶梯提升高度。

表 6-13　芬兰瓦萨变频器主要参数

制造商	Vacon
型号	NXL
适用电机容量	15 kW/18.5 kW/22 kW/30 kW
额定输出容量	15 kW/18.5 kW/22 kW/30 kW
额定输出电流	31 A/38 A/46 A/61 A/72 A
与电机额定电流的选配比	1:1
额定效率	0.97
功率因数	0.90
IP防护等级	室外 IP55/室内 IP43
允许最高工作温度	60℃
防结露方法	风扇、辅助加热

6.2　变频技术在自动扶梯中的应用

6.2.1　变频技术的节能效果

以昆明地铁首期工程南段为例进行理论分析，根据首期工程南段初期运营情况，设定如下前提条件：每 5 min 发一趟列车，每趟列车下车乘客 60 人，两台上行扶梯，扶梯运行 18 h 的情况下，经计算：不采用变频技术能耗为 101.5 kW·h，采用变频技术能耗为 46.8 kW·h，节能比例达 54%（图 6-3）。

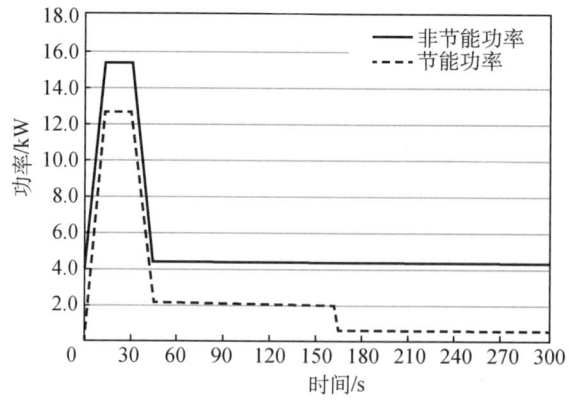

图 6-3　采用变频技术后每 5 min 功率变化对比

6.2.2　对样机的节能测试

对昆明地铁首期工程南段的行政中心站中提升高度为 8.7 m 的自动扶梯样机进行测

试,测试条件是在自动扶梯空载情况下,采用变频技术和不采用变频技术两种方案,其用电情况见表 6-14。

表 6-14　　　　　　　　　　　　电机输入功率测试

内容	额定速度空载运行		变频低速空载运行	
	上行	下行	上行	下行
视在功率/(kV·A)	8.70	8.74	2.5	2.46
有功功率/kW	6.35	6.10	1.70	1.67
功率因数 $\cos\varphi$	0.23	0.24	0.69	0.66

注:额定速度为 0.65 m/s,变频速度为 0.13 m/s。

由上述测试结果可知,在相同的空载工况下,采用变频低速运行的节能效果高达 73%。

6.2.3　运营中实际节能情况测试

为了更能体现实际运营情况,对不同车站的自动扶梯进行了一天或一个星期不同模式下的用电量对比跟踪测试,测试结果见表 6-15。

表 6-15　　　　　　　　　　不同模式下扶梯用电量对比

扶梯类型	模式	运行时间/h	用电量/(kW·h)	节电率
站内扶梯(11 kW)	非节能	18	53	18.9%
	节能	18	43	
出入口扶梯(18.5 kW)	非节能	130	384	38.8%
	节能	130	235	
站内扶梯(24 kW)	非节能	18	47	23.4%
	节能	18	36	

注:1. 对自动扶梯加装三相电度表,在非节能(即取消变频器)模式下,扶梯上行运行 N 小时,计量用电量;
　　2. 对自动扶梯加装三相电度表,在节能(即采用变频技术)模式下,扶梯上行运行 N 小时,计量用电量。

由上述测试结果可知,采用变频技术后,根据不同的运行工况,自动扶梯节能效率在 20%~40%。

6.2.4　全变频自动扶梯分时段运行技术

目前新建地铁车站自动扶梯所采用的节能方案主要是全变频技术,如武汉地铁 2 号线、杭州地铁 1 号线、昆明地铁 6 号线。全变频技术在自动扶梯上的应用其节能效果是显著的,但是结合地铁客流的特点,单纯地采用全变频技术并不能使节能效果达到最大化。

1. 全变频自动扶梯的工作方式

（1）选用额定速度为 0.65 m/s 的自动扶梯，当扶梯入口处的光电传感装置探测到一定时间内自动扶梯上无乘客时，则进入低速运行的待客状态。

（2）自动扶梯低速运行一段时间后（时间可调），扶梯入口处的光电传感装置探测到一定时间内无乘客时，则扶梯停止运行。

（3）当自动扶梯的光电传感装置探测到有乘客进入扶梯时，自动从停止状态或低速状态加速到额定速度 0.65 m/s 运行。

根据全变频自动扶梯的工作方式可以看出，影响自动扶梯运行状态的主要是客流，若一段时间内无客流，自动扶梯会从正常工作方式切换到节能运行方式，若在一段时间内不停有分散的客流进入，那么自动扶梯会一直保持额定速度运行，并不能起到节能的效果，因此我们有必要对地铁客流的特点进行简要分析。

2. 地铁客流特点

地铁客流的特点是：在工作日内，客流相对集中在早高峰和晚高峰的时间段，其他时间段客流相对分散。因此，地铁车站的自动扶梯在非节假日内，客流主要集中在早高峰和晚高峰，其他时间段内自动扶梯的工作状态是轻载或处于节能状态。但是，在非高峰时段内，只要光电传感装置检测到有乘客进入电梯，即使扶梯上只有几位乘客，扶梯也会以额定速度（0.65 m/s）运行，这样即使采用全变频技术，自动扶梯的节能效果也不明显。

3. 自动扶梯分时段运行技术

自动扶梯是特种安全设备，乘客的安全始终是首位，应尽量减少调速的频度，加之客流分散，不宜对自动扶梯进行实时调速，因此分时段运行是较好的选择，也保证了自动扶梯按照预先设定的速度时刻表运行。自动扶梯速度可以在 0.13～0.65 m/s 之间无级调整，时间段可任意设置，但扶梯处于空载工况时，始终以 0.13 m/s 的速度运行或停止，不受预先设定的速度时刻表的限制。

节能用全变频的自动扶梯在高峰客流时间段内可采用额定速度 0.65 m/s 运行，其他时间段可采用 80% 的额定速度（即 0.50 m/s）运行。无论采用 0.65 m/s 的速度运行还是采用 0.50 m/s 的速度运行，当自动扶梯辨识无人后可按 20% 额定速度（即 0.13 m/s）运行。

自动扶梯分时段运行既可以满足车站在高峰时间内的客流量，同时在非高峰时间段采用 80% 的额定速度运行能起到节能作用。节假日自动扶梯按额定速度运行。自动扶梯分时段运行速度见表 6-16。

表 6-16　　自动扶梯分时段运行速度　　单位：m/s

扶梯号	时间段				
	06:00—07:00	07:00—09:00	09:00—17:00	17:00—20:00	20:00—22:00
1#	0.50	0.65	0.50	0.65	0.50
2#	0.50	0.65	0.50	0.65	0.50
3#	0.50	0.65	0.50	0.65	0.50
4#	0.50	0.65	0.50	0.65	0.50
5#	0.50	0.65	0.50	0.65	0.50
6#	0.50	0.65	0.50	0.65	0.50
7#	0.50	0.65	0.50	0.65	0.50
8#	0.50	0.65	0.50	0.65	0.50

根据自动扶梯分时段运行技术，从减低损耗和减小输出功率两方面入手，可较全面地解决自动扶梯在不同工况下的节能问题，节能效果一般在 20% 以上。对昆明地铁首期工程南段行政中心站的站内与出入口附近的 8 台自动扶梯进行了两天用电量对比跟踪测试，得到了表 6-17 所示的变频调速节能的检测数据，测试时间为 06:00—22:00。其中，全变频能耗是指自动扶梯在变频器运行后的实际能耗，额定速度为 0.65 m/s；分时段能耗是指 07:00—09:00 及 17:00—20:00 这两个时段，自动扶梯以 0.65 m/s 速度运行，其他时段以 0.50 m/s 速度运行的实际能耗。

表 6-17　　检测数据汇总

站点	扶梯号	提升高度/m	运行方向	能耗/(kW·h)		节能效率/%
				全变频	分时段	
行政中心站	1#	4.8	上	43	32	25.6
	2#	4.8	上	45	34	24.4
	3#	8.7	上	63	51	19
	4#	10.5	下	85	69	18.8
	5#	10.5	上	90	75	16.7
	6#	10.5	下	75	59	21.3
	7#	10.5	上	79	66	16.4
	8#	8.7	上	57	46	19.3
世纪城站	1#	6.6	上	50	39	22
	2#	6.6	下	48	36	25
	3#	6.6	上	61	49	19.6

续表

站点	扶梯号	提升高度/m	运行方向	能耗/(kW·h) 全变频	能耗/(kW·h) 分时段	节能效率/%
世纪城站	4#	6.6	下	55	45	18.2
世纪城站	5#	6.85	上	59	49	16.9
世纪城站	6#	6.85	上	63	50	20.6

从表 6-17 可以看出,通过信息化和变频调速技术的应用,各种运行工况下的节能效果都较显著,节能效果为 15%～25%,节能效果相对较低的自动扶梯集中在站台至站厅这部分区域,与客流量的特性有关。实际测试效果和理论计算的结果相吻合,总体节能效果在 15% 以上。上述测试只设置了 0.65 m/s 和 0.50 m/s 两挡速度,实际上,可以设置更多的速度挡,节能效果会更加明显。

分时段运行技术对于运营初期或没有形成线网的地铁线路节能效果非常明显。但是对于一些如北京、上海、广州等发展已经比较成熟的地铁城市来说,分时段运行技术需要结合各个车站的客流特性进一步分析和完善。当出现以下情况时,应考虑采用分时段运行。

(1) 当地铁本身的运能比较小或车站位于用地还没有完全开发的地区时,此时的客流无明显的上下车高峰,双向上下车客流全天都较小,车站自动扶梯基本处于轻载运行,此时车站自动扶梯全天可按 0.50 m/s 的速度运行。

(2) 当车站位于综合功能用地区位时,早晚高峰小时客流相对集中,其他时间段客流相对分散,自动扶梯至少一半时间处于轻载运行,此时可按表 6-17 对自动扶梯的运行速度进行调整。

(3) 当地铁线路处于用地已高度开发的交通走廊,或车站位于公交建筑和共用设施高度集中的地区时,客流分布无明显的低谷。或者车站位于体育场、影剧院等大型公用设施附近,当演出节目或体育比赛结束时,有一个持续时间较短的、突变的上车高峰或下车高峰。此类型的车站需根据运营之后的客流特性对车站自动扶梯进行调整,这样既能适应客流,同时还能让节能效果最大化。

6.2.5 变频自动扶梯入口处节能对策

1. 变频自动扶梯入口处存在的问题

对采用了变频自动扶梯的部分城市进行调查,发现自动扶梯附近并没有关于节能的任何标识和宣传,乘客不清楚扶梯的节能原理,因此经常出现以下情况:

(1) 无意中踩踏变频自动扶梯的运行踏板,踏板下部的行程开关触发;或者乘客无意中进入自动扶梯入口处的光电感应区域,扶梯在无人状态下全速运行(图 6-4)。

(2) 车站设计中楼梯与自动扶梯并列,扶梯侧没有疏导栏,乘客沿楼梯下行后无意踩到扶梯踏板或进入扶梯光电感应区域,使节能运行的自动扶梯以正常速度运行(图6-5)。

图6-4 乘客无意识踩踏扶梯运行踏板

图6-5 楼梯下行乘客踩踏扶梯运行踏板

2. 扶梯入口处的节能对策

(1) 加强节能宣传。

为避免乘客误踩,触发变频自动扶梯运行踏板,在踏板上粘贴黄色带和提示性标语,提醒乘客注意。

(2) 增加自动扶梯疏导栏。

楼梯与自动扶梯之间增加疏导栏(图6-6、图6-7),下楼梯进入站台的乘客需绕开疏导栏,从外围进入站台,下车的乘客则在内侧乘坐自动扶梯上行离开站台。疏导栏的设置可有效疏通上、下地铁的乘客,防止乘客误踩自动扶梯踏板。

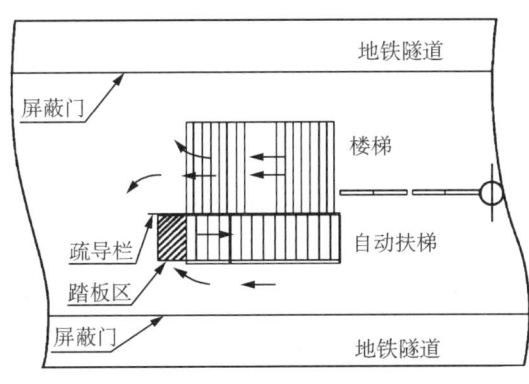

图6-6 自动扶梯设置的疏导栏示意

图6-7 自动扶梯设置的疏导栏实景

(3) 自动扶梯入口处感应装置的完善。

目前,部分城市地铁车站变频自动扶梯入口处的感应装置采用的是压力传感器和红外对射装置,当人进入踏板压力传感区域或红外对射区域时,自动扶梯由节能状态转换成预先设定好的以额定速度运行。

采用这两种装置的缺点是容易产生误操作,即有些乘客不乘坐自动扶梯,但是因为自己行为上的失误让自动扶梯空载运行,造成了资源浪费,这个现象在地铁车站内较为常见。

因此,我们考虑在自动扶梯入口端设置高敏感雷达+光栅双重保护装置,其一般应在离梳齿板 1.5 m 左右时起作用,详见图 6-8 和图 6-9。

只有当高敏感雷达装置和光栅装置都检测到有人进入时,自动扶梯才由节能状态转换到以额定速度运行。高敏感雷达+光栅双重保护装置能够更精确地判断是否有乘客乘坐自动扶梯,这对变频自动扶梯的节能效果有很大的作用。

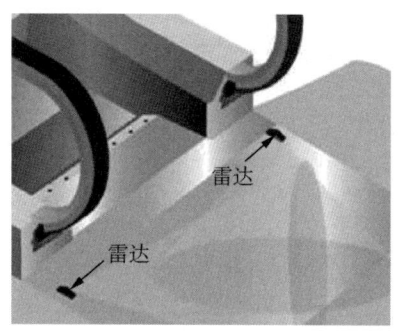
图 6-8 雷达装置

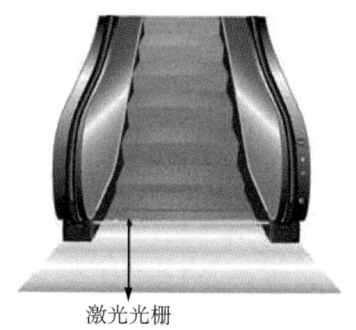
图 6-9 光栅装置

6.3 自动扶梯节能新技术及应用

6.3.1 永磁同步电动机

1. 永磁同步电动机的发展现状

长期以来,自动扶梯驱动电机一直以采用交流异步电动机作为主要驱动单元,交流异步电动机具有结构简单、工作可靠、寿命长、成本低、保养维护简便等优点。但是,如果与直流电动机相比,它也有调速性能差、启动转矩小、过载能力和效率低的缺点。目前常用的交流异步电动机的机械效率一般为 84%~88%,虽然部分特制的交流异步电动机可以达到 90% 以上的机械效率,但价格比较昂贵。

在过去的电力拖动中,很少采用同步电动机,其主要原因是同步电动机不能在电网电压下自行启动,静止的转子磁极在旋转磁场的作用下,平均转矩为 0。变频电源可解决同步电动机的启动和调速问题,但在 20 世纪 70 年代以前,变频电源是难以获得的设备。所以在以前的电力拖动中,很少看到用同步电动机作原动机。

随着近现代科学技术的发展,同步电动机得到了长足的发展和广泛的应用,主要原因包括：

（1）高性能稀土永磁体材料的发展。

（2）电力电子技术对同步电动机启动问题的解决。

（3）规模集成电路和计算机技术的发展对永磁同步电动机的控制带来了明显改观。

以上因素使永磁同步电动机应用于自动扶梯变为可能。

若一台永磁同步电动机要单独驱动提升高度为 6 m 的自动扶梯，则需要输出近 5 000 N·m 的力矩，但在当前的设计中，永磁同步电动机尺寸较大，因此目前还无法采用不配备减速齿轮的单永磁同步电动机作为驱动主机。

由变频控制的永磁同步主机可以达到非常好的节能节电控制效果。以提升高度 6 m、宽度 1 m 的自动扶梯每天运行 10 h 计算，变频控制的永磁同步主机相比异步电机能达到 30% 以上的节电效果（表 6-18）。

表 6-18　　　　　　　　永磁同步主机与三相异步电机节电效果对照

运行状态	永磁同步主机（变频控制）		三相异步电机		省电率
空载运行	主机输出功率/kW	0.6	主机输出功率/kW	1.6	62%
	主机输入功率/kW	0.9	主机输入功率/kW	2.4	
	日耗电/(kW·h)	9.0	日耗电/(kW·h)	24.1	
正常运行	主机输出功率/kW	6.7	主机输出功率/kW	6.7	28%
	主机输入功率/kW	7.2	主机输入功率/kW	10.1	
	日耗电/(kW·h)	72.0	日耗电/(kW·h)	100.9	
满载运行	主机输出功率/kW	11.4	主机输出功率/kW	11.4	28%
	主机输入功率/kW	12.2	主机输入功率/kW	17.2	
	日耗电/(kW·h)	122.4	日耗电/(kW·h)	171.7	

主机转动惯量问题是目前制约永磁同步电动机应用的因素之一。由于采用永磁同步电动机作为驱动主机，其转速一般不会设计得太高。而自动扶梯的正常运行需要驱动主机具有一定的转动惯量以满足制动距离的要求，通过对前述制动距离的分析可以得出，在主机转动惯量小于临界数值的情况下，自动扶梯将无法同时满足空载和满载下行时的制动距离要求。因此，令带永磁同步电动机的驱动主机保持有足够的转动惯量是在驱动主机选型中要特别注意的方面。另外，在价格方面，永磁同步电机需要用到稀土永磁材料及较为复杂的电控制线路，因此其制造成本仍比传统的异步电动机偏高，这也是制约永磁同步电动机应用的另一重要因素。

2. 永磁同步电机工作原理

电机在进行机械能和电能相互转换时是要依靠磁场这种媒介的，而为了满足这一转

换过程,主要有以下两种方法:

(1) 在电机绕组内通过电流来产生磁场,例如普通的直流电机和同步电机。

(2) 靠永磁体来产生磁场,按照永磁材料本身所具有的特性,在对它进行充磁之后,它就能维持这些施加的能量保持稳定,从而在其周围空间形成了稳定的磁场,这样就能降低能耗,达到简化电机结构、节省成本的目的。

永磁同步电机主要通过以下三个方面的调节进行工作:

(1) 调节电压。

自动调节励磁系统可以看成一个以电压为被调量的负反馈控制系统。无功负荷电流是造成发电机端电压下降的主要原因,当励磁电流不变时,发电机的端电压将随无功电流的增大而降低。但是为了满足用户对电能质量的要求,发电机的端电压应基本保持不变,实现这一要求的办法是随无功电流的变化调节发电机的励磁电流。

(2) 调节无功功率。

发电机与系统并联运行时,可以认为是与无限大容量电源的母线并联运行,如改变发电机励磁电流,感应电势和定子电流会发生变化,此时发电机的无功电流也会随之变化。当发电机与无限大容量系统并联运行时,为改变发电机的无功功率,必须调节发电机的励磁电流,此时改变的发电机励磁电流并不是通常所说的"调压",而只是改变了送入系统的无功功率。

(3) 分配无功负荷。

并联运行的发电机根据各自的额定容量,按比例进行无功电流的分配。大容量发电机应负担较多无功负荷,而容量较小的发电机则提供较少的无功负荷。为了实现无功负荷能自动分配,可以通过自动高压调节的励磁装置,改变发电机励磁电流维持其端电压不变,还可对发电机电压调节特性的倾斜度进行调整,以实现并联运行发电机无功负荷的合理分配。

3. 永磁同步电机的优点

永磁同步电机系统能够实现高精度、高动态性能、大范围的调速或定位控制,因此对永磁同步电机系统的控制研究引起了国内外学者的广泛关注。其主要优点有:

(1) 具有明显的节能效果。永磁同步电机用永磁体代替电励磁,且无励磁损耗,由于定、转子同步,转子铁芯没有损耗,因此永磁同步电动机的效率较电励磁同步电动机和异步电动机为高,而且不需要从电网吸取滞后的励磁电流,从而大大节约无功功率,极大地提高了电机的功率因数。数据表明,永磁同步电机的机械效率可以达95%以上。

(2) 较异步电机尺寸较小,成为高密度、高效率的电机。

(3) 转子结构大大简化,提高了电机运行的稳定性。同时由于同步电机转速与电源频率间始终保持准确的同步关系,因此可以让电机在很低的转速下运行,对于低转速运行的自动扶梯可以极大地减小减速器的转速比从而缩小驱动主机的尺寸。

（4）具有较强的机械特性，对于由负载变化引起的电机转矩的扰动具有较强的承受能力，比较适合用于负载经常变化的自动扶梯设备中。

（5）功率因素高。理论上永磁同步电机可以达到1的功率因素。相比之下，异步电机只能达到0.7左右的功率因素。功率因素越大，越有利于电网的稳定，实现电网的绿色环保，永磁同步电机和异步电机负载效率对比如图6-10所示。

图6-10 永磁同步电机和异步电机负载效率曲线对比

6.3.2 全齿轮减速器

1. 全齿轮减速器工作原理

全齿轮减速器是利用各级齿轮传动来达到降速的目的。减速器就是由各级齿轮副组成的。比如用小齿轮带动大齿轮就能达到一定的减速目的，再采用多级这样的结构，就可以大幅减小转速了。图6-11为全齿轮减速器结构图。

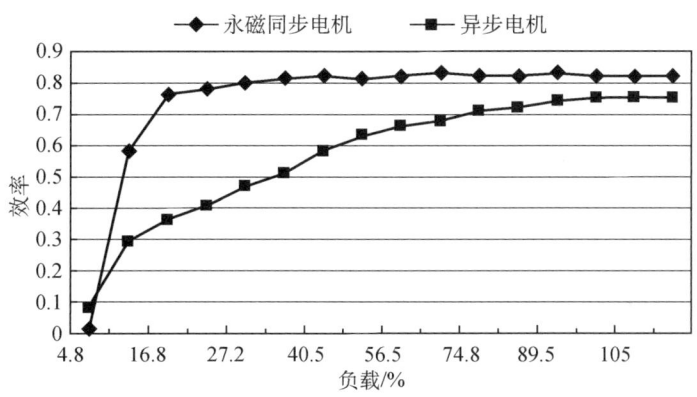

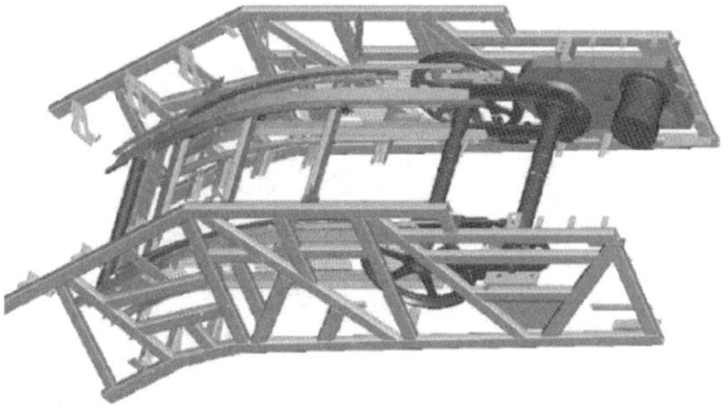

图6-11 全齿轮减速器

2. 全齿轮减速器的优点

（1）安全性。

全齿轮减速器的马达通过高效正齿轮直接与主轴相连，与传统驱动方式不同：它取消了齿轮箱与主轴连接的驱动链，消除了断链和驱动装置移位的风险；辅助制动器不需要安装在主轴上，而是安装在齿轮箱输入端，所需扭矩显著降低，零部件可靠性得以提高。

（2）高效节能。

① 全齿轮减速器采用结构非常紧凑的三级齿轮减速，高效的齿轮组合（效率高达

96%)能效直接输出到主轴（无主驱动链，免润滑，不需要维保）。

② 全齿轮减速器的齿轮直接驱动主轴，高效、安全、经济。由于取消了驱动链，释放了3%的效率；总体效率得到了提高；不再需要驱动链润滑，经济性得到改善。

(3) 空间设计灵活。

主机可通过180°的反向安装，释放更多空间；能灵活应对各种土建的变化情况。

6.3.3 能量回馈制动装置

1. 变频自动扶梯存在的问题

目前我国公共交通重载型自动扶梯的驱动几乎都是采用三相异步电动机。在电气方面，采用变频器驱动电机结合适当的节能运行控制技术已经是业内公认的最好的节能方式。

这种方式结构简单，容易实现，但是仍存在两个问题：一是自动扶梯制动时和下行扶梯载客量较大时，电机处于发电状态，产生的能量使变频器直流环节的电压升高，因自动扶梯的驱动功率相对较小，所配置的变频器整流部分一般为二极管整流桥，无回馈功能，因此只能通过制动单元和制动电阻的工作，以热能的形式消耗，造成了能量的浪费。二是制动单元和制动电阻的存在增加了设备的体积、维护量和故障点。

因此，在保留自动扶梯变频调速传动系统优点的同时，应用能量回馈装置可有效利用电机发电状态下产生的能量，减少地铁站总体的耗能量，减少设备体积和维护量。

而能量回馈技术是将再生能量通过适当处理，使其符合并网条件并回馈给电网的技术。与能量转化消耗相比，能量回馈技术不但实现了再生能量的再利用，而且还通过降低自动扶梯机房温度，改善自动扶梯驱动系统与电控系统的工作环境，提高自动扶梯的可靠性和安全性。

2. 能量回馈装置的优点

1) 能量回馈装置改善变频自动扶梯性能

对于公交型自动扶梯在高负载运行下所产生的再生能量，传统的自动扶梯通常采用制动单元＋电阻的能量转化方式，即利用能耗电阻将再生能量转化为热量并通过风冷散发。由于自动扶梯机房空间狭小，这势必会使机房内热量较多，导致机房持续高温，从而恶化机房内部的环境，甚至可能诱发变频器过热保护、辅助刹车系统电磁铁过热故障以及电控柜中电子元器件状态不稳定导致的设备间隙性故障等。此外，公交型自动扶梯大多在地铁站使用，所以由能耗电阻转化来的热量还会一定程度上增加地铁站空调系统的负荷。

2)能量回馈装置的节能环保

(1)节能。能量回馈技术的最大亮点在于能够将自动扶梯驱动电机产生的再生能量经过适当处理后回馈给电网,实现再生能量的再利用,在解决再生能量处理问题的同时,大大降低自动扶梯的运行能耗。

(2)环保。

① 普通的变频器供电采用交-直-交电主回路形式,普通变频的波形变化率大,且此波形含有大量的谐波成分,如果直接回馈到电网,将给电网造成严重的谐波污染。如果电网输入侧的电流含有大量谐波成分,输入电流就无法控制,就会导致输入功率因数无法得到有效控制,从而造成功率因数低下,那么过低的功率因数可能会影响电网运行。

② 带能量回馈单元的变频器输入端波形变化很小,电压波形基本接近正弦波。这是由于对回馈电流的闭环控制实现了基本正弦化,从而极大地减少了其中的谐波成分,减轻或消除了谐波对电网的污染,这就达到了自动扶梯电气系统电磁兼容性标准的要求。而由于电网输入侧电流可以控制,可实现输入功率因数的单位化:当自动扶梯上行或轻载下行时驱动电机处于电动状态,电压和电流的相位相同,功率因数为1;当自动扶梯负载下行时驱动电机处于发电状态,输入的电压和电流相位差180°,功率因数为-1。这就避免了功率因数过低对电网的安全运行造成影响。

6.3.4 能量回馈制动装置在变频调速系统中的应用

能量回馈制动装置就是异步电机处在回馈制动状态时,将制动能量回馈给电网或蓄电池的装置。当异步电机采用变频调速时,其能量回馈制动装置主要通过变频器的整流回馈制动单元实现。

1. 交-直-交电压型变频器

交-直-交电压型变频器在技术上成熟较早,实际应用广泛,图6-12(虚线框中三相桥Ⅳ除外)给出了典型的交-直-交电压型变频器的主要电路。首先桥Ⅰ将电源的交流电整流成直流,再由桥Ⅱ将直流逆变成所需交流电后供给负载。其中,桥Ⅰ是电源侧相控整流器;桥Ⅱ是三相逆变器;电容C是滤波电容,其电容量很大,称为直流侧储能环节。当变频器的输出频率下降时,电动机将处于再生制动状态(发电机状态),其转速迅速下降。另外,当电动机拖动位能负载(如卷扬机、升降装置等)使负载下降时,电动机也处于再生制动状态。在再生制动过程中,电动机再生的电流通过与逆变管并联的续流二极管进行全波整流后,返回给直流电路,使直流电压上升,再通过与桥Ⅰ反并联的一套晶闸管三相桥Ⅳ,将直流电逆变返回给电网。

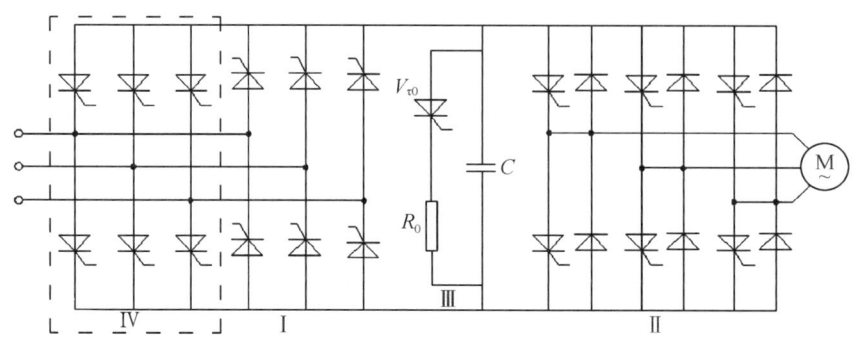

图 6-12 交-直-交电压型变频器的主要电路

2. 整流回馈制动单元

整流回馈制动单元也称有源逆变单元,实现有源逆变的两个基本条件是:①主线路有一个较高质量且电压不低于90%额定值的交流电源;②电源的短路功率必须足够大(相当于所连接的变频器总功率的100倍)。只有在不易发生故障的稳定电网电压下,才可以采用整流回馈制动方式。在逆变期间,如电源电压故障(如电压不足)或电源被切断,有源逆变器就会迅速直通(有源逆变颠覆),导致逆变失败。如果电网电压故障时间大于2 ms,则可能发生换流失败、烧坏熔断器的情况。如果不能保证这一点,建议采用其他制动方式,以保证系统的可靠性。

为保证有源逆变单元在再生制动状态稳定地工作,直流回路供电电压(不包括泵升电压)被减少到大约为额定值的85%,根据U/f=恒值,可见当运行频率为85%额定频率时电压就达到最大值,在这个频率以上,电动机运行在弱磁工作区。因此,在再生制动时,只能得到变频器额定输出的85%。

对于U/f控制方式,无论是电动运行还是制动运行,直流回路电压工作最大值均设定在额定最大值的85%。对于矢量控制的闭环方式,在电动运行时,网侧正向桥是全控的,中间直流电压可以达到最大值;在制动运行时,中间直流电压约减少到该最大值的85%或以下。

6.3.5 交流变频调速和能量回馈制动装置在自动扶梯中的应用研究

1. 交流变频调速在自动扶梯应用中的研究

普通交流变频调速拖动系统的原型如图 6-13 所示。根据图 6-13 要求,调速系统的设计任务主要是:①根据控制对象(负载)选择电动机的类型、容量和磁极对数等;②根据负载特性,选择变频器的类型、容量和型号等;③决定电动机与负载之间的传动比;④设计主电路,并决定外围选配件的主要规格;⑤设计控制电路,并选定外围所需要的选配件。

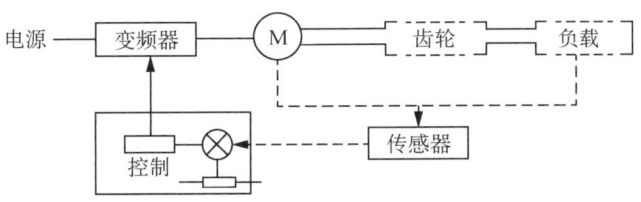

图 6-13 交流变频调速拖动系统原理

2. 自动扶梯的负载特性和要求

自动扶梯的传动机构包括马达、齿轮箱及曳引机构。

自动扶梯的负载特性：自动扶梯曳引机构拖动的负载是位能负载，向上时是阻力负载，向下时多为动力负载。自动扶梯空载或轻载向下运行时是动力负载还是阻力负载，由效率和传动机构摩擦阻力等因素确定。

图 6-14 为三相异步电动机的机械特性曲线。电机运行分为四个象限：Ⅰ，Ⅱ 象限为正转状态；Ⅲ，Ⅳ 象限为反转状态。当自动扶梯曳引机构向上拖动负载时，电机的转速和电机产生的电磁力矩同向（第Ⅰ象限），电机带动负载上升（即正向电动状态）。若转子由于某种外力作用速度高于旋转磁场的速度（向上减速），则电机进入第Ⅱ象限运行，电机处于发电状态（即正向回馈制动状态）。当自动扶梯曳引机构向下拖动负载时，电机反转且产生反向电磁力矩，并在第Ⅲ象限运行。由于重物重力产生的外力矩与电磁力矩同向，电机作加速运行，此时转子速度高于旋转磁场的速度（即电机的同步速度），进入第Ⅳ象限运行，电机出于发电状态，可吸收负载下降释放的位能（即反向回馈制动状态）。

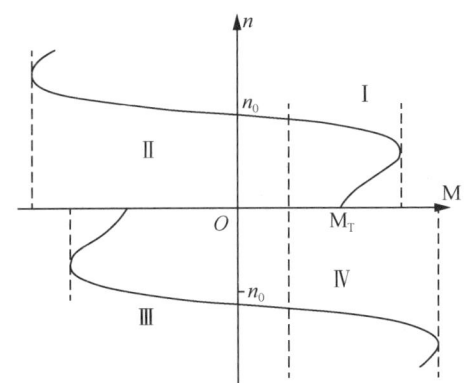

图 6-14 三相异步电动机机械特性曲线

因此，在整个系统运行周期内，自动扶梯的负载有时是动力，有时是阻力，速度有正有负，力矩也有正有负，所以其变频调速系统应能在四象限运行，且运行象限的转换应自动快速。

3. 自动扶梯节能运行方式的分析

由于自动扶梯的负载属于恒转矩负载，即在某一负载下的负载转矩不随速度变化，但不同的负载其负载转矩也不同。因此，其异步电动机的输出功率 $P = Tn/975$，其中 T 为转矩，n 为转速。即配备变频调速系统的自动扶梯在异步电机处于电动状态时，其消耗的能量与转速成正比。因此，我们可以在自动扶梯空载时，将扶梯的速度调低（一般设为额定速度的 30%）以达到节能的目的，这也是变频调速自动扶梯节能的主要方式。

对旁路变频调速系统、能耗制动的全变频调速系统和能量回馈制动的全变频调速系统这三种节能方式在相同的调速过程中进行分析。

图 6-15 为自动扶梯向上运行时,其变频调速系统的调速过程,按照之前对自动扶梯的负载特性分析,可知在 A—B 段,自动扶梯启动,电机处于正向电动阶段;在 B—C 段,自动扶梯拖动负载,电机处于正向电动状态;在 C—D 段,由于自动扶梯两侧入口的传感器未检测到人,自动扶梯开始减速,电机处于正向回馈制动状态;在 D—E 段,自动扶梯空载运行,电机处于正向电动状态;在 E—F 段,由于自动扶梯两侧入口的传感器检测到有人进入,自动扶梯加速,电机处于正向电动状态。

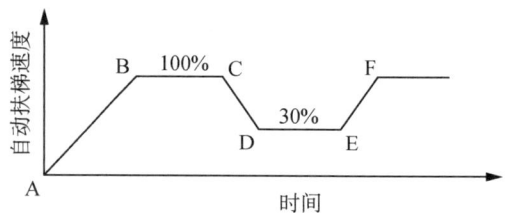

图 6-15 扶梯向上运行时的调速过程

图 6-16 为自动扶梯向下运行时,其变频调速系统的调速过程,按照之前对自动扶梯的负载特性分析,可知在 G—H 段,自动扶梯启动,电机处于反向电动阶段;在 H—O 段,负载拖动扶梯,电机处于反向回馈制动状态;在 O—P 段,由于自动扶梯两侧入口的传感器未检测到人,自动扶梯开始减速,电机处于反向回馈制动状态;在 P—Q 段,自动扶梯空载运行,电机处于反向电动状态;在 Q—R 段,由于自动扶梯两侧入口的传感器检测到有人进入,自动扶梯加速,电机处于反向电动状态。

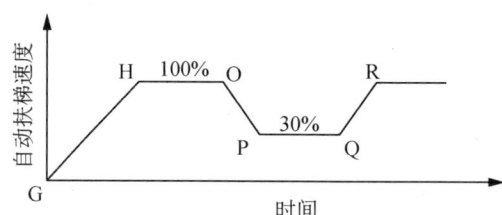

图 6-16 扶梯向下运行时的调速过程

虽然这三种变频节能模式具有相同的调速过程,但由于其实现方式不同,因此在节能的效果上也各有不同。表 6-19 为自动扶梯向上运行阶段三种变频节能模式实现方式的对比。

表 6-19　自动扶梯上行时三种变频节能模式实现方式的对比

扶梯向上 运行阶段	电机运 行状态	负荷	旁路变频 调速系统	能耗制动的全 变频调速系统	能量回馈制动的 全变频调速系统
A—B(启动阶段)	正向电动状态	空载	变频器	变频器	变频器
B—C(100%额定速度)	正向电动状态	带载	电网	变频器 (轻载节能模式)	变频器 (轻载节能模式)

续表

扶梯向上运行阶段	电机运行状态	负荷	旁路变频调速系统	能耗制动的全变频调速系统	能量回馈制动的全变频调速系统
C—D(减速阶段)	正向回馈制动状态	空载	变频器	变频器	变频器
D—E(30%额定速度)	正向电动状态	空载	变频器	变频器	变频器
E—F(加速阶段)	正向电动状态	带载	变频器	变频器	变频器

由表6-19可知,B—C段的旁路变频调速系统的电机由电网直接供电,因此在轻载时由于电机运行的效率和功率因数较低,所以其损耗较大。而后两种都由变频器直接供电,由于变频器可根据自动扶梯的负荷情况自动调整电压输出值,因此在轻载时,电机可以在最佳工作点上运行,其效率和功率因数都得以大大提高并降低损耗,以达到节能目的。而在其他阶段,三种方式的节能效果则相同。

表6-20为扶梯向下运行阶段三种变频节能模式实现方式的对比。

表6-20 自动扶梯下行时三种变频节能模式实现方式的对比

扶梯向下运行阶段	电机运行状态	负荷	旁路变频运行方式	能耗制动的全变频调速系统	能量回馈制动的全变频调速系统
G—H(启动阶段)	反向电动状态	空载	变频器	变频器	变频器
H—O(100%额定速度)	反向回馈制动状态	带载	电网	变频器(自动电阻动作)	变频器(能量回馈制动装置动作)
O—P(减速阶段)	反向回馈制动状态	空载	变频器	变频器	变频器
P—Q(30%额定速度)	反向电动状态	空载	变频器	变频器	变频器
Q—R(加速阶段)	反向电动状态	带载	变频器	变频器	变频器

由表6-20可知,在H—O段,能耗制动的全变频调速系统将电机反向回馈制动过程中产生的电能,通过在变频器的直流环侧连接制动电阻的方式消耗掉。而能量回馈制动的全变频调速系统则将电机反向回馈制动过程中产生的电能,通过能量回馈装置使直流电逆变,返回给电网。由于能量回馈制动的全变频调速系统很好地利用了位能负载在下降过程中传递给电机的机械能,因此它比能耗制动的全变频调速系统具有更好的节能效果。

针对公共交通型扶梯的提升高度高和客流量大等特点,通常每个地铁车站都配一台上行扶梯和一台下行扶梯,因此这部分能量的有效利用对于常年下行的自动扶梯,节能效果更大。

另外,需要特别指明的是在C—D段和O—P段,虽然电机处于回馈制动状态,但由于自动扶梯处在空载状态,因此其反馈的电能很小,通常在变频器直流侧产生的泵生电压在600 V以下,故在此阶段不需要特别处理。

6.3.6 带能量回馈制动装置的自动扶梯实际节能效果和电能质量的测量

1. 节能效果的理论计算

假设地铁车站每天运营 20 h,列车发车间隔 3 min,站厅至站台内设两台上行自动扶梯和两台下行自动扶梯,扶梯提升高度为 5.5 m,变频扶梯运送乘客时,1 min 为空载高速运行,1 min 为以节能速度运行,乘客的负载率按 30% 计算。根据以上条件,按照有乘客高速运行、无乘客以节能速度运行可推测出,带能量回馈制动装置的自动扶梯相比一直处于高速运行时可节约 22.20 kW·h 的电能,下行全变频可向电网回馈 25.06 kW·h 的电能,具体计算见式(6-4)—式(6-7)。

扶梯运行能耗功率计算公式:

$$P = \frac{(Pw\sin\theta + Fs + Fh) \times v}{\eta} \times 0.001 \quad (6-4)$$

扶梯再生功率计算公式:

$$P = (Pw\sin\theta - Fs - Fh) \times v \times 0.001 \times \eta \quad (6-5)$$

扶梯额定载荷斜向分量:

$$Pw\sin\theta = \frac{G \times 9.8 \times \beta \times 2 \times H}{L} \times \sin\theta \quad (6-6)$$

梯级运行阻力:

$$Fs = (80 + 155 \times \beta) \times H \quad (6-7)$$

式中 G——梯级载荷(人),取 120 kgf[①]/step;

    H——提升高度,取 5.5 m;

    θ——扶梯倾角,取 30°;

    L——梯级节距,取 0.4104 m;

    v——运行速度,全变频取 0.65 m/s,低速取 0.13 m/s;

    η——传动效率,取 0.9;

    β——梯级的满载系数。

扶手带运行阻力 Fh 取 725。

2. 节能效果的实际测量

将原自动扶梯改造为配备能量回馈制动装置的全变频调速自动扶梯,检验其实际节能效果,并检测其对于电网的电能质量的影响是否满足相关国家标准。

[①] 1 kgf=9.81 N。

测试设备包括三相有功功率表和Fluke345电能质量钳型表。

(1) 改造前电能消耗测量结果。

从车站设备科查到的历史记录显示,此自动扶梯前3个月的电能消耗分别为798 kW·h、785 kW·h和805 kW·h,均大于理论计算值630 kW·h。另外,在改造前,通过Fluke 345实际测量,发现扶梯在低速运行时,其实际的有功功率为1.3 kW,因此对于低速状态下的自动扶梯,其空载时的有功功率计算公式需调整如下:

低速状态下扶梯空载时的有功功率＝额定转速下扶梯空载时的有功功率×
转速比×修正系数(该修正系数为1.4)

(2) 改造后电能消耗测量结果。

将设备改造运行两个月后,从车站设备科调阅该自动扶梯电度表的抄表记录,其消耗的电能分别为216 kW·h和234 kW·h。虽然比理论计算值高出较多,但与之前三个月比较,仍可发现电能消耗降低了近70%。

图6-17动力盘为电能消耗的量测点,图6-18为实际安装的能量回馈制动单元。

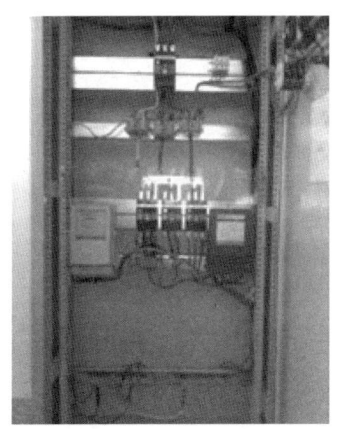
图6-17　动力盘

图6-18　能量回馈制动单元

根据改造前、后电能消耗测量结果对比可得出以下结论:

配备能量回馈制动装置的变频调速系统对于常态运行向下的自动扶梯,特别是长期处于重载连续运行的公共交通型自动扶梯,其节能效果要明显优于普通的变频调速系统。根据实测结果可知,配备能量回馈制动的全变频调速自动扶梯耗能约为不带任何节能方式扶梯的1/3。

3. 电能质量的测量

除了验证节能效果外,由于能量回馈制动装置是直接将电能反馈给电网,因此该装置对电网电能质量的影响也非常重要,我们使用Fluke345电能质量钳型表来测量电能质量的各项数据,并验证它是否能满足相关国家标准。图 6-19 为电能质量测量的现场照片。

图 6-19 电能质量的测量

测量数据汇总详见表 6-21。

表 6-21 电能质量测量汇总

相关国家标准名称及编号	允许限值	测量值
《电能质量 供电电压允许偏差》(GB/T 12325—2008)	10 kV 及以下三相供电,±7%	379 V
《电能质量 公用电网谐波》(GB/T 14549—1993)	对于电压 0.38 kV,其电网谐波电压限值:$THD=5\%$,奇次$=4\%$,偶次$=2\%$	$THD=2.5\%$
《电能质量 三相电压不平衡》(GB/T 15543—2008)	正常允许2%,短时间不超过4%	1.80%
《电能质量 电力系统频率偏差》(GB/T 15945—2008)	正常允许±0.2 Hz	50.1 Hz

由表 6-21 可知,该能量回馈制动装置输出电能的质量完全符合国家相关标准。

7 地铁节能新设备与新技术

随着我国轨道交通建设力度的加大,各大高校、大型总体设计单位投入科研的力度也逐渐加大,实际工程经验也越来越丰富,对于能效提升技术的思考也越来越多。市场的扩大使一些厂家也开始加大研发投入,一批适合轨道交通应用场景的高效设备与系统也开始慢慢投入试用并逐步推广。下面将介绍最近几年在轨道交通领域大力推广使用的新技术,这些技术无论是在节能、降噪、节地还是在节省人工方面都有较大突破。

7.1 集成制冷站技术

空调系统的制冷站主要由冷水机组、冷水泵、冷却水泵、冷却塔、定压补水及水处理设备、分集水器、管道、阀门、电缆、桥架等设备材料组成。目前国内制冷站的工程管理普遍是各设备分开招标,按暖通专业、强电专业和弱电专业分别进行安装的方式,并没有按照系统工程来组织,这造成制冷站占地面积大,施工质量、设备运行管理、整体性能等都比较差的问题。为了缩小制冷站占地面积,降低现场施工难度,使制冷站各设备之间协调工作,需要引入系统集成技术。

随着系统集成技术被引入制冷站,制冷站开始从工程项目逐步向系统产品靠拢。所谓系统集成,就是运用整体化结构设计思路,应用综合布线技术和计算机网络技术,将各个分离的设备、功能和信息等集成到相互关联、统一和协调的系统中,使资源达到充分共享,实现集中、高效、便利地管理。集成制冷站与传统制冷站的比较如表 7-1 所示。

表 7-1 三种设计方案的优缺点比较

内容	传统制冷站	预制式集成制冷站
安装主体	一个分散的安装过程,缺少一个主体单位进行统筹安排	统一由中标商进行设备采购,并在工厂进行模块化预制
材料和机房面积	在现场施工,施工占地面积大,交叉作业频繁,材料浪费量多,协调工作量大	在工厂内模块化预制,调试成功后再送往现场拼装,可最大限度节省安装时间和机房占地面积
系统运行效率	系统设备、管道磨合度不高,系统运行效率不能最优化	通过二次优化设计,将设备及管道系统划分成多个模块化的结构体,使机房结构更紧凑,设备与系统更匹配,从而提高系统运行效率

续表

内容	传统制冷站	预制式集成制冷站
建设工期	由于接口较多,施工交叉点较多,施工工期较长	施工单位由一家统筹,建设工期缩短一半以上
运营维护	各责任方管理不清,对设备管道检修没有统一的认识和考虑	通过三维布局,保证设备及附件的检修和管道的维护更换

7.1.1 集成制冷站的设备构成及工作原理

1. 设备构成

集成制冷站是在传统制冷站的基础上增加了制冷站底座、电动阀门、差压变送器、温度变送器、功率变送器、流量变送器和节能控制系统等,其核心是节能控制系统。

2. 工作原理

集成制冷站就是利用系统集成技术将制冷站的各个组成设备进行合理关联和匹配,并控制制冷站内所有设备协同工作,达到制冷站整体性能最优的目的。

7.1.2 设备最优选型匹配及空调水系统二次深化设计

制冷站的系统集成并不是对其组成设备进行简单的供货和拼装,而是在满足技术要求的前提下运用集成技术,充分考虑冷水机组、冷冻水泵、冷却水泵和冷却塔等设备厂家所生产设备的固有特性和运行性能的基础上,对设备的型号和参数进行选型匹配,以实现制冷站整体性能最优的目的。

空调水系统二次深化设计是指在空调水系统设计图基础上进行二次深化设计。根据集成制冷站产品的构造及以往项目中制冷站的运行及调试经验,在满足相关规范要求和实际使用需求的基础上,对原有空调水系统设计图中的阀门部件数量进行增减或对其位置进行微调,再根据集成制冷站的控制特点,在相应位置上增加有利于集成控制的电动阀门、差压变送器、温度变送器、功率变送器和流量变送器等,为后续的系统集成与关联控制提供良好的设备环境。

7.1.3 集成制冷站的整体结构设计

在对空调水系统进行深化设计和对设备进行最优选型的基础上,利用系统集成技术对集成制冷站进行整体结构设计,主要包括整体布局、系统优化、管道排布、节能控制系统布置、支吊架与底座设计及模块划分,以及系统三维仿真设计,下面将对这些内容展开介绍。

(1)整体布局:主要是针对客户提供的制冷站房环境,按所选类型设备的实际尺寸,确定设备的具体摆放位置。在满足相关规范要求并保证预留合理的检修通道的基础上,保证制冷站整体占地面积最小。

(2) 系统优化:考虑所选型设备的安装方式及安装要求,对整个制冷站的布置进行优化设计,以保证安装过程不影响系统性能。

(3) 管道排布:根据系统优化后的设备布局情况,对管道进行重新排布。在不影响系统功能的情况下,尽可能减少弯头等管件数量,以减小管道系统的流体阻力与冷量损失,从而优化系统管网的水力平衡并提高制冷站的运行效率。

(4) 节能控制系统布置:在充分考虑安全及性能的基础上,根据所选型设备的参数和技术要求,合理布置控制系统所包含的设备及部件。

(5) 支吊架与底座设计及模块划分:为集成制冷站的管道及设备设计安装支吊架和底座,土建及结构专业人员应充分考虑制冷机房地基及排水沟的设计,保证底座结构具有足够的强度和刚度。同时,对底座进行模块划分(根据具体工程情况而定),方便产品的运输及现场组装。

(6) 系统三维仿真设计:根据以上设计成果,采用三维仿真技术对制冷站空间结构进行模拟和优化,避免管道间(或管道)与设备间相互干扰,实现制冷站结构紧凑、布局合理和占地面积小的目标。

7.1.4　集成制冷站工厂预制生产

集成制冷站作为系列产品,其与传统制冷站的区别在于集成制冷站经过空调水系统二次深化设计、设备选型匹配、整体结构设计以及三维仿真设计校核,已具备生产加工的基础。因此,当工厂进行集成制冷站的预制生产安装时,可以进一步发现并纠正设计过程中的瑕疵,形成完整的产品。

由于整体结构设计时,考虑了整个制冷站的模块划分,因此实现了制冷站在工厂预制完成后可以分模块运输到现场进行组装,从而大大减少了现场安装时间以及各厂家、各专业交叉施工的情况,降低施工难度,提高施工质量,从而保证集成制冷站的整体性能。

7.1.5　集成制冷站节能控制系统设计

集成制冷站的核心是节能控制系统。节能控制系统设计是主要根据设备的选型、制冷站空间布局及业主的相应需求,对控制系统的软硬件结构和功能进行的深化设计。

传统制冷站控制系统一般采用单点控制方式,即对水泵和冷水机组进行单独调节。在单点控制方式下,虽然能保证单个设备实现节能,但也容易增加其他设备的能耗,进而导致制冷站整体能耗上升。在以往的工程实践中,制冷站的控制系统一般由环境与设备监控系统 BAS 专业实现独立的 PID 控制。

制冷站系统所要实现的所有功能都是在现场通过项目工程师二次编程完成的。但是,作为BAS专业的设计工程师,其所掌握的知识结构不能保证对空调系统的控制逻辑理解透彻,一旦出现理解偏差,将无法有效控制,导致无法实现节能控制的目的。

集成制冷站节能控制系统主要是对制冷站内各设备进行关联控制,使得各设备之间协调运行,从而保证集成制冷站系统的整体能耗降低。集成制冷站节能控制系统的控制特点主要体现在以下几个方面。

(1) 按需主动控制。建立水泵、风机和冷水机组等关联数据库模型,根据不同季节、不同外界环境以及不同用户需求主动调节冷水泵、冷却水泵和冷却塔风机转速,避免不必要的能量浪费,其控制系统结构如图7-1所示。

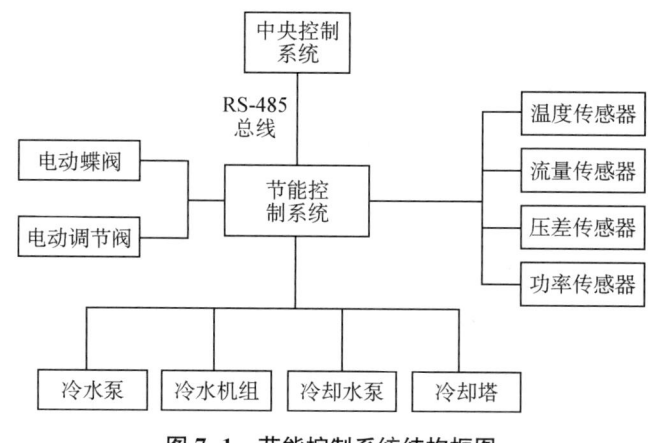

图7-1 节能控制系统结构框图

(2) 关联控制。在不同冷负荷需求下,通过实时调整冷水泵、冷却水泵和冷却塔风机转速来改变冷水机组的工作环境,厘清系统内各主要设备的实时功率消耗与冷量输出的关系,保证在不减少冷量输出的情况下,使制冷站整体能耗降低。

(3) 根据冷水机组在不同环境下的部分负荷性能曲线进行效率曲线建模,找到冷水机组不同负荷下的高效运行区域。当冷水机组的实际运行效率偏离高效运行区域时,控制系统通过调节冷水、冷却水温度、流量或通过加机、减机等控制措施,使冷水机组在运行过程中尽量接近其高效运行区域,从而实现冷水机组高效运行的效果。

集成制冷站节能控制系统通过全变频技术实现以上三种控制,需要加装水泵和冷却塔风机变频器,同时对冷水机组进行远程控制和调节。

7.1.6 集成制冷站的优势

集成制冷站具有高效节能、节约空间、建设周期短、便于施工管理以及运营维护等多个优势,下面将展开介绍。

(1) 高效节能。结合系统集成技术与节能控制系统,可使制冷站整体高效运行。

(2) 节约空间。通过结构优化设计和三维仿真设计,实现对制冷站的整体最优布局,可减少 1/3 以上的占地面积和 10% 以上的材料耗费,并且能够灵活适应特定的安装空间要求。

(3) 缩短建设周期。通过工厂预制生产,以产品技能工人代替传统建筑工人,以科学的工艺方法和严格的质量体系保证产品质量,同时避免工程现场的交叉施工,缩短 4/5 的现场建设周期。

(4) 便于维护。通过智能控制技术实现无人值守下的自动运行,操控简单、后期维护方便、使用寿命长,可大幅降低系统运行费用和维护难度。

武汉轨道交通建设在采用集成制冷站方面做了表率,从武汉地铁 2 号线一期工程开始采用集成制冷站作为一个设备包的模式招标,该举措具有非常重要的建设意义和示范作用。武汉地铁 2 号线是国内首条全线采用预制式集成制冷站及节能控制系统的地铁线路。该技术的成功应用证明了预制式制冷站的可行性、便捷性和高效性,充分响应国家节能发展的战略思想,对我国新建轨道交通工程具有重大的指导意义,对已建地铁车站的改造工程也起到一定的借鉴参考价值。

7.2 磁悬浮冷水机组技术

7.2.1 磁悬浮冷水机组工作原理

离心式压缩机所消耗的功包括叶轮对气体所做的功和轴旋转时与轴承间摩擦消耗的功。磁悬浮离心式压缩机的叶轮、电机转子安设在一条轴上,两端被支承在轴承上。在启动时,变频电机将转速慢慢升高,依靠磁力的作用,将轴向上浮起,旋转的轴与轴承脱离。摩擦功降低到很小,从而降低压缩机消耗在轴与轴承间的摩擦功率,轴承消耗的功从常规离心式压缩机的 10 kW 降低到磁悬浮压缩机的 0.2 kW,使压缩机效率提高。

图 7-2 表示磁悬浮旋转部件(轴与叶轮)和轴承配合的结构,磁悬浮轴承由前径向轴承、后径向轴承和轴向轴承组成。通过 Y 轴位移传感器和 Z 轴位移传感器检测控制,使轴保持在要求的悬浮位置上。通过 X 轴位移传感器检测控制,使轴保持在要求的轴向位置上,精度可达 0.001 27 mm。

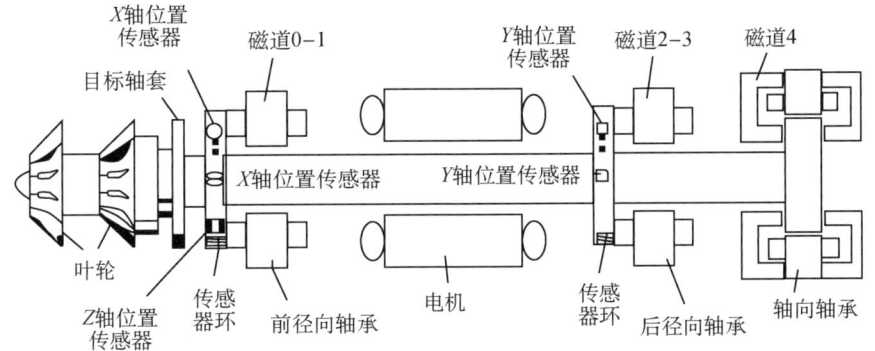

图 7-2 悬浮轴和轴承的配合结构

磁悬浮压缩机采用磁悬浮数控轴承和高性能传感器，它利用稀土永磁体和电磁体间产生的强力磁场来实现对压缩机轴的悬浮。在运转时受磁力的作用，轴被悬浮起来并不与轴承接触，保证在运转时轴与转子得以精确定位。同时，轴承不需要润滑油，可避免普通压缩机内部复杂的润滑油系统，大大提高磁悬浮冷水机组的可靠性。

由于整个制冷系统没有润滑油循环，热交换器表面没有润滑油热阻，故在提高换热器传热效率的同时也提高了机组能效。磁悬浮压缩机为两级压缩，其有2个叶轮，由集成变频直流同步无刷变频电机驱动，轴承为无油润滑磁轴承，内置数字电子设备，部分负荷是通过变频调速并配合进口导叶调节，转速范围在 18 000～48 000 r/min，启动电流只有2 A。采用数控电力电子设备，可实现集成压缩机、电子膨胀阀和冷水机组控制的最优化运行。监控多达150项系统参数。当突然停电时，由于高速旋转的转子的惯性，还会继续旋转一定的时间，这时电机成为发电机，发出的电力可对蓄电池充电，使蓄电池可保持至少60 s的电力，以便能控制磁悬浮的轴缓慢地降落到轴承上。当出现严重故障时，由专门设计的降落轴承承受转子，避免损坏。降落轴承有碳滚动轴承和陶瓷轴承两种，碳滚动轴承能承受100次硬着陆，陶瓷轴承具有更好的耐热性和更高的可靠性。

7.2.2 磁悬浮冷水机组的应用

1. 磁悬浮离心式冷水机组

磁悬浮离心式冷水机组是一种高效节能产品，除在设计工况下具有很高的 COP 外，在部分负荷下的 COP 也明显高于其他冷水机组。更为重要的是，磁悬浮离心式冷水机组在 3～20℃的冷水初始温度与 8～10℃冷水温差下仍然具有很高的 COP 值，这样就为温湿度独立控制系统提供了理想的高温（16～18℃）和低温（3～5℃）冷源，进一步增强了温湿度独立控制系统的节能效果，值得深入研究和推广应用。

图 7-3(a)是某公司 4 机头磁悬浮冷水机组在冷水出水温度为 3℃、回水温度为 8℃时不同工况下的 COP。在该条件下：

(1) 多机头磁悬浮冷水机组运行稳定。

(2) 磁悬浮冷水机组在冷却水名义工况下 COP 为 5.62，在低温工况下可达到国家标准规定的冷水机组能源效率 2 级指标，为低温送风大温差系统提供高效率的低温冷源，其 COP 明显高于冰蓄冷系统的双工况冷水机组制冰工况下的 COP。

(3) 部分负荷下，仍然保持很高的 COP。

图 7-3(b)是某公司 4 机头磁悬浮冷水机组在冷水出水温度为 16℃、回水温度为 21℃时不同工况下的 COP。在该条件下：

(1) 磁悬浮冷水机组在冷却水名义工况下 COP 为 8.7，高于前文中国内高温离心式冷水机组的 COP(7.3)和高温螺杆式冷水机组的 COP(6.8)。

(2) 当冷却水进口温度下降 7℃时，COP 提高 57%，远高于普通高温冷水机组的 15%。

(3) 当冷水机组压缩机运行负荷减小时，磁悬浮冷水机组的 COP 明显上升，而普通高温冷水机组却大幅下降。

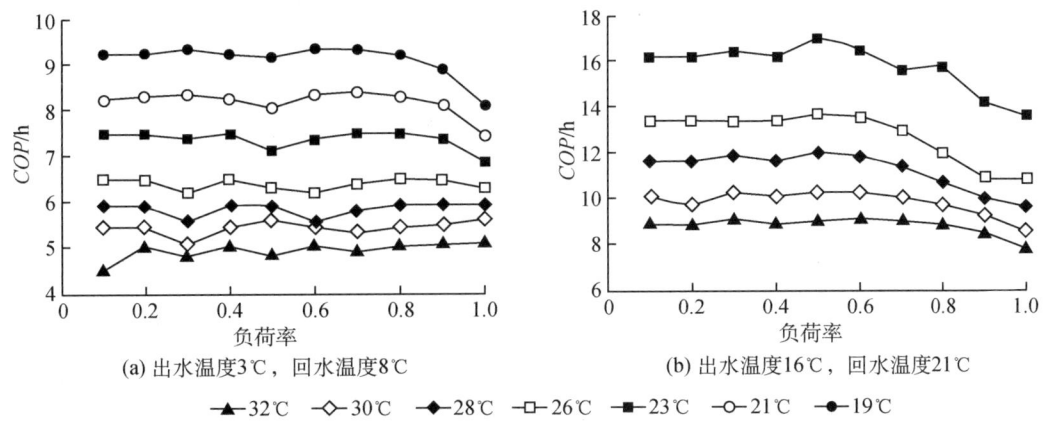

图 7-3 磁悬浮离心式冷水机组不同负荷率、不同冷却水进水温度时的 COP

磁悬浮离心式冷水机组具有以下优点：

(1) 磁悬浮离心式压缩机可降低消耗在轴与轴承间的摩擦功率，并且热交换器不含油，提高了压缩机及冷水机组的效率。

(2) 磁悬浮冷水机组在 3~20℃ 的冷水初始温度下 COP 较高，部分负荷下的 COP 明显高于普通高温冷水机组，如果应用在温湿度独立控制系统中可使其更加节能。

(3) 如果磁悬浮冷水机组能与高除湿量的新风空调除湿机和低能耗的空调末端组合，并同时采用全热交换器作为预处理，可明显提高温湿度独立控制系统的经济性，进一步扩大应用场合，更便于使用。

磁悬浮冷水机组在武汉、合肥、深圳等城市地铁车站开始推广使用，对于该技术应用产生的实际收益、具体应用形式、如何确保车站空调系统安全及高效运行等，都还需要开展系统、深入的研究。地铁车站空调系统作为地铁车站设计的一个重要组成部分，也是运营能耗大户，其采用先进、节能、高效的技术有着重要意义。

2. 水冷直膨式磁悬浮离心机组

水冷直膨式磁悬浮离心机组配备水冷直膨式制冷系统，由多种空气处理功能段组成，如图 7-4 所示。

水冷直膨式磁悬浮离心机组为国内空调厂家研发的新一代水冷冷风型机组，采用冷媒直接膨胀、蒸发、降温、除湿后送风，可省去空调冷冻水循环系统，无需二次换热，集成冷水机组和组合式空调箱功能相对于常规的地铁空调系统（冷水机组＋组合式空调箱＋冷冻水系统＋冷却水系统），具有高效节能、调节范围广、低振、低噪、可靠性高和便于安装维

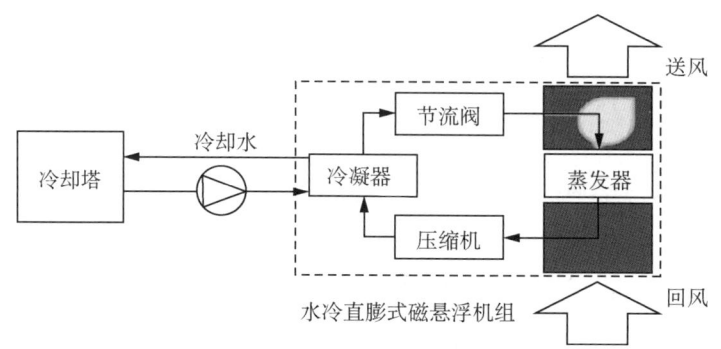

图 7-4　水冷直膨式磁悬浮离心机组

护的特点。

水冷直膨式磁悬浮机组是集诸多科技成就于一身的先进设备,其具有高性能的磁悬浮双级离心压缩机、高可靠性的变频控制柜、低噪变频离心风机、高精度等级的电子膨胀阀、超高效的壳管冷凝器以及先进的控制系统,是非常适用于地铁车站这类地下工程的一种空气处理设备。目前已在洛阳地铁 1 号线和 2 号线投入使用,相关的使用效果数据未来也将会公布。

7.3　直接蒸发式制冷机组技术

蒸发冷却空调技术是一项利用水蒸发吸热制冷的技术,基本形式包括直接蒸发冷却和间接蒸发冷却。直接蒸发冷却是空气直接与雾化的水进行接触,从而对空气进行近似等焓加湿的处理过程;间接蒸发冷却则是水蒸发的冷量通过壁面传递给被冷却的空气,其过程为等湿冷却。蒸发冷却空调技术是一种环保、高效、经济的冷却方式,发展至今已有单级直接蒸发冷却式、间接—直接的两级蒸发冷却复合式、两级间接—直接的三级蒸发冷却复合式和蒸发冷却与机械制冷联合式等形式,各形式对比内容见表 7-3。与各形式相对应的蒸发冷却设备(例如蒸发冷却空调、蒸发式冷水机组等)已在广东、福建和西北地区(特别是新疆地区)的多项工程中得到广泛应用,例如宾馆、办公楼、娱乐、体育馆、工厂、通信机房等公用、民用及一些工业建筑。

表 7-3　　　　　　　　　蒸发冷却空调技术特点

蒸发冷却形式	功能介绍	应用场所	优点	缺点
直接蒸发冷却式	空气与水直接接触实现蒸发冷却,能获得的最低温度为干空气的湿球温度	干旱地区	设备简单,蒸发冷却效率高	降温的同时会增加室内的湿度,无法实现同时排热和除湿

续表

蒸发冷却形式	功能介绍	应用场所	优点	缺点
间接—直接的两级蒸发冷却复合式	间接蒸发冷却+直接蒸发冷却,可获得介于干空气湿球温度与露点温度间的送风温度	半干旱地区室内散湿量较小的场所	温降幅度高于直接蒸发冷却	无法实现除湿
两级间接—直接的三级蒸发冷却复合式	两级间接蒸发冷却+直接蒸发冷却,可获得介于干空气湿球温度与露点温度间的送风温度,效率更高	半干旱地区室内负荷较大的场所	温降幅度较高,送风温度比直接蒸发冷却式、两级蒸发冷却复合式低	无法实现除湿
蒸发冷却与机械制冷联合式	蒸发冷却+机械制冷辅助,可获得低于露点温度的送风温度	半干旱、中等湿度地区的各种场所	可实现同时排热和除湿。大部分季节以蒸发冷却为主,个别时候辅助少量机械制冷。应用地域可扩展到中等湿度地区	设备较复杂

7.3.1 蒸发冷却技术的适用性分析

地下空间建筑特别是深埋地下建筑,有较好的封闭性,内部湿负荷大,热负荷受工程内部人数和设备开启状况影响较大,并可忽略地表环境通过围护结构的传热影响,这些决定了深埋地下建筑在室外计算气象参数的选取上与地面建筑有很大差异。针对蒸发冷却技术在我国各区域地下空间建筑中的适用性分析将主要从建立分区模型和室外状态参数选取对分区的影响两方面论述。

1. 建立分区模型

根据热湿负荷及室内设计状态确定室内送风状态点,以送风状态点的干球温度、湿球温度和含湿量为基准线,将湿空气分为 6 个区域,具体见图 7-5 和表 7-4。区域Ⅰ为直接送风参数区,其余 5 个区域的空气需处理后到区域Ⅰ才能作为送风。可以看出,区域Ⅱ空气通过直接蒸发冷却即可达到要求,属于直接蒸发冷却区;区域Ⅲ空气则必须先间接蒸发冷却、再进行处理方可进入区域Ⅱ或区域Ⅰ,属间接蒸发冷却区。其余 3 个区域空气无法通过蒸发冷却进行处理,属于蒸发冷却不适用区,但又各有特点:区域Ⅵ空气干、湿球温度均较低,但含湿量高,对于一些相对湿度要求不高的地区,该区域空气可直接作为送风;区域Ⅱ空气经过直接蒸发冷却(Direct Evaporative Cooling,

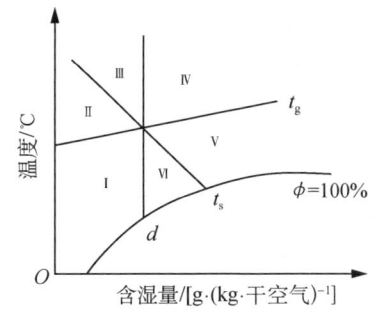

图 7-5 地下建筑蒸发冷却的区域模型

DEC)设备处理后可能进入区域Ⅵ,可以作为二次空气用于间接蒸发冷却(Indirect Evaporative Cooling, IEC)系统中处理一次空气(送风);区域Ⅴ空气干球温度低于送风干球温度,但湿球温度较高,而某些对湿度要求不高的空间,可在加大送风速度(1.5~2 m/s)的条件下直接作为送风,也可以除湿后送入工程;区域Ⅳ空气高温高湿,蒸发冷却设备一般仅作为附属设备。

表 7-4　　　　　　　　　　地下建筑蒸发冷却分类

区域	参数特点	蒸发冷却类型
区域Ⅰ	$t_g \leqslant t_{go}, d \leqslant d_o$	直接送风区
区域Ⅱ	$t_g > t_{go}, t_s \leqslant t_{so}$	DEC 区
区域Ⅲ	$t_s > t_{so}, d \leqslant d_o$	IEC 区
区域Ⅳ	$d > d_o, t_g > t_{go}$	蒸发冷却不适合区域
区域Ⅴ	$t_g < t_{go}, t_s > t_{so}$	蒸发冷却不适合区域
区域Ⅵ	$t_s \leqslant t_{so}, d > d_o$	蒸发冷却不适合区域

注:t_{go}、t_{so}、d_o 分别为送风状态点的干球温度、湿球温度和含湿量;t_g、t_s、d 分别为某地区室外状态选取点的干球温度、湿球温度和含湿量。

2. 室外状态参数选取对分区的影响

大多数深埋地下建筑对送风湿度的要求高于对温度的要求,考虑到蒸发冷却受室外条件的限制比机械制冷更大,可采用不满足 50 h 的干球温度作为计算干球温度,而用不满足 200 h 的含湿量作为计算含湿量的条件来确定蒸发冷却分区。

7.3.2　不同蒸发冷却形式的应用

根据《地铁设计规范》(GB 50157—2013),空调系统的冷源应优先考虑自然冷源,当无条件采用自然冷源时,可采用人工冷源。我国大约 30% 的地区都属于区域Ⅰ(直接送风区);大约 20% 的区域Ⅱ可以采用直接蒸发冷却。剩余的几个区域可采用蒸发冷却与其他方式相结合,以满足室内空调所要求的送风温度。这里主要探讨蒸发冷却在区域Ⅰ、区域Ⅱ、区域Ⅲ的适用性。

1. 直接蒸发冷却

直接蒸发冷却就是空气与水直接接触,利用空气来等焓降温加湿。在地铁车站中,传统机械通风系统的车站送风机用于将室外空气直接送入车站内部,经通风换气后再由排风机直接排出室外,具有形式简单、通风量大、运行能耗高、通风温差小、地下空间空气环境温湿度要求难以控制等特点。可以在春、秋干燥季节或干燥地区的季节,将直接蒸发冷却器(段)填料放在地铁的送风道中,利用其对进风的冷却性能,冷却室外新风,然后再送入车站中,以改善室内环境。采用直接蒸发冷却不仅能降温加湿,还能降低送风量,比传统机械通风系统施工成本低,节能效果明显。

2. 直接蒸发冷却+局部蒸发式冷气机

地铁站主要特点是人流量大,尤其是上下班期间,人流量更加密集。可在地铁大厅内局部设置蒸发式冷气机承担室内的显热负荷,而室内的全部潜热负荷、新风负荷及剩余显热负荷则由蒸发冷却新风系统承担,实现对温湿度的独立控制,可满足房间温湿度不断变化的要求。

3. 间接蒸发冷却+直接蒸发冷却

根据多个城市运营数据统计,地铁车站中通风空调系统的能耗占建筑总能耗的30%~60%,其中处理新风所需能耗又占通风空调系统能耗的20%~30%。由此可见,通风空调系统中排风系统带走的能量相当可观,地铁通风空调系统充分"挖掘"排风系统能量进行回收,以达到节能降耗的要求。

在地铁车站的送风道中设置直接蒸发冷却段,在排风道中对排风进一步降温,然后作为间接蒸发冷却器的二次空气,对新风进行预冷,将排风热回收技术与直接蒸发冷却技术有机结合。排风热回收是指在空调系统中设置热回收装置(全热回收或显热回收等),通过回收排气中的余热对引入空调系统的新风进行预冷却,来减少空调系统中处理新风带来的能耗,可提高全年运行效率。

7.3.3 关键性问题分析

蒸发冷却通风空调相比于不设置冷却塔的蒸发式冷凝器,采用水作为制冷剂,利用干空气能,无需通过制冷来实现空调降温,在节能的同时还具有加湿和净化空气等功能,因此在地铁车站的通风空调系统中具有广阔的应用前景。

将蒸发冷却技术应用于干燥地区的地铁建设中,需要很好地处理一些关键性问题,这些问题有些是蒸发冷却技术应用中普遍存在的问题(例如水源及水质问题、新风的过滤问题以及引入自动控制等问题),还有一些是在应用于地铁这种特殊场合才出现的问题(例如机组的送排风及风道问题、机组的尺寸大小问题等),下面就针对这些关键问题进行分析。

(1)水源及水质问题。蒸发冷却空调的水系统都为开式系统,在西北干燥地区已应用的实际工程中,存在水系统结垢、腐蚀和细菌滋生等问题,导致空调热湿交换效率下降,也增加了阻力和能耗,从而影响机组的使用寿命。所以要解决好水源和水质的问题,就要减少细菌、结垢和腐蚀现象,同时要满足最新的蒸发冷却循环水及补充水水质的要求,具体见表7-5。

表 7-5 蒸发冷却循环水及补充水水质要求

检测项	单位	直接蒸发		间接蒸发	
		补充水	循环水	补充水	循环水
pH		6.5～8.5	7.0～9.0	6.5～8.5	7.0～9.0
浊度	NTU	≤3	≤3	≤3	≤5
电导率(25℃)	uS/cm	≤400	≤1 000	≤800	≤1 600
总硬度(以 $CaCO_3$ 计)	mg/L	≤200	≤400	≤300	≤600
总碱度(以 $CaCO_3$ 计)	mg/L	≤200	≤500	≤200	≤600
Cr(以 Cr^- 计)	mg/L	≤100	≤200	≤150	≤300
总铁(以 Fe 计)	mg/L	≤0.3	≤1.0	≤0.3	≤1.0
SO_4^{2-}	mg/L	≤250	≤500	≤250	≤500
氨氮	mg/L	≤0.5	≤1.0	≤5	≤10
化学需氧量(COD)	mg/L	≤3	≤5	≤30	≤100
菌落总数	CFU/mL	≤100	≤100	—	—
异养菌总数	个/mL	—	—	—	$\leq 1\times 10^5$
磷酸盐(以 P 计)	mg/L	—	—	—	≤1.0
有机磷	mg/L	—	—	—	≤0.5

蒸发冷却空调中的水通常使用自来水、河水、湖水和水库中的水,这些水中含有硫酸盐、碳酸盐等矿物质,在水中溶解为钙离子、镁离子、硫酸根离子和碳酸根离子等。由于供水系统的设备接地呈现负极性,钙镁离子等阳离子则产生附壁效应吸附在设备壁面上,而溶解于水中的阴离子又受到阳离子的吸引,也吸附在设备壁面上,这样日积月累就形成了水垢。与此同时,水中的阴阳离子失去平衡,造成水质的酸碱不平衡,一些腐蚀性离子最终引发设备的腐蚀。此外,周围环境中的氧化剂与设备的金属材质发生化学反应是造成设备腐蚀的另一个原因。根据水垢和腐蚀产生的原因,一方面可以采用定期补充新鲜水来保持水质平衡;另一方面可以对空调水系统中的水进行软化处理,主要方法有离子交换树脂法、纯水法、部分软化法、静电场处理法、磁化处理法和投加水质稳定剂等方法。对于细菌滋生及繁殖问题,可以采取在水中加入杀菌剂来控制水中的微生物从而达到目的。

(2)新风过滤问题。西北干燥地区遭受沙尘的污染非常严重,室外新风中二氧化硫、二氧化氮和可吸入颗粒物等指标较高。地铁通风空调要求为乘客及工作人员创造一个健康舒适的环境。如果新风中含有有害气体或较多杂质,不但会污染空调水系统,还会造成水质的过酸过碱和细菌滋生等问题,甚至严重影响直接和间接蒸发冷却器的热湿交换效果,最终降低蒸发冷却空调机组的使用寿命。

要解决新风过滤问题,就要使用空气过滤器。在选择空气过滤器时,要充分考虑使用环境、使用场所、效率来决定使用什么级别、什么形式的过滤器。结合已有的蒸发冷却空调机组应用实例,干燥地区地铁车站用蒸发冷却空调机组适宜采用初效、过滤器阻力尽可能小且容尘量大的过滤器。另外,为了克服常规过滤器定期清洗和更换等问题,可考虑采用集成式惯性过滤器,气体经过集成式惯性过滤器时会产生高速旋转运动,尘埃颗粒产生离心力沿风筒内壁运动,抛出后经排风道进入了积尘箱。

(3) 引入自动控制技术。蒸发冷却空调机组在使用过程中受周围环境空气状况影响较大,为了保证机组工作的稳定性,需要机组自身运行状态随周围环境空气状况的改变而自我调节,这就必须引入自动控制技术。

引入自动控制技术不仅能降低蒸发冷却空调机组的操作难度和操作频繁度,对于温度及湿度的控制也更加准确,还可以大大提高蒸发冷却系统的节能效果。同时需要注意的是,自控技术人员应对蒸发冷却技术有一定了解,这样编写出的自控程序与蒸发冷却技术才能配合紧密,提高利用率。

(4) 对放置于地下车站的蒸发冷却空调机组,应处理好机组的送排风及风道问题,蒸发冷却空调为直流式空调,为了充分发挥蒸发冷却的作用,要保证机组的送风和及时排风以保持风量的平衡。

(5) 在考虑蒸发冷却空调机组的大小及布置时,应尽量做到不影响土建规模,并满足地铁车站的布置原则。通常情况下蒸发冷却空调机组体积较大,所需的机房面积也较大。地铁车站内各系统及设备都是按照一定原则进行布置的,设备布置以及尺寸大小受地铁土建规模(机房布置、建筑层高等)影响较大,所以要对直接蒸发冷却地铁通风降温系统进行优化。地区通风降温系统主要包括送排风机、直接蒸发冷却机组和风阀等设备,可考虑将这些设备都布置在地铁车站的土建风道内,这样就能合理利用土建风道空间,降低工程的造价,同时还要对机组的大小进行优化,在保证机组蒸发冷却效率的情况下,可通过提高填料前迎面风速等可行措施来减小断面尺寸。

7.4 蒸发冷凝式冷水机组技术

7.4.1 蒸发冷凝工作原理

蒸发冷凝传热是一种利用流体沸腾时的汽化潜热带走热量的冷却方式,如图 7-6 所示。用于冷却空气的蒸发冷却有两种基本形式:直接蒸发冷却和间接蒸发冷却。直接蒸发冷却是空气与淋水填料层直接接触,把自身的显热传递给水而实现冷却的方式,其结果是空气的温度降低,湿

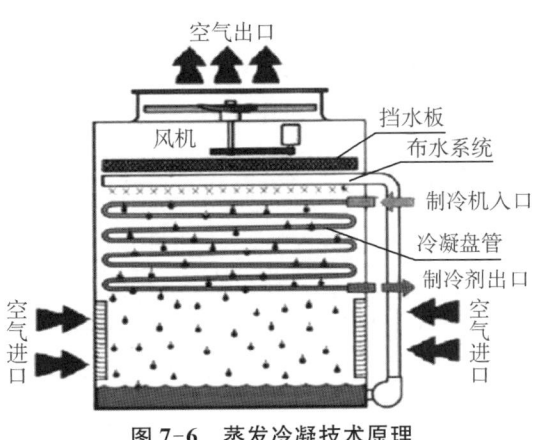

图 7-6 蒸发冷凝技术原理

度增加,近似于绝热降温加湿。它适用于低湿度地区,如我国海拉尔—锡林浩特—呼和浩特—西宁—兰州—甘孜藏族自治州一线以西的地区。

蒸发冷凝技术在结构上将冷凝器和冷却塔合二为一,省略冷却水从冷凝器到冷却塔的传递阶段,充分利用水的蒸发潜热冷却工艺流体,用水量为水冷式冷凝器的45%～50%。蒸发式冷凝机组为一体化机组,可以布置在地下机房,取消室外冷却水塔配置,减少了地面用地协调难度,有效解决了对城市景观的破坏以及冷却塔产生噪声、漂水等环保问题。

7.4.2 蒸发式冷凝机组与传统水冷式冷水机组的比较

以板管蒸发式冷凝机组为例,将蒸发式冷凝机组与传统水冷式冷水机组进行运行能耗对比、经济指标对比、设备初投资对比以及综合经济对比。

1. 运行能耗对比

标准工况下,蒸发式冷凝机组系统的能效比较高,明显优于配备水塔的传统水冷式冷水机组系统的能效比,蒸发式冷凝机组比传统水冷式冷水机组节能15%左右。具体参见表7-6。

表7-6　　　　　　　　　　　　　能耗对比

冷凝方式	蒸发式冷凝	水冷式
冷凝温度/℃	38	40
单位冷量风机风量/($m^3 \cdot h^{-1}$)	80～110	120～200
冷却水泵能耗	3～5 m扬程即可	视楼层而定,最少扬程需20 m
单位冷量冷凝能耗/kW	0.014	0.038
系统COP	4.2～4.8	3.2～3.8
蒸发式冷凝对比节能	—	约15%

2. 经济指标对比

板管蒸发式冷凝空调机组系统与传统水冷式冷水机组系统经济比较从运行电费和运行水费两方面进行对比,分别参见表7-7和表7-8。从表中可以看出,板管蒸发式冷凝空调机组系统可比传统水冷式冷水机组系统全年合计节省:节电+节水=15.3+2.8=18.1万元。

表7-7　　　　　　　　　　　　　运行电费对比

空调方案	板管蒸发式冷凝机组方案	传统制冷机组方案
总冷量	550×2=1 100 kW	550×2=1 100 kW
主机数量	2台	2台

续表

空调方案	板管蒸发式冷凝机组方案	传统制冷机组方案
主机规格	$Q=550$ kW, $N=112$ kW	$Q=550$ kW, $N=120$ kW
冷却水系统	机组自带:冷却泵 $1.1\times3=3.3$ kW	冷却水泵(5.5×2)+塔风机(22×2)=55 kW
加压风机功率	静压 350 Pa;$18.5\times2=37$ kW	—
功率合计	$112\times2+37=261$ kW	$120\times2+55=295$ kW
机组能效比	$EER=1\,100/261=4.21$	$EER=1\,100/1\,045.5=3.7$
机组年耗电（含冷却水）	$250\times18\times261=117.4$ 万 kW	$250\times18\times295=132.7$ 万 kW
	每年制冷运行 250 d,每天开 18 h	
年运行电费	117.4 万$\times1=117.4$ 万元[电费按 1 元/(kW·h)计]	132.7 万$\times1=132.7$ 万元[电费按 1 元/(kW·h)计]
年节约电费	$132.7-117.4=15.3$ 万元	

表 7-8　　运行水费对比

空调方案	板管蒸发式冷凝机组方案	传统制冷机组方案
耗水量	$0.74\times2=1.48$ m³/h	$(120\times2)\times1.5\%=3.6$ m³/h（水塔耗水、废水一般取水量的 1.5%）
年运行时间	$250\times18=4\,500$ h	$250\times18=4\,500$ h
年运行水费	$1.48\times4\,500\times3=2.0$ 万元（水费按 3 元/t 计）	$3.6\times4\,500\times3=4.8$ 万元（水费按 3 元/t 计）
年节约水费	$4.8-2.0=2.8$ 万元(节水率:58%)	

3. 设备初投资对比

板管蒸发式冷凝空调机组系统与传统水冷式冷水机组系统设备初投资情况分别见表 7-9 和表 7-10。

表 7-9　　板管蒸发式冷凝机组方案设备初投资

序号	设备名称	规格	数量	单价/万元	总价格/万元
1	板管蒸发式冷凝机组方案(机组自带控制系统)	50 kW	2 台	91.56	183.1
2	加压离心风机(18.5 kW)	—	2 台	1.5	3
3	总计	—	—		186.1

表 7-10　　　　　　　　　传统制冷机组方案设备初投资

序号	设备名称	规格	数量	单价/万元	总价格/万元
1	水冷螺杆冷水机组	550 kW	2台	49	98
2	冷却塔	120 m³/h	2台	15	30
3	冷却水泵	120 m³/h	3台	2	6
4	冷却水管及相关阀件	—	—	10	10
5	合计	—	—	—	144

由表 7-9 和表 7-10 可知，板管蒸发式冷凝空调机组系统的设备初投资比传统水冷式冷水机组系统多 186.1－144＝42.1 万元。

4. 综合经济对比

板管蒸发式冷凝空调机组系统与传统水冷式冷水机组系统综合经济对比情况详见表 7-11。由表可知，板管蒸发式冷凝机组方案比传统制冷机组方案综合造价节省约 10 万元；板管蒸发式冷凝机组方案比传统制冷机组方案总运行费用节省 18.7 万元/年。

表 7-11　　　　　　　　　　综合经济对比　　　　　　　　　　单位：万元

内容		板管蒸发式冷凝机组方案	传统制冷机组方案
设备、材料及安装	供冷设备费	186.1	144
	土建费	100	150
	自动控制费	8	10
初投资小计		294.1	304
全年运行电费		117.4	132.7
全年运行水费		2.0	4.8
设备维修费用		6.3	6.9
全年运行费总计		125.7	144.4

7.4.3　蒸发式冷凝机组在地铁工程建设中的应用

在地铁工程中，通风空调系统主要作用是在保证列车正常运行的前提下，排除车站内的余热和余湿，能为乘客创造一个往返于地面至地铁列车内舒适的、过渡的环境。对于设置空调系统的地铁车站，其公共区的温度环境和湿度环境要求分别为 28～30℃ 和 40%～

65%,温度波动基本上在±1℃范围内。

蒸发式冷凝器是对冷却塔进行改进,使冷却塔体积变小,便于布置在地铁车站中。与传统风冷和水冷方式相比,蒸发式冷凝机组具有节能、节水、占地面积小等优点,但蒸发式冷凝器和传统中央空调相似,仍采用如 R22 制冷剂等传统制冷剂。

根据现有地铁的建设情况可知,主要采用的通风与空调系统一个是传统机械通风系统,另外一个是机械制冷全空气系统。对于人流密集的地铁车站,传统机械通风系统舒适性较差,通风量大,所需的通风断面也大,占用地下空间较大。而对于大运量的地铁而言,机械制冷全空气系统耗电量相当大,总能耗较高,同时冷却塔的设置与运行也会影响城市景观及周围市民的生活。除此之外,现有地铁还存在能源利用不合理尤其是自然冷源利用不充分的问题。

蒸发式冷凝机组省去从冷凝器到冷却塔传递用的冷却水泵和庞大复杂的冷却水管路,循环水量为传统方式的 50%~70%,且比传统冷却方式的冷凝温度低 3~11 ℃,从而节约 25%~40%的冷源能耗;同时还能大大缩小设备体积,整体装配式结构便于安装维护,可安装在地下室,有效消除噪声污染,避免室外景观影响。

综上所述,蒸发式冷凝机组在地铁建设过程中有其独特的使用条件。

(1) 在地铁工程建设中应用蒸发式冷凝机组,能解决地铁车站通风空调系统冷却塔放置困难的问题,同时该类设备如能合理布置设计,还可减少 2~3 m 地铁车站长度。

(2) 综合土建造价,能够降低地铁车站工程总造价,蒸发式冷凝机组是未来地铁通风空调系统设备选型的一个方向,但是运营期板管结垢、制冷效率降低这些问题值得跟踪研究。

7.5 水冷多联空调系统

水冷多联空调系统安装简单,可利用传统空调的室外冷却塔,使一台主机拖多台室内机,解决外机安装问题。机组内置水压差开关,实现电子膨胀阀高精度调节。主机能力输出可根据室内负荷进行动态调节,调节范围最大为 15%~100%。水冷多联空调系统利用水泵输送动力,不受连管长度限制。主机噪声低,无需排风,可安装在室内任何位置。机组具有选型软件、水力模块、无极性通信以及自动寻址、自控、智能监控系统,贯穿于设计、安装、调试、控制等多方面。

图 7-7 所示为水冷多联空调系统原理图。

水冷多联空调系统具有以下优点:

(1) 车站公共区和设备与管理用房区分开设置,设备与管理用房区采用水冷多联系统;平峰段或夜间部分负荷运行,水泵运行能大幅降低空调系统能耗;在夜间停运期间,冷水机组则可直接停用。

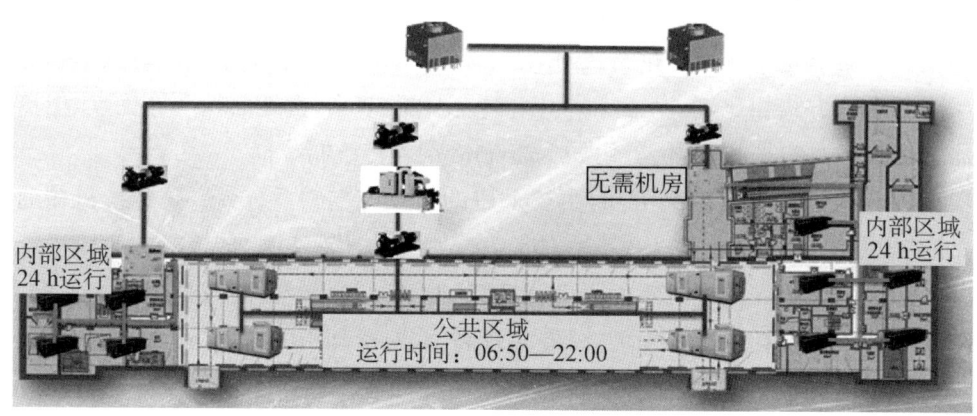

图 7-7 水冷多联空调系统原理

（2）采用变频水冷多联独立供冷,使机组低负荷运行的效率更高,具有独立水侧系统,可节省水泵耗能,具有良好整体节能性;可实现智能控制管理和在线全系统控制,同时便于控制单机。

（3）变频水冷多联机可以与大系统冷水主机共用冷却系统,无需专有安装机房,可减少地面冷却设备的占地面积。

7.6 能量阀

7.6.1 能量阀的定义及优势

1. 能量阀的定义

能量阀由等百分比控制球阀、智能执行器、超声波传感器和温度传感器组成,是一种集多功能于一体的组合型压力无关控制阀。

2. 能量阀的优势

（1）能量阀集静态、动态、电动调节三大功能于一体,在满足水力平衡和优化系统阻力的同时,可实现管路简单,降低安装和采购成本,缩短项目周期,且能保证采集数据准确,利于调适和运维。能量阀的优势包括：可通过数据显示节能水平,且不再依靠水力平衡,易于进行区域调整,打造"自稳定"暖通空调系统,无需调试、维护和保养费用;运行数据利于系统再优化,协助实现泵阀一体化和系统节能。

（2）能量阀支持 Modbus、BACnet 和 MP-BUS 通信协议;支持云服务及数据存储;可以通过微信小程序、网络、手操器等方式在线查阅运行数据;还可通过 App 扫码,AR 动态显示运行参数;可视化界面可以帮助实现数字化管理,实时采集系统运行信息,实现控制阀状态信息管理功能;智能控制阀自带流量计、压差传感器和温度传感器,可提供实时数据信息,为运维人员提供可靠的设备运维依据,为设计人员提供准确的节能运行信息,便于反馈。

7.6.2 能量阀的本地控制

本地控制将通风空调系统内部时钟定义为制冷季、过渡季和通风季三个阶段。制冷季根据时间段和客流量,每日又分尖峰、高峰、平峰和谷峰。在车站空调控制系统运行整个过程中,温度上升时水阀全开再调节风机频率,温度下降时风机频率降到最低再调节水阀,这样才是真正意义上的自控。根据现场采集的信息对比设定的参数,由智能执行器自动调节阀门开度到设定参数,此过程无需中控室反馈信号。

地铁由于施工周期和专业设计分工的原因,各种传感器采集的数据不准确,让节能控制系统成为摆设,而能量阀则恰好解决了这个问题。

7.7 集成式节能空调机组

集成式节能空调机组是一种解决传统症状的机电一体智能化方案,其技术特点主要表现在以下四个方面。

(1)将末端空调机组集成,是指将常规分散布置的空调机组、回/排风机、消声器、6个转换风阀和混合风室等集成到一台设备,以落地方式安装,实现工厂生产、现场拼装,降低施工难度与吊装运营风险,便于检修维护,提高空调系统设备的整体质量。

(2)设备智能化集成式节能空调机组均配置各类传感采集装置,内置全年运行程式,能根据采集的室内外环境温度进行自动选择模式运行,以适应地铁全年的小新风空调、全新风空调、过渡季通风和冬季通风运行方式,能保障地铁环境的人员舒适度和对工艺环境的使用要求。

(3)运行的节能性集成设备均有完善的采集、传输、配电和控制管理的硬软件,在控制系统中编入控制策略算法,可根据室内的实际需要调整集成空调机组的送/回风量等,能以最适合的用电量满足使用要求,避免在大部分时间中常规系统出现"大马拉小车"的能源浪费现象。集成式节能空调机组设备采用全自动节能方式运行,使综合运行效率高,极大地改善了地铁车站末端节能效果,达到国内领先水平。

(4)减少设计、施工和运维接口,通过设备的集成,使空调机组实现机电一体化,尽可能避免出现施工现场各专业之间权责不清的现象。

集成式节能空调机组的构成如图7-8所示。由图可知,集成式节能空调机组包括:新回风混合段、粗效过滤段、静电除尘段、表冷段、送风机段、回风机段(回风段)以及排风段。

其中,新风段包括两个新风阀,新风阀 XF1 用于保证最小新风量,新风阀 XF2 用于全新风节能运行模式;粗效过滤段前后设置压差传感器,用于过滤器脏堵时报警;表冷段水路设置电动两通调节阀,用于表冷段冷量输出的调节;为适应全新风运行时室内温度的调节,送风机段和回风机段均采用变频器调整转速来调节风量。在送/回风管上,设置送/回风温度 Tx 传感器和送/回风湿度 Dx 传感器,以及 CO_2 浓度传感器。在新风阀入口设置新风温度和湿度传感器。

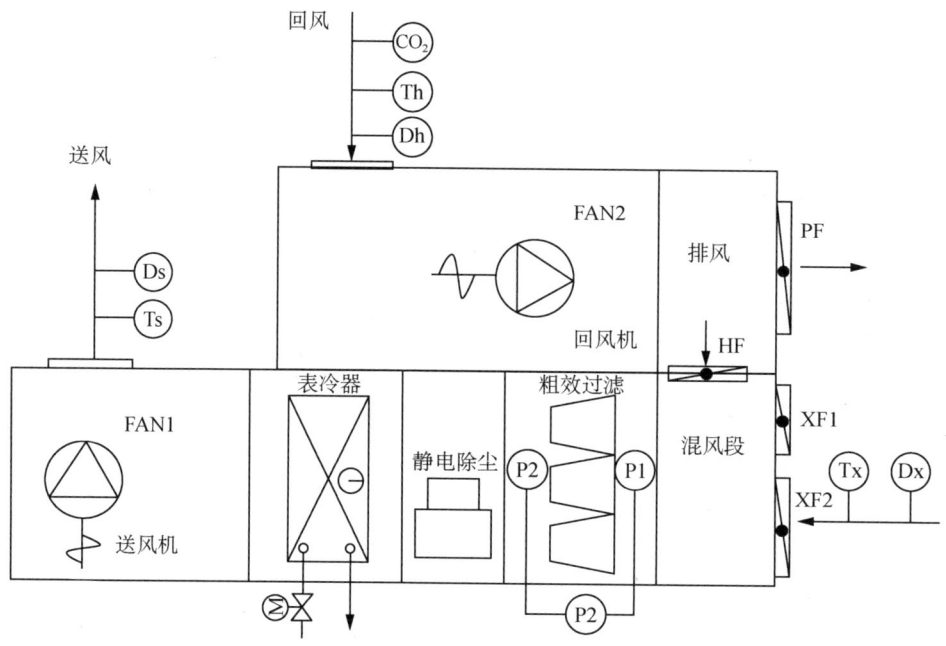

图 7-8 集成式节能空调机组构成

8 通风空调系统的监测与控制

8.1 各通风空调系统的监测

为实现通风空调设备的节能运行,地铁车站需要对室内外温湿度、CO_2浓度、送/回风温度和供/回水温度等参数进行准确监测,并对设备运行进行监测与控制。

国内地铁线路均设置环境与设备监控系统,负责对各通风空调系统进行监控。

8.1.1 各通风空调系统监测的主要参数

1. 隧道通风系统监测主要参数

(1) 隧道内空气温度及CO_2浓度;
(2) 风机的启停、正反转状态、电机频率、轴承温度、风机振动及故障报警;
(3) 风阀开关状态及故障报警。

2. 地下车站公共区通风与空气调节系统监测主要参数

(1) 新风的温度与湿度;
(2) 站厅和站台公共区的温度、湿度及CO_2浓度;
(3) 全空气系统送/回风温度与湿度;
(4) 空气过滤装置进/出口静压差的超限报警;
(5) 空气调节机组和风机的启停状态、电机频率及故障报警;
(6) 风阀的开关状态及故障报警;
(7) 电子空气净化装置的启停状态及故障报警。

3. 车站设备及管理用房通风与空气调节系统监测主要参数

(1) 重要设备房间的温度与湿度;
(2) 全空气系统送/回风的温度、湿度;
(3) 空气过滤装置进/出口静压差的超限报警;
(4) 空气调节机组和风机的启停状态及故障报警;
(5) 风阀的开关状态及故障报警。

4. 车站空气调节水系统应监测的参数

(1) 制冷机组冷水和冷却水的进/出口温度与压力;
(2) 空气处理设备冷水的进/出口温度与压差;
(3) 水泵进/出口压力;
(4) 分集水器的温度、压力或压差,集水器各支管的温度;
(5) 制冷机组、水泵、冷却塔等设备的启停状态,电机频率,以及故障报警;
(6) 调节阀的阀位及故障报警;
(7) 系统水流量和供冷量计量。

5. 主要设备的监测量(表8-1)

表8-1 主要设备监测量

系统名称	设备名称	显示						
		开		开1	关	故障停机报警	过滤网阻塞	手动/自动
		正转	反转					
隧道通风系统	隧道风机	○	○	×	○	○	×	○
	排热风机	○		○	○	○	×	○
	组合式风阀	○		×	○	○	×	○
车站大系统	组合式空调机组	○		○	○	○	○	○
	回排风机	○		○	○	○	×	○
	电动风阀	○		×	○	○	×	○
车站小系统	空调机组	○		×	○	○	○	○
	风机	○		×	○	○	×	○
	电动风阀	○		×	○	○	×	○
车站空调水系统	冷水机组	○		×	○	○	×	×
	冷冻/冷却水泵	○		×	○	○	×	×
	电动蝶阀	○		×	○	○	×	×
	压差旁通控制器	○		×	○	×	×	×

注:"开"表示工频运行,"开1"表示变频运行;
"○"表示监测项,"×"表示非监测项。

8.1.2 传感器的选用与设置

1. 传感器选用原则

温度传感器通常采用铂热电阻型温度传感器,一般选用Pt1000,测量精度可达

0.2℃。当选用热电阻测温时,需充分注意热电阻与外部导线的连接,因为外部连接导线与热电阻是串联的,若导线电阻不确定,则无法进行测温。温度传感器的输出信号通常为:电压信号 0~10 V 或电流信号 4~20 mA。

湿度传感器一般采用电容式,湿度精度不低于 2%RH。湿度传感器的输出信号通常为:电压信号 0~10 V 或电流信号 4~20 mA。

压差传感器用于探测空气过滤器前后的压差,当空调机组过滤器的压差超过一定数值时,压差开关运行,系统开始报警。

CO_2 浓度变送器一般采用固态电解质型,其工作原理是利用气敏材料在有气体通过时产生离子而形成电动势,根据电动势大小来测量 CO_2 浓度,测量精度要求不低于测量值的 2%。输出信号一般为:电压信号 0~10 V 或电流信号 4~20 mA。

2. 传感器位置设置

地铁通风空调系统的温湿度传感器及 CO_2 传感器的布置内容如下:

(1) 隧道通风系统。区间隧道距车站端头 1/3 区间长度的位置设 1 组温湿度传感器,区间风井的两侧 60 m 处各增设 1 组温湿度传感器和 CO_2 传感器。

(2) 车站公共区通风空调系统。车站每个新风井设置 1 组温湿度传感器;车站公共区站厅层每端设置 2 组温湿度传感器,设置位置在公共区长度方向距设备管理用房端墙 1/3 处;站台层每端设置 2 组温湿度传感器,设置位置在公共区长度方向距设备管理用房端墙 1/3 处;测点应布置在距地面 2 m 以上、吊顶以下的位置,并应避开送风口、出入口和人流集中处。

空调系统送/回风干管上分别设 1 组温湿度传感器。其中,回风干管上增加 1 组 CO_2 传感器;混风室设置 1 组温湿度传感器。

组合式空调器的过滤装置处应设置空气压差开关。

(3) 车站设备管理用房通风空调系统。地铁重要的设备及管理用房(如 400 V 开关柜室、中压开关柜室、信号设备室及电源室、通信设备室及电源室、车站控制室等房间)应设置温度传感器。测点应布置在室内气流稳定、离回风口大于 1 m 且远离送风口的墙上,并应便于固定和维护,通常设在顶板下方(有吊顶则设在吊顶下方)。

空调系统送/回风干管上分别设 1 组温湿度传感器。

(4) 车站空调水系统。空调水系统在冷水供/回水总管设置温度传感器,冷水回水总管设置流量传感器,在最不利环路处设置供/回水压差传感器。

3. 监测设备运行状态

为满足地铁环控系统节能运行的需求,应对隧道风机、排热风机、空调器、风机、冷水机组、水泵和冷却塔等主要设备进行监测。主要设备的监测量如表 8-2 所示。

表 8-2　　　　　　　　　　　　　　主要设备监测量

系统名称	设备名称	显示						
		开		开1	关	故障停机报警	过滤网阻塞	手动/自动
		正转	反转					
隧道通风系统	隧道风机	○	○	×	○	○	×	○
	排热风机	○	○	×	○	○	×	○
	组合式风阀	○	×	×	○	○	×	○
车站大系统	组合式空调机组	○	×	○	○	○	○	○
	回排风机	○	×	○	○	○	×	○
	电动风阀	○	×	×	○	○	×	○
车站小系统	空调机组	○	×	×	○	○	○	○
	风机	○	×	×	○	○	×	○
	电动风阀	○	×	×	○	○	×	○
车站空调水系统	冷水机组	○	×	○	○	○	×	×
	冷冻/冷却水泵	○	×	○	○	○	×	×
	电动蝶阀	○	×	○	○	○	×	×
	压差旁通控制器	○	×	○	×	×	×	×

注:"开"表示工频运行,"开1"表示变频运行;
"○"表示监测项,"×"表示非监测项。

8.2　各通风空调系统的控制

8.2.1　各通风空调系统控制的分级

通风空调系统的控制由中央控制装置、车站控制装置和就地控制装置三级组成。

中央控制装置设在控制指挥中心(Operation Control Center,OCC),并设三遥(遥信、遥测、遥控)总机,各车站控制室设三遥分机,该中心配置中央级工作站(OCC 工作站)和全线隧道通风系统中央显示屏。OCC 工作站一方面可对全线隧道通风系统进行监控,执行隧道通风系统预定的运行模式或向车站下达各种隧道通风系统运行模式指令;另一方面,还可对全线车站通风空调大系统进行监视。

车站控制装置设在各车站控制室,该控制室配置车站级工作站和紧急后备控制盘(Integrated Backup Panel,IBP)。在正常情况下,车站级工作站可监视车站所管辖范围内的隧道通风系统、车站大小系统和水系统的运行状态,并向 OCC 传送信息,同时可执行中央控制室下达的各项运行模式指令。在异常情况下,受控制指挥中心授权,车站级工作站可作为车站消防指挥中心,能根据实际情况将车站大小系统转入紧急运行模式和执行控制指挥中心下达的区间隧道紧急运行模式;当车站级工作站出现故障时,在 IBP 上可以执行防灾设备的运行指令。

就地控制装置在通风空调设备(冷水机组、水泵、空调箱、通风机和冷却塔等)附近设置电源控制开关,对所在位置的各种设备及电动控制风阀等进行控制和显示。当就地操作(调试、检查、维修)时,就地控制具有优先权。

隧道通风系统和车站公共区通风空调系统设置三级控制,车站设备管理用房通风空调系统和空调水系统设置就地控制和车站控制两级控制。

8.2.2 各通风空调系统控制策略

1. 隧道通风系统控制策略

隧道通风系统控制主要包括对隧道风机、排热风机和相应风阀的控制。

每天清晨运营前与每天夜间收车后,根据初期、近期、远期线路的实际运行情况,隧道内检修作业情况,以及运营管理经验,采用人工控制方式启动早晚通风模式,进行半小时排热/机械冷却通风,其主要作用是利用此时室外冷空气对地铁隧道通风进行冷却和补充新鲜空气,排除地铁内积聚的热空气,并检查设备的状况,确保发生事故时能及时投入使用。具体运行策略可以根据实际情况调整。

车站排热风系统在正常运行工况下,根据室外温度、车站隧道内温度及行车对数调整运行频率,在满足隧道内温度的前提下,尽可能节约排热风机日常运行的耗电量。正常运行时排热风机具体的运行策略见表 8-3,其中行车对数根据线路的不同,可通过模拟计算确定。

表 8-3 正常运行时排热风机运行策略

设备名称	室外温度≥车站隧道温度,或室外温度<12℃,或行车对数≤15 对/h	室外温度<车站隧道温度且室外温度≥12℃时		
		15 对/h<行车对数≤20 对/h	20 对/h<行车对数≤25 对/h	行车对数>25 对/h
车站排热风机	关	变频(排热风量为额定风量的 60%)	变频(排热风量为额定风量的 80%)	变频(排热风量为额定风量的 100%)

2. 车站公共区通风空调系统设备控制策略

车站公共区通风空调系统一般采用全空气一次回风系统。对该系统的控制主要包括对组合式空调器、回/排风机和相应风阀的控制。

1) 运行模式控制

在列车正常运营时段,地下车站大系统采用焓值控制,根据季节变化设有空调小新风工况、空调全新风工况和非空调全通风工况三种基本运行模式。夜间列车停运后,停止其大系统及水系统的运行。车站各种运行模式如下:

(1) 空调小新风工况。当站外空气焓值大于车站空调大系统回风空气焓值时,空调系统采用小新风+一次回风运行。

(2) 空调全新风工况。当站外空气焓值小于或等于车站空调大系统回风空气焓值且站外空气干球温度大于通风工况转换温度时,采用全新风空调运行,空调器处理室外新风后送至空调区域,回/排风全部排至车站外。

(3) 非空调全通风工况。当站外空气温度小于或等于通风工况转换温度时,停止冷水机组运行,外界空气不经冷却处理直接送至空调区域,回/排风则全部排出车站外。

(4) 冬季通风工况。当冬季室外温度过低,采用全通风使室内温度低于12℃时,采用小新风的一次回风模式运行,空调水系统保持关闭。

(5) 夜间运行工况。夜间收车后停止车站空调大系统的运行。

2) 变频运行控制

车站公共区受客流及室外温度影响较大,为进一步节约能源,大系统的组合式空调器和回/排风机一般采用变频风机。风机的频率根据回风焓值与设定值比较进行调节。当回风焓值小于设定温度时,变频器控制组合式空调器和回排风机频率同比降低 5 Hz,一般最低不低于 25 Hz;当回风焓值大于设定温度时,变频器控制组合式空调器和回/排风机频率同比提高 5 Hz,最高可提至 50 Hz。为防止由于空气参数的上下波动导致空调运行工况的频繁转换,采用 1 h 的平均值(每小时采集 10 次)与测量值进行分析比较,以决定空调运行工况的转换,可每小时操作一次。

车站大系统变频控制原理如图 8-1 所示。

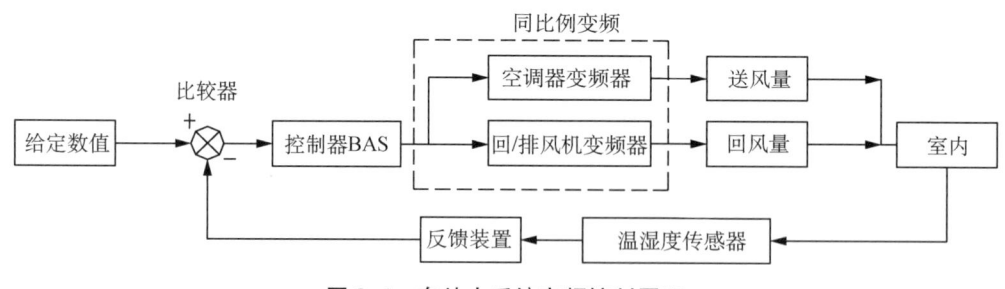

图 8-1 车站大系统变频控制原理

3. 车站设备及管理用房通风空调系统设备控制策略

车站设备及管理用房通风空调系统一般采用全空气一次回风系统,该系统的控制主要包括对空调器、回/排风机和相应风阀的控制。人员用房采用风机盘管+新风或多联空调+新风形式时,可由室内人员自行调节,不再集中控制。

当列车正常运营时,全空气空调系统采用焓值控制,根据季节变化设有空调小新风、空调全新风、全通风和冬季通风四种基本运行模式；当夜间列车停运后，停止其部分小系统及水系统的运行。

车站设备及管理用房通风空调系统模式控制如表 8-4 所示。

表 8-4　　　　　车站设备及管理用房通风空调系统模式控制

系统名称	空调季运营时	过渡季运营时	冬季运营时	夜间停运后
变电所空调系统	空调小新风或空调全新风	全通风	全通风	全通风
弱电设备房空调系统	空调小新风或空调全新风	全通风	全通风	关闭
人员房间空调系统	空调小新风或空调全新风	全通风	全通风	关闭
多联空调系统	关闭	关闭	关闭	开启
走道及夜间通风系统	开启	开启	开启	开启
其他通风系统	开启	开启	开启	关闭

4. 空调水系统设备控制策略

1）车站水泵系统工作原理

车站空调水系统大部分采用一次泵末端变流量系统。冷冻水泵、冷却水泵和冷却塔风机均采用变频控制技术，各供/回水环路分别从分水器和集水器上接出。分水器和集水器间设压差旁通装置，空调设备末端布置动态平衡电动调节阀。

（1）冷源集中控制系统。

车站空调水系统设置冷源集中控制系统，该系统主要由冷源群控柜、冷冻水泵智能控制柜、冷却水泵智能控制柜、冷却塔智能控制柜、压差旁通阀水管两端压力传感器、冷冻水系统的供/回水管上水温传感器、冷却水系统的供/回水管上水温传感器、冷冻水系统的总管上热量表、冷却水系统的总管上热量表以及室外安装环境温湿度传感器组成。

冷源集中控制系统集成控制冷水机组、冷冻水泵、冷却水泵、冷却塔、水处理器及水系统各类电控水阀门。每个冷站配置一面冷源集中控制柜，并根据冷站规模配置相应数量的下位辅机的水系统智能控制柜。冷源集中控制系统主要由设备能源综合管理系统、冷源管理子系统以及各区域车站空调设备监控子系统等组成，在空调水系统各个部位设置节能控制元器件，通过末端采集的数据对冷却塔、冷冻水泵和冷却水泵进行变频调节运行，使其根据实时负荷需求来动态控制负荷输出，从而实现节能的目的。

（2）供/回水温差控制。

冷冻水泵和冷却水泵采用控制供/回水温差的控制方案进行变频调节，冷却塔根据回水温度进行变频控制。对集中空调这样复杂的、非线性的和时变性的系统，运用逻辑推理、以自动运算为基础的计算机智能控制，保证控制系统具有高度跟随性和应变能力，可根据对被控动态过程特征的识别，自适应地调整水系统各设备运行参数，以获得最佳的控制节能效果。

(3) 动态平衡电动调节阀。

空气处理机组的回水管上均设置有动态平衡电动调节阀,动态平衡电动调节阀集温控和动态自动平衡于一体。一方面,平衡阀可现场设定最大流量,并可显示实际流量,便于现场调试;另一方面,可根据空调机组出风段设置的温湿度传感器和控制系统的要求,对供水量进行无级调节,以满足室内温湿度的要求。

2) 空调水系统控制操作

(1) 系统开机时序:开启冷却塔出水电动蝶阀、冷水机组冷却侧电动蝶阀开、冷却塔进水电动蝶阀→延时(默认)1 s 开启冷却水泵、冷却侧电子水处理器→蝶阀开到位后冷却塔风机开始调节→开启冷水机组冷冻侧电动蝶阀→延时(默认)1 s 开启冷冻水泵、冷冻侧电子水处理器→蝶阀开到位、水泵运行数与机组需开启数一致且冷却回水温度≥冷却回水温度下限值设定值(默认 15℃),开启冷水机组。

(2) 系统关机时序:关闭冷水机组→延时(默认)10 s 关冷却塔风机→延时(默认)180 s 关冷却水泵、冷却侧电子水处理器→延时(默认)120 s 关冷冻水泵、冷冻侧电子水处理器→水泵均停止后,关闭冷却塔进出水电动蝶阀、冷水机组冷却侧、冷冻侧电动蝶阀。

(3) 冷源集中控制系统在冷水机组台数控制时,应保证在足够的控制周期的前提下才允许系统加/减冷水机组,以避免频繁加/减冷水机组;控制周期默认值为 30 min,在现场调试时确定最佳控制周期。

(4) 在满足允许加/减冷机控制周期的条件下,控制系统只有检测到满足加/减机的条件,并且满足时间持续(默认)5 min 以上时,控制系统才可以发出加/减冷机信号,减机或停机时必须保证水系统不少于持续(默认)5 min 的循环时间。

(5) 加机时序:开启 1 台冷却水泵→延时(默认)30 s 开启机组对应的冷却侧电动碟阀和 1 台冷却塔进出水电动蝶阀→开启 1 台冷冻水泵→延时(默认)30 s 开启机组对应的冷冻侧电动碟阀→开启 1 台冷水机组。

(6) 减机时序:关闭 1 台冷水机组→关闭机组对应的冷却侧电动碟阀和 1 台冷却塔进出水电动蝶阀→关闭 1 台冷却水泵→延时(默认)60 s 关闭机组对应的冷冻侧电动碟阀→关闭 1 台冷冻水泵。

(7) 冷冻变频水泵的控制:冷冻变频水泵采用冷冻总管供/回水 5℃ 温差的控制方案进行控制。当冷冻总管供/回水温差>5+Δt_1(默认 0.5℃),且连续满足时间条件(默认 20 s)后,冷冻变频水泵频率提高(默认 0.5 Hz);当冷冻总管供/回水温差<5−Δt_2(默认 0.5℃),且连续满足时间条件(默认 20 s)后,冷冻变频水泵频率降低(默认 0.5 Hz)。

(8) 冷却变频水泵的控制:冷却变频水泵采用冷冻总管供/回水 5℃ 温差的控制方案进行控制。当冷却总管供/回水温差>5+Δt_3(默认 0.5℃),且连续满足时间条件(默认 20 s)后,冷却变频水泵频率提高(默认 0.5 Hz);当冷却总管供/回水温差<5−Δt_4(默认 0.5℃),且连续满足时间条件(默认 20 s)后,冷却变频水泵频率降低(默认 0.5 Hz);当

机组的压缩机都待机时,自动关闭冷却水泵,达到节能的目的;当机组的压缩机将要开启前,自动开启冷却水泵,保证机组稳定运行。

(9) 冷却塔的控制:冷却塔打开(打开指电动蝶阀开到位,不是指风机运行)数量与机组的运行数量保持一致,当机组压缩机将开启且冷却回水温度达到开启温度(默认24℃)时,所有电动蝶阀打开的冷却塔的风机同时开启,并以下限频率运行;当冷却回水温度低于关闭温度(默认18℃)或者机组待机时,冷却塔风机全部关闭;当冷却总管回水温度≥28℃,且连续满足时间条件(默认10 s)时,风机频率升高(默认5 Hz);当26℃≤冷却总管回水温度<28℃,且连续满足时间条件(默认10 s)时,风机频率升高(默认2 Hz)。当19℃≤冷却总管回水温度<22℃,且连续满足时间条件(默认20 s)时,风机频率下降(默认2 Hz);当18℃≤冷却总管回水温度<19℃,且连续满足时间条件(默认20 s)时,风机频率下降(默认5 Hz)。

9 机电系统智慧运维

9.1 智慧运维发展的时代要求

9.1.1 智慧运维的必要性

2021年《国家综合立体交通网规划纲要》明确提出,要加快推进绿色低碳发展,交通领域 CO_2 排放尽早达峰,降低碳排放。为早日实现双碳目标,应积极发展安全、舒适、高效、绿色的轨道交通,提高以高速铁路、城市地铁和轻轨为代表的新型轨道交通在交通体系中的地位和作用。城市轨道交通是一种相对环保的绿色交通方式,以地铁 A 型车为例,平均每人乘坐 1 km 仅仅需要耗费电能 0.006 kW•h。

为加快推进轨道交通的绿色发展,在设计和建设中需提高新建工程节能标准,加快推进超低能耗、近零能耗、低碳城市轨道交通建筑,提升建筑节能低碳水平;落实节约优先方针,合理控制能源消费总量,全面提升城市轨道交通节能管理能力;提高信息化节能管理水平,建设城市轨道交通智慧运维和能源资源监测系统。

推动互联网、大数据、人工智能和第五代移动通信(5G)等新兴技术与绿色低碳城市轨道交通的深度融合,发展智慧城轨。云计算、大数据、物联网、人工智能、5G、卫星通信和区块链等新兴信息技术的飞速发展,有力地推进了我国城市轨道交通信息化、自动化、智能化、智慧化的建设步伐。随着《中国城市轨道交通智慧城轨发展纲要》和中国城轨信息化规范体系的实施,智慧运维也进入了发展的快车道。

9.1.2 当下城市地铁运维的困境

由前文可知,城市地铁车站单站负荷小,但是车站数量多,设备分散、设备种类多、设备操作维护复杂且专业性强,这将导致当设备出现故障时,检修无法高效解决故障,加之信息互通不畅和故障分析难度大等问题,制约运维工作的顺利开展,影响空调设备高效、安全运行,这也浪费了大量的人力和物力。

根据各地地铁运营公司公开数据统计,设施设备故障是引发城市轨道交通事故和故障的主要原因,占所有事故和故障的比例在 70% 以上。具体问题反映在:设备的总基数增大,产生故障的设备也会越来越多,地铁运营公司不能及时准确地了解设备故障信息,大量数据针对性则不强,不能及时反映设备的实时状态,维修资源重复设置、不能综合利用等。

随着覆盖范围的扩大,管理对象增多、管理跨度增大,网络顶层管理内容比重明显加大,跨组织、跨部门、跨专业和跨岗位的协调联动工作量大幅增加。同时,随着运营组织、维护保障和安全管理等各项业务规模扩大,模块化、专业化趋势明显。当多项业务协同运作时,业务模块间的协调复杂程度将会加大,亟须综合的维修人员、场地、设备、备品备件和故障信息等大数据分析。

9.2 机电智慧运维平台

面对以上问题,将智能运维设为实现目标,从充分利用物联网和大数据等方面出发,构建基于设备运行状态全面监测及设备诊断与预警、健康状态评估分析的设备全生命周期健康管理体系,以促进设备维修由传统"计划修"向"状态修"的转变,实现设备故障应急联动和维修生产信息化、自动化和无人化,实现降本增效和设备可靠运行的目的。借助"机电智慧运维平台",通过互联网首先对地铁通风空调系统设备进行监控管理,同时将常规的空调设备运维流程转化为数据库融入平台中,是解决城市地铁通风空调系统维护管理的一个有效手段,可以真正做到省人、省材。

机电智慧运维平台的功能应从设备监控,远程诊断、预警、故障维护,能源管理,智慧办公四个方面来实现。

9.2.1 设备监控

通过网络技术和通信技术,将分散在不同地点的地铁车站内用电设备进行远程监控,并将采集到的数据接入运营维护平台中,对设备运行参数、易损部件磨损程度及电气控制系统进行检查和校验,判断设备运行情况。设备监控界面如图 9-1 所示。

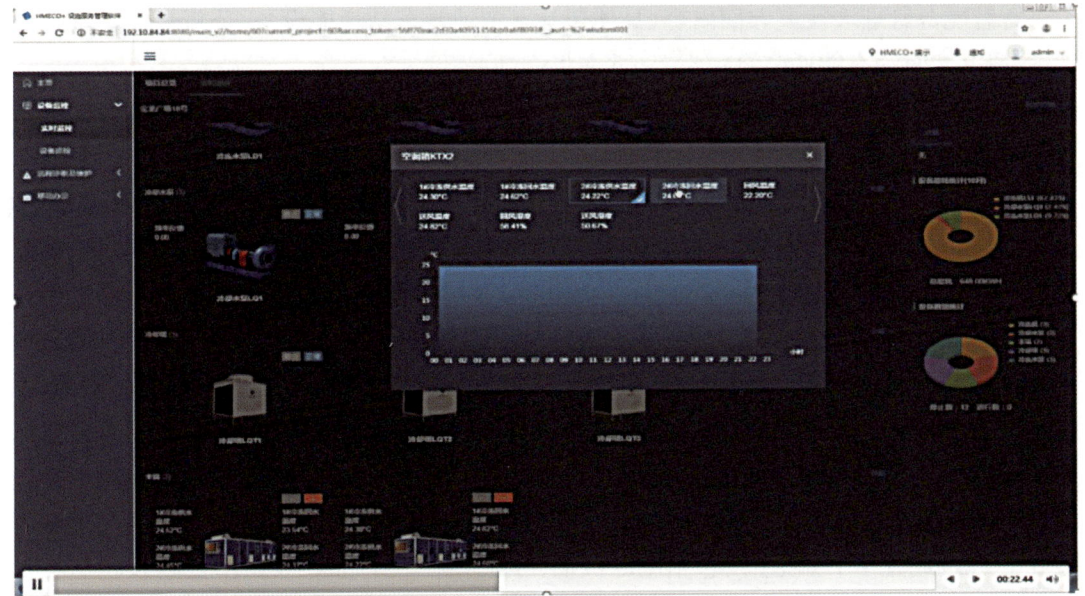

图 9-1 设备监控界面

9.2.2　远程诊断、预警、故障维护

通过对设备的远程监控,运营维护平台将收集大量数据,掌握设备运行状态的变化和损耗情况,将数据与设备模型同专家经验相结合,通过分析准确地进行设备诊断和预警。通过运营维护平台丰富灵活的通知方式,将设备的故障信息及时通知给设备厂商的专家或技术员,以便进行下一步故障排除和维护工作。远程诊断界面如图9-2所示。

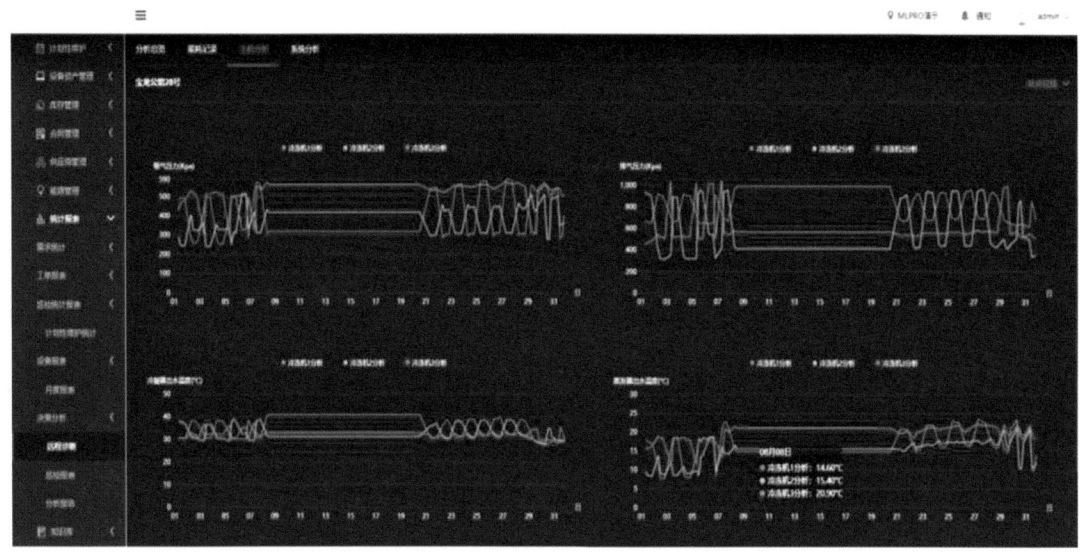

图9-2　远程诊断界面

9.2.3　智慧能源管理

智慧能源管理涉及多方面内容,具体包括厘清地铁车站耗能设备、分析耗能设备耗电特性、研究实时动态能耗监测数据等,下文将详细展开。

(1) 厘清地铁车站耗能设备,根据不同的设备系统用电特性及空间布置进行耗电设备与子系统的分类及分项。

分析地铁车站耗能系统,根据空间位置及系统的关联性对该系统进行子系统划分。例如:通风空调系统可分为大系统、小系统、空调水系统、分散式空调系统[如分体机、变制冷剂流量空调系统(Varied Refrigerant Volume,VRV)等]、车站排风系统以及隧道通风系统等,不同的地区设备系统配置不同。同时,可以根据位置分布进一步细分:A端通风空调大系统,主要包括送风机、回风机、新风机、排风机/排烟机;A端通风空调小系统,主要包括每个小系统的送风机和新风机;A端隧道排热风机、A端隧道风机;B端通风空调大系统,主要包括送风机、回风机、新风机、排风机/排烟机;B端通风空调小系统,主要包括每个小系统的送风机和新风机;B端隧道排热风机、B端隧道风机;空调水系统机房可能置于A端或置于B端,主要包括制冷机组、冷冻水泵、冷却水泵、冷却塔风机、定压补水装置和水处理仪等;风机盘管空调器及分散式VRV系统等。针对系统动力设备,需要合

理设置分项电耗计量装置,电耗计量装置需要具备约定的数据远传功能。

(2) 分析耗能设备的耗电特性,明确需要检测系统运行参数(包括电力参数),研究成熟的实时动态能源关键参数检测技术及装备。

地铁车站的空调冷量消耗是一项重要指标,其可以体现空调制冷系统用能效率的高低,因而要检测冷冻水的供/回水温度及流量,以便进行能量计算。这些变量的获得可以通过数据交换,将空调控制系统的测量数据传送给能耗监测平台,也可以单独设置测量装置将数据远传给能耗监测平台。前一种方案需由第三方提供接口,在实际实施中比较复杂,因此大多选择单独设置测量装置并将数据远传给能耗监测平台。

(3) 研究与优化实时动态能耗监测数据传输的网络结构形式。

城市轨道交通能耗监测管理系统分为车站级、线路级及线网级。能耗数据的采集集中在车站级的现场配电柜与节能控制柜上。

车站级的设备能耗监测管理系统能进行各设备用电参数的可视化,分析各用能设备的平均用电效率和逐时用电效率并进行可视化,这样可以实现分系统、分类和分项的能流分析,进一步提出优化效率的措施并形成决策。通风空调通风系统可以按照设备、子系统、大系统的形式给出逐时的耗冷量、耗电量和COP,与站外环境参数形成对比,并获得按日、按周、按月、按年的能耗累积数据,形成图显或数显,由各车站级管理系统设置数据库服务器进行数据存储。

线路级的设备能耗监测管理系统可直接访问车站级系统,并形成不同车站的能耗分类数据。分析对比各车站总能耗及各分系统能耗的差异,可以按照各种需求形成图式表示与表式表示。线网级管理系统可直接访问线路级系统与车站级系统,并形成线路与线路之间的能耗对比,可以不同方式进行可视化,如柱状图、饼图等。

一条地铁线上的车站数量众多,可设置线路级能耗监测管理系统接收各站上传的能耗数据进行管理分析;相应地,整个城市的地铁网络应设置总的能耗监测管理系统接收各个线路级的设备能耗数据进行管理分析。站间与线间应采用工业以太网形式运行。

(4) 可视化能耗监测管理分析决策系统面向不同的能耗监测管理人员,是人机交互的直接窗口,也是能耗监测系统的最上层部分。该系统主要由系统软件和必要的硬件设备(如工业级计算机、打印机和UPS电源等)组成,其中系统软件应具有良好的人机交互界面,能将能流数据以图形和数显方式来反映现场运行状况。

可视化各用电设备能耗监测管理分析决策系统的研究要注意开发平台的选择、数据库的选用、数据通信接口的解读与数据提取,还需要考虑与其他动力设备电量采集监测的接口,数据库可考虑采用(Structured Query Language,SQL)结构化查询语言数据库。

线网能耗管理系统的实施,基于环境的设备联动,突破数据壁垒,利用大数据分析,深度挖掘设备节能的最大潜力,实现精准用能,系统范围如图9-3所示,系统界面如图9-4所示。

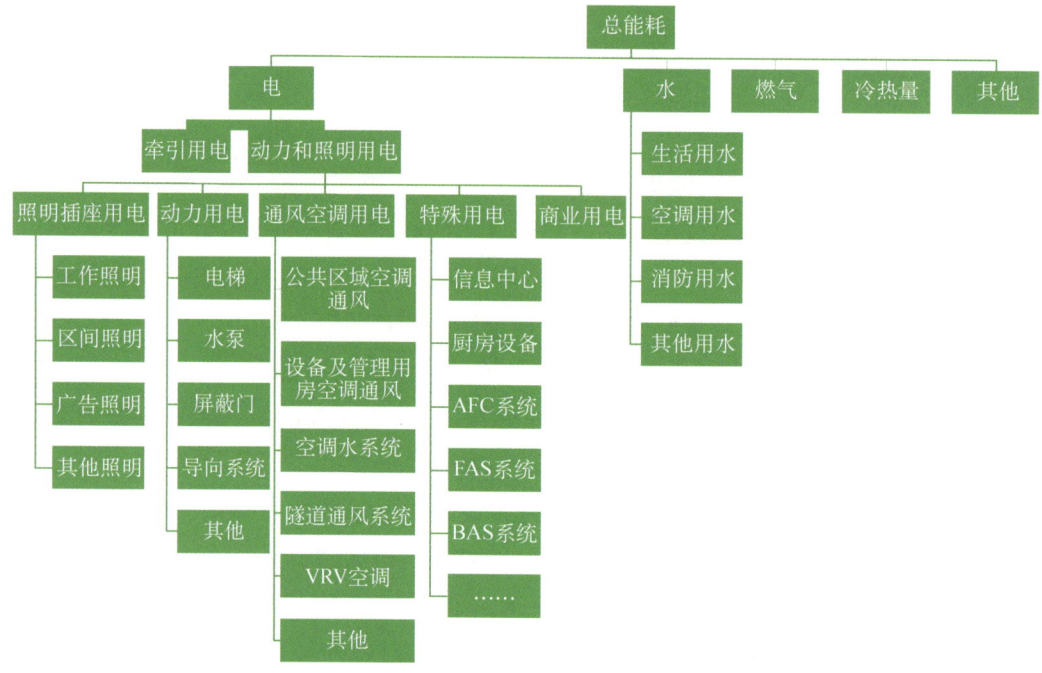

图 9-3 能耗管理系统范围

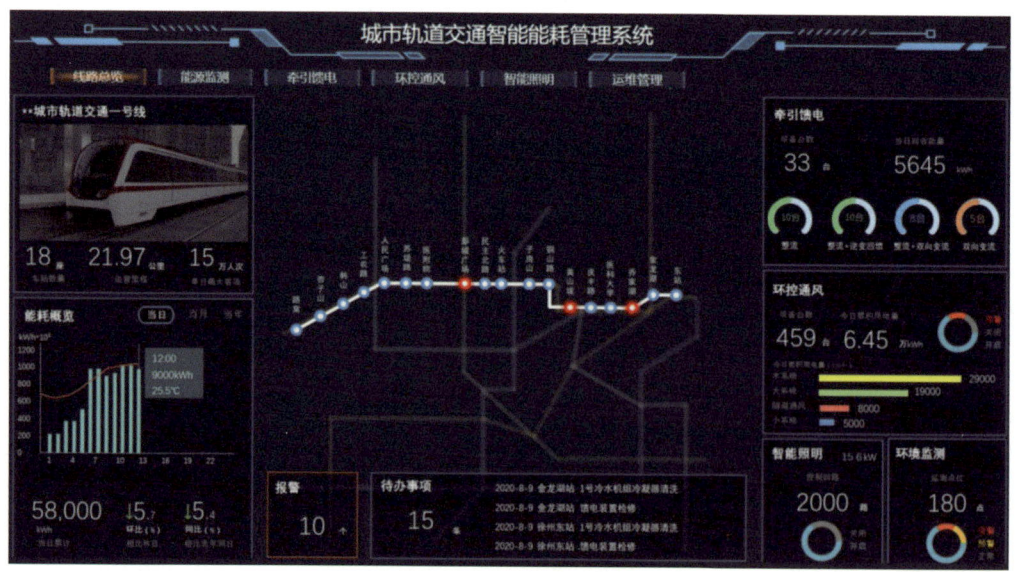

图 9-4 能耗管理系统界面

9.2.4 智慧办公

智慧运维平台与现有自动化办公系统[如计算机化维护管理系统（Computer Maintenance Management System，CMMS）、企业资产管理系统（Enterprise Asset

Management,EAM)、安全管理系统、施工管理系统等]互联互通,实现设备履历动态管理、设备上线率动态管理、设备运行率管理、检修人员行为监测与管理,同时调用CMMS、EAM、安全管理系统、施工管理系统等自动化办公系统实现施工计划自动生成、施工作业人员智能匹配、施工现场智能监测的维护检修智能管理,能推动管理标准化和精细化,优化人员使用结构和效率。

管理人员和技术人员通过智能运维平台可查看设备数据分析结果、人员检修状态和故障分析报表等;技术人员通过智能运维平台可分析设备健康状况、预知设备状态、优化检修规程以及查看作业执行情况等;检修人员通过智慧运维平台监测设备状态,可了解故障维修,及时响应并反馈现场情况等。

另外,通过手机App可便于查看现场设备运行画面、关键参数以及分析报告(图9-5),还可以通过短信、微信等方式将现场设备的关键报警和关键运行参数发送到手机上。经授权许可后,地铁运维人员便能通过手机短信或者微信操控现场设备。

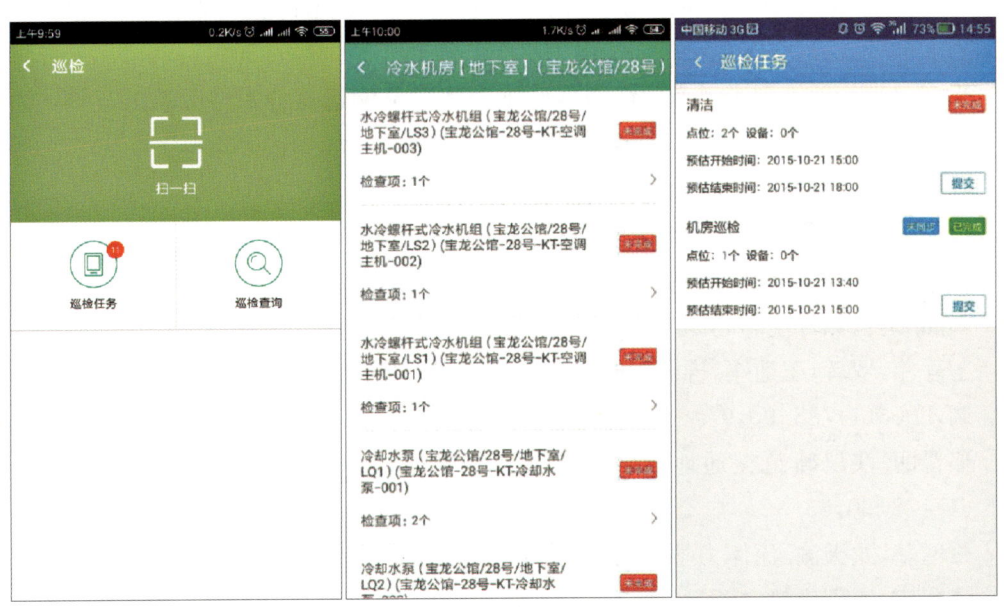

图9-5　智慧办公

参考文献

[1] 宋芳婷,诸群飞,吴如宏,等.中国建筑热环境分析专用气象数据集[C].全国暖通空调制冷2006学术年会资料集,2006.

[2] 张君瑛.地铁列车运行内热源作用的区间热环境分析[J].地下空间与工程学报,2010,6(6):1312-1317.

[3] 马大炜.铁道车辆制动热负荷的计算及应用[J].中国铁道科学,2000,21(4):30-37.

[4] 刘晶.地铁热环境影响因素研究[D].天津:天津大学,2003.

[5] 茂又弘道,刘红星.地铁内的发热及热负荷计算[J].隧道译丛,1993(8):16-25.

[6] 刘宝林.地铁列车能耗分析[J].电力机车与城轨车辆,2007,30(4):65-68,70.

[7] 徐彦,赵嵩.地铁列车逆变回馈型再生制动装置节能运行分析[J].铁道车辆,2015,53(9):29-33.

[8] 陈云娜.浅谈地铁环控通风[J].地下工程与隧道,1995(3):38-42.

[9] 卢传福.铁路隧道运营通风方式发展方向之我见[J].铁道建筑,1997(5):32-33.

[10] 董志周,吴喜平.地铁车站热环境分析[J].上海节能,2003(5):36-40.

[11] 刘晶.地铁热环境影响因素研究[D].天津:天津大学,2003.

[12] 王静伟,罗辉,王迪军.屏蔽门对隧道通风系统设计影响及分析[J].建筑热能通风空调,2006(1):88-90,97.

[13] 郑晋丽.浅议轨道交通地下区间通风及全年运行调节[J].地下工程与隧道,2006(4):28-30,33.

[14] 蔡增基,龙天渝.流体力学泵与风机[M].北京:中国建筑工业出版社,1999.

[15] 陆耀庆.实用供热空调设计手册[M].北京:中国建筑工业出版社,2008.

[16] 葛柳平,张欢,由世俊.地铁环境控制系统的计算与设计[J].供热供冷,2003,10:46-49.

[17] 茂又弘道,津田帮彦.地铁内的发热及热负荷计算[J].隧道译丛,1993(8):16-25.

[18] 冯炼.地铁环境控制系统的应用及其数值模拟软件[J].城市轨道交通研究,1999,2:37-39.

[19] 蒋卫艇.浅谈SES程序在地铁环控设计中的应用[J].地下工程与隧道,2000(3):51-52.

[20] 邱少辉,李安桂,王国栋.一种新型通风方式——条缝型送风口形成的竖壁贴附射流通风模式研究:送风速度的影响[C].铁路暖通空调学术年会,2008.

[21] 尹海国,李安桂.竖直壁面贴附式送风模式气流组织特性研究[J].西安建筑科技大学学报(自然科学版),2015,47(6):879-884.

[22] 尹海国,李安桂,刘志永.新型壁面贴附式送风模式人员热舒适研究[J].建筑科学,2016,32(4):66-70.

[23] 尹海国,陈厅,孙翼翔,等.竖直壁面贴附式送风模式气流组织特性及其影响因素分析[J].建筑科学,2016,32(8):33-39.

[24] 西安建筑科技大学.一种圆柱面贴附射流的送风方式:CN201010548896.9[P].2011-03-23.

[25] 西安建筑科技大学.一种圆柱壁面贴附式送风用环形等截面均流装置.CN201510260630.7[P].2015-10-21.

[26] 刘卓妹.新型气流组织在地铁车站通风空调系统中的应用分析[J].暖通空调,2018,48(9):40-44,62.

[27] 刘文,梁彩华,凌善旭,等.夏季地铁站内环境控制参数优化研究[J].建筑科学,2017,33(12):135-141.

[28] 周黎.浅谈地铁轨道排热系统[C].铁路暖通空调专业2006年学术交流会论文集,2006.

[29] 张雄.地铁车站排热系统取消轨底风道的可行性研究[C].2016年全国铁道与城轨暖通学术年会论文集,2016.

[30] 郭永桢,李德辉,邓保顺.西安地铁轨道排热系统监测研究[C].2016年全国铁道与城轨暖通学术年会论文集,2016.

[31] 蒋志祥,胡彧.排热风机系统对地铁环控系统温度影响分析[J].自动化与仪器仪表,2015(6).

[32] 中国航空规划设计研究总院有限公司.工业与民用供配电设计手册[M].4版.北京:中国电力出版社,2016.

[33] 北京照明学会照明设计专业委员会.照明设计手册[M].3版.北京:中国电力出版社,2017.

[34] 王德发,秦岭.城市轨道交通全直流照明系统设计探讨[J].都市快轨交通,2019(6):63-66,79.

[35] 胡平放.建筑通风空调新技术及其应用[M].北京:中国电力出版社,2010.